本书获 2013 年度教育部人文社会科学研究青年基金项目"昭和初期财政政策研究（1926—1937 年)"（项目编号：13YJC770038）资助

本书由渤海大学政治学学科建设经费资助出版

日本昭和初期财政政策研究

（1926—1937）

庞宝庆 著

中国社会科学出版社

图书在版编目（CIP）数据

日本昭和初期财政政策研究：1926—1937/庞宝庆著．—北京：中国社会科学出版社，2017.9
ISBN 978 - 7 - 5203 - 0677 - 5

Ⅰ．①日…　Ⅱ．①庞…　Ⅲ．①财政政策—研究—日本—1926—1937　Ⅳ．①F813.130

中国版本图书馆 CIP 数据核字（2017）第 163689 号

出 版 人	赵剑英
责任编辑	李庆红
责任校对	王　龙
责任印制	王　超

出　　版	中国社会科学出版社
社　　址	北京鼓楼西大街甲 158 号
邮　　编	100720
网　　址	http：//www. csspw. cn
发 行 部	010 - 84083685
门 市 部	010 - 84029450
经　　销	新华书店及其他书店
印　　刷	北京明恒达印务有限公司
装　　订	廊坊市广阳区广增装订厂
版　　次	2017 年 9 月第 1 版
印　　次	2017 年 9 月第 1 次印刷
开　　本	710×1000　1/16
印　　张	18
插　　页	2
字　　数	268 千字
定　　价	76.00 元

凡购买中国社会科学出版社图书，如有质量问题请与本社营销中心联系调换
电话：010 - 84083683

自　序

　　《日本昭和初期财政政策研究（1926—1937）》是在我的博士论文基础上，经过反复修改后才得以出版的。也是我的 2013 年的教育部人文社会科学研究青年基金项目"昭和初期财政政策研究（1926—1937 年）"的最终成果。希望本书的出版能为我国的日本战前[①]经济史研究有所贡献。

　　自从进入日本近现代史研究领域，我就有这样一个观点：要想深刻理解近现代的日本，首先要从研究其经济史开始，而研究经济史，就要从研究财政史开始。财政政策是一个国家经济政策的核心，日本明治时期著名政治家、财政改革家松方正义在《日本银行设立趣旨说明》中提到财政政策对国家的重要性："凡天下事，莫如财政至大、至要，国运隆替，与民命运休戚之工业物产之兴起衰颓，商卖交易繁荣凋枯，财政利弊得失其因一也。"[②] 他把财政政策的得失利弊提高到国家能否强盛的高度。所以，明治维新后日本政府效法英美建立起一套近代财政体制，这套体制保证并推进了近代各项事业的发展。

　　总体来说，经济是在政治的大框架下运行的，在战前日本特定的历史环境下，日本产业发展的特点是国家主导、技术移植和军事工业优先，其前提是巨额财政投入。历经甲午战争、日俄战争、第一次世界大战后，明治、大正时期的财政支出规模不断扩大。尤其是在第一次世界大战之后，随着战争景气的消退，对于普遍处于危机状态的企业，日本政府通过银行进行救济，虽挽救了一大批濒于破产的企业，

[①]　第二次世界大战以前，下文同。

[②]　伊藤博文编：《秘书类纂财政资料》上卷，秘书类纂刊行会 1935 年版，第 1 页。

但也埋下了将来爆发更大危机的隐患。

昭和初期即 1926 年至 1937 年的 10 余年，是日本国家发展史上最为关键的时期之一，也是日本近现代财政史上最为关键的转折时期之一。进入昭和时代，采取什么样的财政政策成为各方势力角逐的主要目标。民政党内阁为重振日本经济，主张"财政紧缩"，提高企业竞争力。在财政上实施紧缩政策，开始把希望寄托于"金解禁"政策上，但其紧缩政策所造成的金融恐慌，最终发展成"昭和金融危机"。政友会内阁上台后，仍沿用其传统的积极政策，其预算规模、国债规模进一步扩大。民政党内阁重新上台后，井上准之助开始以"紧缩财政"为核心，实施"均衡财政"，为将来利益实行政策性后退。除缩减预算规模、减少政府财政开支外，其最重要手段是实施"金解禁"政策。但紧缩财政与世界性经济危机重合，严重冲击了日本经济，井上财政以失败收场。

政友会重新执政后，高桥是清对传统资本主义体制进行修正，加强国家垄断资本主义。高桥财政思想及政策，虽然与凯恩斯理论有些类似，但不同的是，高桥财政是依靠扩大军事支出的通货膨胀政策使日本率先走出危机。"军事第一，民生第二"的经济刺激政策的效果是短期的，极易导致恶性通货膨胀，从长远看则会断送日本经济进一步成长的空间。高桥是清也看到了这一点，后期高桥财政力图恢复"健全财政"，减少财政赤字，缩减军费开支，但在强势的军部面前显得是那么苍白无力。随着"二·二六"事件爆发，军部法西斯在政治上的势力进一步加强，高桥财政画上句号。其后，日本财政政策经过马场财政、结城财政、贺屋财政，进入战时财政体制阶段。

所以，纵观昭和初期 10 余年间的财政状态，财政紧缩、通货膨胀交相更替，政治经济形势跌宕起伏，让人应接不暇：昭和金融危机、金解禁、"九·一八"事变、金再禁止、"五·一五"等重大事件接踵而至，经过 1936 年的"二·二六"事件，1937 年 7 月 7 日爆发导致日本军国主义全面侵华战争的"七·七"事变。与"九·一八"事变爆发时日本处于经济危机的谷底不同，全面侵华战争却是在高桥财政后各项经济指标全面好转的情况下发动的。到底是战时经济体制的确立引起战争，还是战争导致战时经济体制的确立？我希望通过梳理 1926 年至 1937 年昭和初期财政政策，使读者认清日本军国主义对外扩张的本质，能够对日本法西斯势力的财政准备做出自己的判断，这是笔者最为欣慰的事情。

庞宝庆

2017 年 3 月于渤海大学

目　　录

导　论

第一节　概念的界定及选题意义

本书的研究属于日本经济史研究范畴，研究对象是昭和初期的财政政策。"财政"这一名词，"最早源于西欧，13—15 世纪，拉丁文'Finis'系指结算支付期限之意，后来演变为'Finare'，则有支付款项、裁定款项和罚款支付的含义。到 16 世纪末，法国政治家波丹将法语'Finances'作为财政一词使用，认为财政是'国家的神经'（The nerves of state），随后逐步泛指国家及其他公共团体的理财。日本于 1868 年明治维新以后，从西欧各国引用 Finances 一词，又吸收中国早已分开的'财'和'政'的含义，创造了财政一词，并于 1903 年传入中国，逐步取代以前各种称谓，确立财政概念。"[①] 我国对于"财政"概念是"又称'国家财政'。国家为实现其职能，在参与社会产品的分配过程中与各方面发生的分配关系。表现为政府的收支活动。世界各国政府都对政府收支按预算年度编制财政预算。财政收入主要包括税收收入、非税收入和债务收入。财政支出通常按政府职能分类，包括国防支出、行政支出、文化教育卫生支出、经济建设支出、社会保障与福利支出、债务支出等。"[②] 根据《简明大英百科全书》，"财政与货币政策是指各国政府为稳定经济以保持高就业率

[①]　何盛明主编：《财经大辞典》，中国财政经济出版社 1990 年版，第 259 页。

[②]　辞海编辑委员会编：《辞海》中卷，上海辞书出版社 1999 年版，第 4065 页。

和高生产水平所采取的各种措施。财政政策是指增加或减少税收和政府开支；货币政策则与金融市场、信贷、货币和其他金融资产的供应有关。基本思想是，在资本主义经济中，政府当局可以采取行动提高或降低就业和生产水平，并影响物价趋势。就政府政策而言，政府可在设备、建筑、公用事业或社会保险方面增加支出，通过扩大投资和消费促进经济发展；也可在预算收入项下减少各种税收，以达到经济扩展的效果。在经济活动处在高水平、物价迅速上涨时，政府可以减少开支、增加税收、严格控制提取折旧基金等办法，使之减缓。……货币政策和财政政策一样，也可采用与上述办法相反的措施来反对通货膨胀的趋势。"[1] 把财政与货币政策相提并论。我国经济学者一般认为，财政亦称"国家财政"，"以国家为主体，为实现国家职能需要，参与社会产品分配所形成的分配活动及所体现的特定分配关系。财政是社会生产力发展到一定历史阶段的产物。剩余产品的出现是其产生的物质前提；私有制和阶级对抗是其产生的社会根源；国家的出现是其形成的标志。……财政正是在参与社会产品的分配过程中形成、并作用于国计民生的主要方面。财政是一个历史的经济范畴，反映以国家为主体的分配关系"[2]。

昭和初期是指从昭和天皇即位的 1926 年 12 月 25 日到 1937 年"七·七"事变为止的大致十年时间，日本经济史学家安藤良雄先生把这一时期称为"它揭开了作为一个激烈动荡时代的帷幕"，"这十年，就是所谓的昭和时代第一期的情况"[3]。从 20 世纪 20 年代后半期到 30 年代初，日本藏相的地位和权限都还没有被强化，在当时的日本行政机构中，除大藏省外，还有工商和农林省制定经济政策。但由于大藏大臣掌握编制预算权力，可以综合调整各省经济政策，所以，大藏大臣具有经济政策的最终决定权。随着第一次世界大战后经济局面日益严峻，经济政策的重要性日益明显，大藏大臣在内阁中的发言

---

① 台湾中华书局《简明大英百科全书》编译部：《简明大英百科全书》9，台湾中华书局 1988 年版，第 336—337 页。

② 何盛明主编：《财经大辞典》，中国财政经济出版社 1990 年版，第 259 页。

③ 安藤良雄：《日本经济政策史论》，東京大学出版会 1973 年版，第 13 页。

权和地位越发重要。对这个时期大藏省和大藏大臣的作用,《大藏省百年史》作了以下表述:"这个时期是大藏省各项政策对我国政治、经济、社会都带来极大影响的时代,而且是由井上、高桥这样政策目标明确、个性鲜明大臣领导大藏省的时代。"①

之所以选择把这一时期的财政政策作为研究选题,笔者主要出于以下几方面考虑:

其一,这一时期是日本国内各种政治势力斗争最为复杂、最为激烈,国际关系最为微妙的时期。经过明治时期藩阀政治和大正时期自由民权运动的发展,到 1920 年代初日本政党政治形成。在两大主要政党——政友会和民政党之外,影响日本政策制定的政治力量还有军部政治势力、元老等。1927 年以后,在这个时期日本各个政治利益集团为了各自的利益展开了激烈的路线斗争,所以这个时期的日本发展方向存在多种可能性。在这个时期军部、民间法西斯势力日益抬头,通过暗杀、军事政变、对外扩张等手段逐渐掌握了政治主导权,最终走上了全面法西斯化的不归路。

其二,关于昭和初期的财政政策的制定,也是各种政治势力、经济势力斗争的主要内容之一。这是值得重点关注的问题之一,因为这不仅是一个经济问题,同时也是一个政治问题。昭和初期的十年间,先后出台了两种截然相反的财政政策,即以财政紧缩为特征的井上财政和以财政扩张为特征的高桥财政。之所以出现这种情况,不仅是当时日本政党政治斗争的结果,也是当时古典与反古典财政思想较量的结果,当然也是由当时的特殊国情决定的。研究这段财政政策史,不但可以剖析日本战前财政政策,了解战前日本经济的基本情况,也能深刻剖析日本全面法西斯化前日本政治、经济相互作用的基本情况,加深对日本法西斯化的理解。

其三,近代日本的财政思想主要来自西方,其财政政策深受西方古典财政学说的影响。西方财政学说可以分为古典财政学说和现代西

---

① 《大藏省百年史》编集室编集:《大藏省百年史》下卷,大藏财务协会 1969 年版,第 3 页。

方财政学说。魁奈、亚当·斯密、大卫·李嘉图等都是古典财政学派的代表。在昭和经济危机爆发、古典经济学说已经失灵的情况下，作为反古典财政学代表与现代西方财政学说创始人凯恩斯主张类似的高桥财政登上历史舞台。20世纪30年代日本这两种不同财政思想和财政政策的转换，也是本书研究和探讨的主要课题。

其四，作为后发展起来的资本主义国家，日本资本主义的确立过程是以政府的财政政策为先导而建立起来的。在近代日本历史上，日本政府采取怎样的货币财政政策，不仅是一个重大的经济问题，同时更是一个重大的政治问题。日本法西斯化前，政治政策与经济政策相互作用的情况更加明显。但国内学者对这一时期的财政研究尚显薄弱，尤其对井上财政和高桥财政更缺乏专门、深入的研究。这一时期的有关日本金融、财政的资料比较丰富，日本学者的研究著作较多，对井上财政和高桥财政政策有一定的研究，但这些研究都是从日本人的立场来解释阐述这一时期的财政政策，缺乏一定的公正性和客观性，具有一定局限性。

所以，综合以上考虑，本书的题目选择和写作目的，就是针对国内对日本经济史中这一问题研究的缺陷，力图对日本昭和初期财政制度以及"战时财政"形成的历史背景、演变趋势以及对日本经济、政治和社会造成的影响做出新的解释。

第二节　国内外的研究现状

一　国内的研究状况

中国进行昭和初期财政政策的相关研究，历史是比较早的。早在20世纪三四十年代中国学者就对这一问题展开研究，如中国学者凌遇选的论文《日本的老财神高桥是清》、余仲瑶的论文《日本高桥财政及马场财政之检讨》、王经武的论文《井上准之助：第一次欧战时及战后日本外汇问题》等。这些文章对井上财政和高桥财政做了简要介绍和分析。但由于种种历史原因，直到20世纪80年代之前中国学者对昭和初期财政政策研究基本处于停滞状态。

　　进入80年代以后，国内学术界关于日本昭和初期财政货币金融政策问题的研究，有吕万和先生的论文《高桥财政与罗斯福新政》，吕万和先生认为，"对高桥本人及其思想确实不宜简单概之。至于高桥财政，则只能按其实际实施状况，概之为'军需通货膨胀'，是走向战争的财政"。周颂伦教授的《第一次世界大战以后日本政府的金融政策评述》，也对第一次世界大战后日本的整个经济政策做了高度概括和深刻总结，尤其是对金融政策对日本经济的重要作用做了透彻分析。认为日本一方面要同欧美协调，一方面又要继续在亚洲推行帝国主义政策，唯有在正常的财政政策和财政扩张政策间来回摆动。该文对研究第一次世界大战后日本的货币金融政策具有借鉴意义。湛贵成的论文《高桥是清与高桥财政》指出，"他所推行的财政是培植、助长日本军国主义扩张势力的财政。正是因为他所推行的一系列扩张军备的财政大大刺激了军国主义法西斯的胃口，而自身又无法在军备扩张与保全财政平衡这一矛盾中寻求妥协，而最终导致被军国主义极端分子刺杀的悲剧。高桥是清的一生反映了日本军国主义兴衰的一个侧面。"

　　杨栋梁教授的著作《近代以来日本经济体制变革研究》也对这一时期的经济史进行了论述。他认为第一次世界大战到第二次世界大战期间是日本垄断资本主义获得飞速发展和出现危机的阶段。第一次世界大战使日本资本主义经济获得空前发展，经济结构也开始向重化工业转变，但第一次世界大战后日本经济马上出现危机和慢性萧条，进而发展成1927年金融危机，加之1929年世界性经济危机对日本的冲击，从而造成对日本进行更大打击的"昭和危机"。由于民政党内阁金融政策的误算，仍奉行古典财政政策的井上准之助推行紧缩财政，在产业政策上推行合理化政策，使日本经济遭受的打击格外沉重。经济危机导致社会动荡，使日本走上了为支撑对外侵略战争而强制实行高度的国家垄断，于1937年至1945年发动亚洲及太平洋战争期间全面推行战时统制经济。

　　雷鸣的著作《日本战时统制经济研究》对高桥财政与日本战时统

制经济形成的关系，以及战时统制经济形成的国际环境、国内背景进行了重点考察。在对战时统制经济出现的国际环境进行分析后，指出日本战时统制经济是同时代国际社会政治经济变动的产物。该书还对战时统制经济的形成过程进行了梳理，同时对其结构进行了深入剖析。该书着重对战时统制经济的各项统制体系即统制经济行政、财政统制、金融统制、产业组织统制和企业统制进行了实证考察。最后作者对战时统制经济的特征进行了总结，分析了战时统制经济给日本经济体制带来的变化：既肯定了战时统制经济对战前经济体制所产生的变革作用，也指出了其缺陷，同时还剖析了战时统制经济对战后经济体制的影响。尤其指出高桥财政成为战时财政统制的雏形。

湛贵成的著作《幕府末期明治初期日本财政政策研究》，从社会转型角度，对幕府末期明治初期日本的财政状况及其成因、德川幕府末期明治政府所采取的财政政策及其所起的作用和影响进行比较深入、系统的研究和考察，揭示了这一社会转型期的财政政策所具有的基本特征以及政治、经济形势的发展变化与财政政策之间的内在联系。对同样处于社会转型期的昭和初期的财政政策研究，具有一定启发意义。

综合以上中国学者的论文、著作，虽然对昭和初期的井上财政和高桥财政问题有所涉及，但缺乏专门的、深入的论述，这也是笔者将要弥补和研究的课题。

二 日本方面的研究状况

在日本学术界关于第一次世界大战后到1937年的金融财政政策问题，长久以来一直是相关学者关注的重点问题之一。这也是任何研究日本近现代经济史的学者必须要关注的基本问题之一。第二次世界大战前后，日本经济学界对政府在这一问题上的是非、功过进行了广泛的讨论，尤其是"二战"后，日本学术界从不同视角对这段历史进行了深刻的剖析，虽然仍然存在重大分歧，但日本的史学界关于此问题的研究取得了一些成果，出版了一系列的著作。

对昭和初期财政金融政策进行研究的著作主要有：坂入长太郎的《大正昭和初期财政史（大正四—昭和六年）》以及《昭和前期财政

史（昭和 7—20 年）》；高桥龟吉的《大正昭和财界变动史》上、中、下卷；井手英策的《高桥财政研究：摆脱昭和危机和财政重建之路》等。坂入长太郎的《大正昭和初期财政史（大正四年—昭和六年）》以及《昭和前期财政史（昭和 7—20 年）》，是其所著《日本财政史研究》全 4 卷中的两卷。这两卷概述了大正至昭和前期财政政策形成的政治过程，虽然较全面地阐述了军部、政党、元老等政治势力围绕预算、财政政策展开的博弈，但对财政政策后果及影响的分析则显得不足。高桥龟吉的《大正昭和财界变动史》系统地介绍了大正、昭和时期日本金融界在制定经济政策上的相关问题，并对货币金融政策出台的背景、实施过程以及实施效果做出相关的评价。而井手英策的《高桥财政研究：摆脱昭和危机和财政重建之路》指出高桥财政是摆脱昭和经济危机的必经之路，但扩大军事预算的积极财政政策也都对日本经济埋下了隐患。在经济状况趋于好转后，高桥是清认为要回归正常的财政政策，就必须缩小军事预算，重建财政。虽然高桥财政在军事法西斯分子的干预下最终失败，但高桥财政的一些财政措施也对战后财政政策提供了有益借鉴。

　　还有一些日本学者从个人与经济政策的关系入手来分析当时日本经济政策的走向。如松元崇的《摆脱大危机的男人：高桥是清》、矢岛裕纪彦编写的高桥是清言论集《高桥是清的日本改造论》、大石亨的《大藏大臣高桥是清：克服萧条的能人》、藤村欣市朗的《高桥是清和国际金融》、大岛清的《高桥是清：财政家的悲惨一生》等。这些著作从不同角度介绍了高桥是清在昭和初期为解决经济危机的所作所为，并对高桥财政以及作为个人的高桥是清做出评价。而高桥义夫的《觉悟的经济政策：昭和危机时期藏相井上准之助的奋斗》，分析了昭和危机时期井上准之助推行的井上财政政策的背景、过程及结果。认为在经济大萧条的情况下，推行紧缩财政的井上财政政策是弊大于利的。

　　一些研究日本"战间期"日本经济和资本主义发展状况的著作也对昭和初期的财政政策有所涉及。如山崎隆三编的《两大战间期的日本资本主义》上、下卷，楫西光速的《日本资本主义发达史》，安藤良雄编的《两大战间的日本资本主义》，山本义彦的《战间期日本资本主义和经济政策》，中村隆英的《战前期日本经济成长分析》，饭田繁的《昭和动乱期的日本经济分析》，安藤良雄的《日本经济政策史论》上、下卷，岩田规久男的《日本昭和危机研究》，长幸男的《昭和恐慌》，东京大学社会科学研究所编的《昭和恐慌》，大岛清的《日本恐慌史论》上、下卷，加藤俊彦编的《日本金融论的历史研究》等等。

其中，山崎隆三编的《两大战间期的日本资本主义》对第一次世界大战结束后的重化工业、经济危机和垄断资本的发展、农村和农民问题、世界经济危机期间的财政政策、贸易结构和资本输出都有专门论述。该书认为高桥财政具有恢复经济景气和军事扩张的两面性。但结果日本经济却突破了军事扩张和确立自主经济的界限，转向统制经济和战时国家垄断资本主义。东京大学社会科学研究所编的《昭和恐慌》指出昭和经济危机不仅严重影响了日本经济，还对日本国内政治造成了深刻影响，这是造成日本法西斯上台的一个重要因素。

由于金融政策是财政政策重要组成部分，一些研究日本金融史的著作也是研究这一时期财政政策必须关注的。如伊藤正直的《日本的对外金融和金融政策》，八尾板正雄的《昭和金融政策史》，朝仓孝吉的《新编日本金融史》，田中生夫的《日本银行金融政策史》，冈田纯夫的《本邦银行金融变动史》，竹泽正武的《日本金融百年史》等。

当时政治、经济亲身经历者的回忆录和著作，有利于我们进一步加深对当时经济政策的出台、各事件的政治和社会背景的理解。如重光葵的《昭和的动乱》上、下卷，原田熊雄的《西园寺公和政局》，芳泽谦吉的《外交六十年史》等。重光葵的《昭和的动乱》一书，记录了从"九·一八"事变到日本投降的政治发展过程。对每一个重大事件均作了详尽的论述，并介绍了当时日本统治阶级的内幕。尤其是对"九·一八"事变和"二·二六"事件的介绍，使我们了解了昭和初期重要的政治事件，以及对日本经济、社会、政治走向产生了深刻的影响。原田熊雄的《西园寺公和政局》揭示了当时日本政治上的最后一个元老西园寺公望在错综复杂的政治局面下和各种政治势力接触、交流的情况，使我们能够了解当时财政政策推出时的政治背景。

综上所述，国内外的关于昭和初期财政政策研究现状大致可以归纳为以下三个方面：

第一，从研究的视角来看，除大藏省编的《昭和财政史》、高桥龟吉的《大正昭和财界变动史》外，其他的论文或专著虽有涉及，但并非专题研究昭和初期财政政策。

第二，从研究的内容来看，国内外学界对昭和初期财政政策这一课题的研究多为个案研究，焦点主要集中在井上准之助、高桥是清等几个人物，以及战间期日本资本主义发展、昭和金融危机、昭和经济危机等几个经济事件上，缺乏整体把握、客观评价昭和初期财政政策的成果。

第三，现有的成果多是针对各个时期财政政策问题本身而进行的微观研究，尤其是对昭和初期财政政策出台的历史、政治、社会及文化因素，以及财政政策出台后的历史影响、政治及社会影响缺乏深入和详细的探讨。

第三节　本书内容、基本结构及研究方法

本书通过对昭和初期日本财政政策的发展演变及其背后动因的分析和探讨，从而揭示昭和初期财政政策的阶段性特征和整体特点。通过阐释驱动昭和初期日本财政政策转变的现实与理念，剖析日本政党、军部等各种政治势力在经济决策过程中的作用，凸显日本经济发展的一般规律，从而为我国的日本战前经济史研究提供相应的基础性研究成果和参考。

一　本书内容、基本结构

本书主要研究自1926年裕仁天皇登基到1937年"七·七"事变爆发这十余年时间日本政府的财政政策。本书分七章，除导论外，每

章的大致内容如下：

第一章：大正时期财政政策。首先要探讨的是日本资本主义发展的一般情况，使读者对日本资本主义有一个大体上的了解，以及财政制度的确立问题。通过对明治维新之后日本政府的内外政策分析，论证日本近代财政政策确立的一般过程和基本结构，以及其确立的深层次背景。

大正时期的经济以及财政政策是昭和时期经济政策的基础，对大正时代的财政政策进行分析，主要是论证、解决大正时期日本财政政策与昭和时期经济政策关系，主要是第一次世界大战对日本货币金融政策的影响，以及大正时代后期日本经济界、学界、政界对财政政策的争论和博弈。这一时期日本政坛在经济上的主要议题就是是否恢复第一次世界大战期间停止的金本位制，即所谓的"金解禁"。

第二章：昭和金融危机。本章主要讲两个内容，一是昭和金融危机的爆发；二是田中义一内阁的积极财政政策。这一章主要是对昭和初期财政政策的演变过程及其历史背景进行整顿和分析。昭和金融危机的爆发是日本政府在第一次世界大战后实施长期财政扩张政策的结果，为了遏制危机，宪政党内阁仍实施宽松的财政政策，通过日本银行大力救济困难银行。即使如此，宪政党内阁也不能逃脱被政友会内阁取代的命运。田中内阁上台后继续推行扩张性财政政策，这种政策体现在编制国家年度预算、租税政策和国债政策上。

总之，通过对第一次世界大战后日本经济情况的分析，尤其是分析昭和登基初期即爆发的昭和金融危机和金解禁争论，以及田中内阁的财政政策，来进一步探讨井上财政的形成、演变及历史影响。

第三章：井上财政的功过。这一章主要是剖析井上财政实施的具体过程、结果以及历史评价。日本昭和时期财政金融政策出台的经济指导思想。为解决第一次世界大战以来的经济萧条，井上准之助主张自由资本主义经济思想，寄希望于通过解决国际收支平衡，进而解决国内财政收支平衡问题。通过解除黄金出口禁令政策，恢复金本位制，恢复经济的常道。经过金解禁准备，最终以旧平价实现了金解禁政策。但由于世界性经济大危机的爆发，加之井上财政紧缩政策，给日本经济带来沉重打击。由于日本军部法西斯分子发动"九·一八"事变，在军部法西斯分子和民政党内亲军部分子的联合压力下，民政党内阁倒台，政友会组阁，高桥是清任藏相，马上实施再禁止政策，金解禁政策失败。我们通过对金解禁失败的原因和金解禁政策的历史认识的分析，并在此基础上，进一步剖析高桥财政形成的历史背景。并对井上财政和高桥财政进行比较，来挖掘昭和时期财政政策不同于以往的历史特点

第四章：前期高桥财政。民政党内阁倒台后，犬养毅组成政友会内阁，高桥是清被任命为藏相。犬养毅内阁上台后的经济与财政政策较之前的民政党内的经济财政有了很大转变。进行具体操作的就是藏相高桥是清，高桥是清是当时日本最老牌的精通经济政策的、在经济领域颇有威望的政治家。高桥是清的经济思想主张一般认为和凯恩斯的经济主张类似，主张通过积极的财政政策来增加政府投入，刺激经济增长。所以，高桥财政时期的金融政策主要是再次禁止黄金输出，推出低利率、低汇率政策。这时日本物价保持了高水平，利用日元兑美元的大幅贬值，大幅对外"倾销"。并推行时局匡救事业与军事扩张计划，进行税制改革、创设临时利润税，实施扩大公债发行量的国债政策。以军需支出为特征的财政政策一般称为"军需通货膨胀"。这个时期高桥的经济政策是加强对各产业的控制，如《米谷统制法》的颁布，加强对重化工业的投入，推动重化工业的发展。

第五章：后期高桥财政。经过高桥是清一系列经济政策准备，日本经济率先恢复，到1935年出口顺利增长，生丝价格坚挺，农村经济开始恢复，设备投资稳步增长。以往闲置的生产力逐渐丧失。在此之前，商业银行即使储蓄增加也不增加放贷。然而缺乏生产余力的结果是造成设备投资资金放贷开始增长，银行库存资金捉襟见肘，日本银行再也无法随心所欲地向市场抛售国债。为了抑制总需求，高桥改变了财政政策，提出"均衡"财政，削减军费，减少财政赤字，进而削减预算。这招致了军部的不满和仇恨，进而酿成"二·二六"事变。高桥财政随着高桥是清身亡而退出历史舞台。

第六章：走向战时财政。广田弘毅内阁上台，丧失了阻止军部政

治扩张势力的力量。大藏大臣马场迫于军部压力不得不扩大军费支出、增加预算、增加税收。日本经济的景气过热使对经济的直接统制不可避免，在历经结城财政、贺屋财政之后，日本开始进入"战时财政"时代，经济也步入"统制经济"时代。

作为昭和初期税制改革的继续，本章特别介绍了第一次世界大战之后，经过1926年以直接税减税为中心的税制改革，国家、地方租税体系得以初步确立。为解决地方财政财源不足的问题，田中内阁主张地租、营业收益税委让地方，并制定了相关法案，但由于政友会内阁倒台而不了了之。井上财政期间，政府希望通过减税来减轻企业负担。但财政收入持续减少，井上不得不考虑增税，但未及实施。高桥是清成为藏相后，反对增税，以发行赤字公债来弥补财政不足。之后的马场财政、结城财政、贺屋财政都对税制改革有所涉及，但都是临时应急措施。1940年税制改革是为适应战争进一步扩大需要而进行的税制改革，其根本特点是弹性化和简洁化，把战争的负担进一步转嫁给一般国民。

二　关于本书的研究方法

自昭和天皇在1926年底上台到1937年对华发动全面侵略战争前的十年时间，面对日本经济困境，先后出台了两种截然相反的财政政策，即以财政紧缩为特征的井上财政和以财政扩张为特征的高桥财政。本书运用马克思主义政治经济学理论以及马克思唯物史观，发掘、利用日本方面的档案资料，侧重从理论视角来重新解读日本昭和初期财政政策，尤其是井上财政与高桥财政出台的理论基础；同时结合对日本金融政策的制定及结果进行评价。使用分析和归纳的方法，对当时政策制定者的书简、书信、回忆录以及后来研究者的成果等资料的整理，来探讨日本财政政策的制定原因、过程及结果。通过计量分析方法对大量经济数据的整理也会用到，力争从新的角度来研究战前日本财政政策问题在日本历史上的独特作用。

三　本书的创新点

首先，本书以马克思主义经济理论和财政思想为根本出发点，构建日本战前财政史研究体系。通过历史学、财政学相互结合的研究方法，既有历史学清晰的历史脉络，又有财政学宏观理论的提升。

其次，历史与现实的紧密联系性。高桥财政为摆脱经济危机所采取的一系列经济、财政措施，为当下日本"安倍经济学"及其以后日本政府的刺激经济政策提供了历史蓝本以及经验教训。

总之，作为后发展起来的资本主义国家，日本资本主义的确立过程是以政府的财政政策为先导而建立起来的。在近代日本历史上，日本政府采取怎样的货币财政政策，不仅是一个重大的经济问题，同时更是一个重大的政治问题。日本全面法西斯化前，其政治政策与经济政策相互作用的情况更加明显。本书的题目选择和写作目的，就是针对国内对日本经济史中这一问题研究的缺陷，力图对日本财政制度形成的历史背景、演变趋势以及对日本经济、政治和社会造成的影响做出新的解释。

当然，由于笔者经济理论水平有限以及日文文献的搜集存在一定难度，有些资料可能还没有掌握，难免有认识不足甚至错讹的地方。这些需要在以后的学习过程中继续进行整理与提高。

第四节　文献资料介绍

本书所用文献资料绝大部分来源于日文文献资料。日本近代以来所存关于财政、货币、金融政策等方面的文献资料还是比较丰富的。

关于明治、大正时期财政政策的文献资料主要有：《明治财政史》《明治大正财政史》等。《明治财政史》的编撰主要是藏相松方正义鉴于了解明治以来政治经济状况的相关人士越来越少，以及文献记录的缺失和散佚越来越严重，为真实记录明治维新后剧烈、复杂的政治、经济变迁过程，给后世的政治经济和学术研究留下参考资料而编写的。1900 年成立"明治史编撰会"，1903 年完成。主要是编撰1868 年至 1902 年的财政状况。该书的编撰得到大藏省全力支持，大藏省提供了所藏的公文、数据等资料。大藏省是主管日本经济的政府部门，其所保存的资料作为第一手资料还是具有相当高的准确性和可信度的。但该书也用很大篇幅吹捧松方正义的功绩，被称为"松方伯财政功绩簿"。《明治大正财政史》主要是记录1903年至1926年的财政过程。该书编撰时间从1927年开始，一直到1940年才结束。《明治大正财政史》作为《明治财政史》的续篇，重点记述了《明治财政史》没有详述的事项，同时也对明治大正以来的各项财政政策的制定过程作了概述。

关于昭和时期财政政策的文献资料主要有：《昭和财政史》战前编1—18卷；《朝日经济年史》1928年版—1937年版；《日本金融史资料昭和篇》等。

1940年《明治大正财政史》编撰完成后，由于战火的扩大，大藏省修史工作停止。战后的1947年大藏省开始编撰《昭和财政史》，主要内容为1926年至1945年8月的财政史。与《明治财政史》重视资料的堆砌不同，《昭和财政史》的编撰更具可读性，编写者对这时期的"战时财政"多少具有一些反省精神。《昭和财政史》主要介绍了昭和时期的日本财政的各方面的状况，包括租税、国债、专卖、通货、金融、地方财政、会计制度、临时军事费等内容。

朝日新闻社经济部编写的《朝日经济年史》，是朝日新闻社每年对日本经济进行梳理而成书的，使人们对日本过去一年的经济有一个宏观的认识。这套书所涉及的经济内容非常广泛，包括财政金融、贸易、海运、电力、棉纺织、生丝、矿业、肥料等等。在此之外，该书还对当时的世界经济形势以及各国的经济状况做了总结。

此外，当时一些重大历史当事人的回忆录以及其他人整理的当事人言行，也是本书所重视的第一手材料。如若槻礼次郎的《古风庵回顾录》，池田成彬的《财界回顾》，井上准之助论丛编委会的《井上准之助论丛》，大藏省编印的《大藏大臣财政演说集》，麻生大作原编的《高桥是清》等。池田成彬作为当年日本金融界的重要人物之一，他的回忆对研究当时日本货币金融政策具有相当高的史料价值。井上准之助论丛编委会编写的《井上准之助论丛》1—4卷也具有很高史料价值，该套丛书收录了井上准之助在各时期发表的演讲和论文以及著作。井上准之助作为日本银行总裁和后来的大藏大臣，对日本货币、金融、财政政策的主张具有广泛的代表性和权威性，其主张对经济政策的制定具有重要影响。

　　总之，纵观中国学界对昭和初期财政政策的研究多从宏观出发，缺乏专门、深入的分析。尤其是对昭和初期财政政策产生原因及历史影响分析上多为概述。而日本学者多从微观着眼研究，窥一斑而不见全豹，没有把昭和初期财政政策同日本整个国家发展战略联系在一起，尤其是刻意回避其财政政策对中国等受害国的影响。所以，从研究现状及发展趋势看，昭和初期财政政策是中国学术界亟待解决的课题之一。

第一章　大正时期财政政策

　　研究日本昭和初期的财政政策，必须从大正时期的财政政策着手。而要全面、深入了解大正时期的财政政策，就必须先了解明治时代近代财政制度的建立与财政政策历史沿革情况。日本明治维新后，为实现"富国强兵"的政治夙愿，新政府的领导者们在借鉴西方财政思想与制度基础上建立起近代财政制度体系。近代财政体系保证了日本产业革命的完成。进入大正时代，日本初步成为以轻工业为主的工业化国家。第一次世界大战爆发所引起的战争景气，刺激了日本产业发展，财政规模也不断扩张。第一次世界大战之后，战争景气的消失引起的经济萧条与不断扩张的财政开支的矛盾，成为日本政府面临的主要问题。为重振日本经济，财政政策、国债政策、金融政策都面临调整，尤其是围绕是否"金解禁"问题的争论，成为这一时期历届内阁经济政策焦点。

第一节　近代财政政策的建立

一　近代财税制度的建立

　　明治时代著名政治家、财政改革家松方正义指出，"国家之于财政，犹如人之气脉，气脉不通死亡随至；不行财政改革，国家衰退随之。"[1] 明治新政府成立后，为整顿幕府时期混乱的财政金融制度，建立全国统一的财政金融体制，不仅是明治新政权最紧要的难题之一，

---

① 安藤良雄编：《近代日本经济史要览》，東京大学出版会 1993 年版，第 61 页。

也是实现明治政府"富国强兵"这一基本国策的基本保证。明治政府担负着使日本从封建体制向近代资本主义体制过渡的历史重任，在这个重要的历史转型期，中央政府通过废藩置县、奉还版籍等一系列措施将财政权力集中到中央政府。并在实现中央集权过程中，在财政、金融体制尚未分离的情况下，力图建立起完善的财政金融制度。

明治政府要发展近代经济，就必须打破封建财税结构的束缚，建立平稳的、不断增长的近代税收体制。德川幕府时代租税种类繁杂，但主要的租税收入还是地租，明治政府建立后仍是如此。1868 年，明治政府租税收入总额为 360 万日元，其中地租就占 200 万日元。① 由此可见地租对明治初期财政的重要意义。1873 年 7 月，明治政府颁布《地租改正法》，该法由《地租改正条例》、《地租改正规则》、《地方官计算地税须知》三部分构成。《地租改正条例》规定，不分水旱，统一按地价的 3% 征收货币地租，丰年不加，荒年不减；向土地所有者征税；除地税外，附加税（村税）不得超过地税的三分之一。② 尽管这次地税改革并不彻底，还保留一些封建制残余，如寄生地主制度。但也不可否认，这次改革初步奠定了日本近代财政基础。

1884 年 3 月，明治政府废除了旧的《地租改正条例》及其相关法规，颁布新的《地租条例》，该条例规定修改地价要提前通告，地税税率为地价的 2.5%。③ 地价经 1888 年、1890 年两次修改后，地税有所减轻。《地租条例》自实施之日起，直至 1931 年新《地租法》公布为止，都未做大的修改，成为政府征收地租所依据的基本法规。

为扩张海军，增加国库收入，明治政府开始改革直接税与间接税的税收体系，使间接税收入比例不断提高，地税等直接税收入比例不断下降。1883 年 12 月修改酿酒税则，并于 1884 年 10 月开始实施。烟草税则经过 1883 年、1888 年两次修改，与酒税以及新设的卖药印花税等成为明治政府的重要财源。烟酒税则的修改对扩大间接税比

---

① 牧野辉智：《明治大正史Ⅲ·经济篇》，朝日新闻社 1931 年版，第 428 页。

② 吕万和：《简明日本近代史》，天津人民出版社 1984 年版，第 51 页。

③ ［日］大隈重信等：《日本开国五十年史》第二册，王云五主编，商务印书馆 1929 年版，第 71 页。

重，建立以间接税为基础的税收体系起了重要作用。为增加财政收入，消除租税负担不公平现象，明治政府在 1887 年创设了所得税。所得税主要是向有产阶级征收的一个税种。大藏省于 1887 年 3 月颁布了《所得税法案》，1887 年 7 月正式施行。这些租税法案的颁布，标志着近代日本财税体系初步形成。

明治政府建立后，百业待兴，没有充裕时间整顿会计制度，而是沿袭幕末以来惯例。1869 年制定《出纳司规则》，并依此确定《金谷出纳程序》。同年，废会计官，设大藏省。1871 年 8 月，日本改革大藏省官制。大藏省参议大隈重信在 1873 年 6 月发布"1873 年度收支预算会计表"，成为日本近代预算制度的开始。尽管这次预算公开并不是资本主义议会制度下以公开为原则的预算，但公开预算制度此后成为惯例被保留下来。大藏省在 1874 年 12 月推出《金谷出纳办理程序》，要求自 1874 年开始，大藏省各机构务必以本年度 7 月到次年 6 月为一个会计年度，并在本年度内完成收支结算，并且确定预算编制流程，自 1875 年起开始实施。①

以 1875 年 6 月《新货币条例》颁布为标志，明治政府开始集中精力统一全国货币制度。明治政府在 1875 年 12 月废除实物地租，停止以实物米作为政府财政收支。通过以上一系列措施，为编制预算，实现财政货币化扫清了障碍。1876 年 9 月，明治政府制定《大藏省出纳条例》，该条例作为重要预算会计法规，进一步推进了明治政府的预算会计制度化的进程。

1881 年 4 月，日本制定《会计法》，是 1889 年会计法的蓝本。该法由 5 章、61 条构成。其主要内容由会计年度、财政收支的区分、科目的分类、预算的调整、金钱出纳、收支决算等构成，成为会计制度的纲领性文件。

1886 年 3 月，藏相松方正义提出《大藏大臣确定财政收支科目的建议》，松方正义建议内阁只对个别重要收支科目进行讨论，由大藏大臣自行决定其他大多数一般科目。在松方建议下，明治政府颁布

---

① 大藏省编：《明治大正财政史》第一卷，财政经济学会 1936 年版，第 37 页。

《财政收支科目条规》，该条规规定：改变过去沿用的财政收支科目整顿方法，废除过去将财政收支分为经常性和临时性收支分类方法，将年度收入分为非租税收入、租税收入；将年度支出分为年薪、赏赐、国债本息、各种俸禄，皇室御用、神社费用，各厅经费等三部分。[①] 明治政府在 1885 年 12 月确立责任内阁制，为使财政体制与责任内阁制相适应，《财政收支科目条规》明确规定财政收支区分皇室御用经费与各厅经费，这进一步明确了皇室收支与国家财政的区别。通过上述制度建设，虽然使政府财政制度日益完善，但由于作为国家根本大法的宪法没有颁布，这时的日本财政体制还不能称得上近代财政体制。

由于自由民权运动在 19 世纪后半期开始活跃，开设国会运动在全日本开展起来。1881 年，在这一历史背景下，明治政府迫于压力宣布最迟于 1890 年召开国会。1882 年 3 月，明治政府委派伊藤博文到欧洲各国进行宪法考察。伊藤博文从 1886 年开始负责组织起草宪法工作，宪法草案起草工作在 1888 年春完成。1888 年 9 月，枢密院对政府提交的宪法草案进行审议，并提出了修改建议。此外，为使国会获得对预算进行审议的权力，明治政府领导人力主在 1886 年底成立"会计法调查委员会"，该委员会以日本原有法律为基础，并借鉴欧、美法律、法规，完成《新会计法修改草案》起草工作。在 1888 年 5 月，明治政府提出《制定会计法的建议》，该建议提出之前会计法所规定的实施办法一样具有法律效力，不能随便改变草案已经规定的各项会计原则。1888 年 9 月，《新会计法修改草案》经内阁法制局对该草案修改、完善后，提交枢密院进行审议。经枢密院审议、修改后，《新会计法修改草案》在明治宪法颁布的 1889 年 2 月，以宪法附属法规形式颁布，并于 1890 年 4 月实施。《新会计法修改草案》的主要内容在《宪法》第六章第六十二条至七十二条以及第七章第七十六条：

第六十二条　新课租税及税率变更应以法律规定之。但属于

---

① 大藏省编：《明治大正财政史》第一卷，财政经济学会 1936 年版，第 85 页。

补偿的、行政上的手续费及其他收纳金，不在前项范围之内。除发行国债及预算规定之外，订立应由国库负担之契约，须经帝国议会之赞同。

第六十三条　现行租税，未经法律重新改定者，仍依旧例征收。

第六十四条　国家之年财政收入、年财政支出须经帝国议会之赞同，每年列入预算。超过预算之款项或于预算之外另有支出时，须于日后求得帝国议会之承诺。

第六十五条　预算案应先由日本众议院提出。

第六十六条　皇室经费依其定额每年由国库支出，除将来需要增额之外，无须帝国议会之协赞。

第六十七条　基于宪法大权既定之年财政支出及根据法律规定或法律上属于政府义务之年财政支出，无政府之同意，帝国议会不得废除或削减之。

第六十八条　因特别之需要，政府得预定年限作为继续费用，要求帝国议会之协赞。

第六十九条　为补充预算中不可避免之不足或充作预算外之必要费用，可设预备费。

第七十条　为保证公共安全，有紧急之需用，因国内外情势，政府不能召集帝国议会时，需依敕令做财政上必要之处分。在前项规定情况下，须于下次会期提交于帝国议会，以求得其承诺。

第七十一条　在帝国议会未议定预算或未能通过预算时，政府应施行前一年度之预算。

第七十二条　国家年财政收入、年财政支出之决算，由会计检察院检察确定之，政府须将决算连同检察报告提交帝国议会。会计检察院之组织及职权，以法律规定之。

……

第七十六条　无论法律、规则、命令或使用其他任何名称者，凡与本宪法不相矛盾的现行法令，皆有遵守之效力。在年财政支出上之契约或命令系属政府之义务者，悉依第六十七条之例。①

新会计法公布后，一系列会计相关法规陆续出台，如"会计规则"、"会计检察院法"、"金库规则"以及各种"特别会计法"等。根据这些法令规定，会计检察院直属于天皇，对国务大臣拥有独立地位。处于其他行政机构之外，实行会计检察监督职能，并在一般会计之外设置特别会计制度。特别会计是为了在一般会计之外完成国家特定事业而设置的。日本政府还废除国库出纳业务，把国库出纳业务转入日本银行。会计制度日趋完备。新会计法通过宪法的形式规定了国家基本的租税制度、预算制度、年财政收支制度、会计检察制度，新会计法的颁布与实施标志着日本近代财政制度正式确立。

如上所述，明治宪法的条款具体规定除了议会部分，就是关于国家财政的条款。宪法给予议会最重要的审计国家预算权限，但议会审议预算是基于天皇大权及法律上的必要，没有政府同意议会不能进行任何修改。议会的法律审议权被天皇的裁可权、紧急敕令等非常大权所压制。尽管预算审议权被这些条件层层制约，但不可否认，预算审议权成为议会最有力的武器，这也算是宪法的最大让步。在日本近代政治制度建立与形成期，近代财政制度也随之建立，成为近代政治制度的有力支撑。随着近代财政制度的进一步完善，近代银行制度、公债制度、预算制度相继建立，并逐步走向规范化、法制化。

二 近代金融制度的建立

随着日本内外经济的发展，建立近代的、更高层次的金融机构逐渐提上议事日程。1870年10月，大藏省少辅伊藤博文赴美考察，他回国后向政府详细汇报了其调查的具体事项，主要是货币制度、公债证书制度、银行制度、大藏省事务制度。井上馨根据伊藤博文在美国的调查资料，参酌美国国立银行制度以及英国银行制度，于1872年11月制定了《国立银行条例》。当然，明治政府并不是偶然地模仿美

---

① 武田隆夫等编：《日本财政要览》，東京大学出版会1977年版，第5—6页。

国金融制度的，其中一个重要原因是不知如何整顿太政官纸币等各种纸币。明治政府成立之初，财政困绌、财源有限，无法满足日益扩大的开支。只有发行太政官纸币来缓和财政危机。废藩置县后，政府又把各藩发行的纸币沿用下来而非发行新的纸币来取代这些纸币。这些纸币带有不兑换纸币的性质，这和美国南北战争后，政府整顿不兑换纸币时以公债证书作抵押，设立银行、发行可兑换纸币的情况很类似。

　　日本政府痛感需要创立一个强有力的金融机构，发布《国立银行条例》的目的之一，是为整顿以太政官纸币为代表的各种纸币并发行新的纸币。[①] 随后，日本成立了以三井小野组合银行为基础的第一国立银行，将横滨汇兑公司改组为第二国立银行，后又批准成立以新潟地主资本为后援的第四国立银行和以鹿儿岛的岛津家族资本为中心设在大分的第五国立银行。作为重要资金来源的政府存款，基本由这些和政府关系密切的特权商人掌握。

　　和《国立银行条例》一起推出的还有1873年6月发布的《纸币交换公债证书条例》，因为创设国立银行的目的主要是整顿纸币，以纸币交换公债，作为发行纸币信托金。在此目的上制成的条例。有纸币到1872年不能兑换就要付六分利息的条例。政府按照条例规定，以纸币交换六分利公债来回收纸币，进而促进了国立银行的设立。即要想设立银行，就要把相当于资本金60%的太政官纸币上缴政府，由政府发给等额的六分利公债交换证书，以这些公债证书作为纸币发行的抵押，使之存入大藏省，并让其发行同额度的银行券。同时，国立银行准备相当于资本金40%的本位金币，充当纸币兑换准备，进行正币兑换。[②]

　　1874年，明治政府修改了1873年颁布的《各府县汇兑方设置手续及汇兑规则》，要求各汇兑方提供"与保管金相当的实物"作为担保，小野、岛田组因此而先后破产，三井组依靠与政府的特殊关系得

---

① 冈田純夫：《本邦銀行·金融変動史》，大空社1999年版，第17页。
② 同上书，第20—21页。

以幸存。1875 年，大隈重信提出《清理收入支出源流，立理财会计之根本的建议》和《谋天下之经济，立国家之会计的建议》，着手改变"金融闭塞"的状况。不过，由于大隈重信一贯坚持"通货缺乏论"，大量发行纸币，反而导致了严重的通货膨胀。

由于纸币的滥发，纸币整顿不可能顺利实现，国立银行设立的目的没有达到。政府改变华族、士族的禄制，决定发行金禄公债证书 1.74 亿日元，允许以公债证书作为资本设立银行。1876 年 8 月，明治政府公布了修改后的《国立银行条例》，和以前的条例比较，其主要修改的内容有：（一）资本金 10 万日元以上（旧条例只要 5 万日元）；（二）为发行纸币而抵押的公债证书，以实价要达到资本金的 80%（旧条例只需交纳资本金的 60%）；（三）作为兑换准备金的正币要达到资本金的 20%（旧条例要达到资本金的 40%）；（四）纸币制造费由银行负担；（五）贷款年息不得超过 10%。[①] 根据改正后的条例，停止银行券的正币兑换，同时允许以金禄公债充当发行纸币的抵押，促进了银行的设立。根据《国立银行条例》规定，今后凡欲创办银行者无需有硬通货（正金）的准备。只需将相当于银行资本金 20% 的政府新纸币作为兑换准备金，其余 80% 的资金可以将附有四分以上利息的金禄公债券交由大藏省作抵押，由大藏省按时价"担保价值"，银行便可以从政府获得发行同等数量银行券（不兑换纸币）的权力。同时，银行还可以按 10% 的利息，在不超过本身资本金 10% 的范围内开展信贷业务。[②] 也就是说，那些"金禄公债"持有者只需将一定数额的公债证书交由政府作抵押，取得发行相应数额银行券的"权力担保"，便可随时创办银行，而无需有金银正货的准备。按照这种方式创立的银行虽然是由私人创立的商业银行，但其中有国家信用"保证"在内。虽然由这些银行发行的银行券是一种不兑换纸币，但却可以政府信用为后盾在市场上流通使用，从而确保了银行创办人的利益所得。这无疑是为"金禄公债"转化为资本开辟了一条新的通

---

① 竹澤正武：《日本金融百年史》，東洋经济新報社 1968 年版，第 70—71 页。
② 大藏省编：《明治大正财政史》第一卷，财政经济学会 1936 年版，第 21 页。

路，使其有了"繁殖的能力"。

1883 年 5 月，明治政府再次修改国立银行条例，国立银行被剥夺发行纸币特权，但设立 20 年后可以作为普通银行继续营业。从国立银行股东身份看，有商人、地主、华族等各种身份。开始阶段士族占有重要地位，后商人的比例逐渐提高。而且，国立银行设立者和重要职员大多是私立银行、类似银行会社的金融业者。各国立银行的设立者身份各不相同，如三井组那样的旧幕府时代沿革下来的金融业者成立的类似银行会社，后来发展成为第一国立银行；明治维新后商人们成立的类似银行会社，后来发展成为长崎第十八国立银行；由商人和士族合作成立长冈第六十九国立银行、米泽第八十一国立银行；只由地主设立的新潟第四国立银行；由横滨豪商设立的第二国立银行；由工商业者、地主设立的第十六国立银行；只由华族设立的第十五国立银行。从以上可以看出，不单单是股东身份，经营实体也逐渐以商人为主体。

从国立银行的营业状况来看，它具有很强的贷款公司倾向，其贷款额远远高出民间存款额。其业务主要是和缴纳地租有关的金融。换句话说，其主业务是以"米"为中心的金融，从第一国立银行也以东北地方的稻米产地的业务为中心来看，我们就清楚了这一点。因为，几大产业在明治初年的国民所得中农业产值占 60% 以上，由于工业也以农产品为原料，农村需要大量资金，所以以农业为中心的金融是主要业务。国立银行根据政府的政策而设立，由于种种原因最初只设立了 4 家银行。

根据改正的国立银行条例，1876 年日本政府停止银行券与正币的兑换，更在 1883 年停止国立银行发券银行机能，为向民间银行转移准备了条件。国立银行是政府为了顺利推进殖产兴业而成立的，与政府成立这样金融机构的目的不同，商人、地主只是把国立银行作为资产增值的机构而推进或消减。这些都显示了政府的政策很不成功，商人、地主等民间力量在对国立银行的影响等方面更具优势。但国立银行设立的目的之一是救济士族而提出的对策，那些持有价格不断下跌的金禄公债的士族能成为股东，可以说是这些士族阶级的福音。而政府的其他目的却未必是成功的，如明治维新以来的对不兑换纸币的整顿、对殖产兴业资金的供给的近代金融制度的完成。特别是国立银行券作为不兑换纸币而滥发，和维新以来各种不兑换纸币一样，共同埋下了以后纸币整顿这一问题的隐患。到 1879 年为止，国立银行总行、支行总数达 260 家以上，其发行的纸币金额虽达 3400 万日元以上，但财政仍不尽如人意。①

在整顿纸币的同时，松方正义也开始着手整顿货币制度与信用体系。松方正义在着手进行纸币整顿的时候，痛感成立中央银行的必要，开始着意构建近代化货币金融体系。1881 年 9 月，松方正义在《财政议》中着重指出："故方今之急务为确定货币运用之机轴，积累正币，充实纸币偿还之元资，兴隆物产，可确立控制输入之目的。如何设定运用货币之机轴，在于设立日本帝国中央银行。其方法之要领如下，第一，本行是日本帝国之中央银行，即货币运用之机轴；第二，本行为官民共立；第三，故股金于大众中募集，政府把之委托于官金出纳。"②

1882 年 3 月，松方提出《创立日本银行的建议》，其主要目的是便利全国的金融、简易国库的出纳、更加顺畅地和外国进行汇兑交易及金银的输出输入，并使银行专有发行兑换纸币的特权。根据其建议书，松方正义首先论述了当时的严重局面："熟观本邦财政之景气，金融越发滞涩，缺乏疏通财路之资本。金利腾贵，民间借贷益发滞涩，加之输出输入相抵，金银币外流年甚一年，正币和纸币间产生非常之差异，真货币既作为通货竟至不能用……"③

关于中央银行设立的必要性，根据松方提出的《创立日本银行的建议》，其理由大体可归纳为以下几点：

第一，是"便利全国的金融"。因为国立银行的影响范围只限于其所处的地区，不可能打开全国金融流通的困局，所以设立中央银

---

① 大藏省编：《明治大正财政史》第一卷，财政经济学会 1936 年版，第 21 页。
② 大藏省编纂：《明治前期财政经济史料集成》第一卷，改造社 1931 年版，第 433 页。
③ 朝仓孝吉：《新编日本金融史》，日本经济评论社 1991 年版，第 42 页。

行，把在各地方的国立银行作为支店，才能实现财货流通，国家金融
顺滑。松方正义特别指出如果有中央银行能监督、检察国立银行，银
行的信用就会提高，就会涤荡商业上多年积累之弊习。

第二，"可以扩张国立银行各会社的资本能力"。中央银行根据
贷款、贴现可以使各银行得到资金的支持，对社会一般利益都有
好处。

第三，降低利息。由于国立银行大多资本寡少、信用薄弱、贪图
高利息，特别是借款人以公债证书、股票、土地、房产作抵押，而其
借期短则五六月，长则二三年，其有"国立银行只是固着在一事一业
上经营，抵押品也只固着在一种"的弊害。如果中央银行能贷以低息
贷款，银行、会社由于利息较低，"中央银行就可完全掌握控制利息
高低之权，现在应尽快设立中央银行"。

第四，认为"设立中央银行，至行务整顿之日，大藏省的某些事
务可托付给银行，可消除某些弊害"。指出诸外国设立中央银行进行
国库的出纳，有盈余时用它来购买外国票据、地产金银等，以图收支
的均衡。那么日本设立中央银行，可以从事国库出纳、偿还国债等事
务，中央财政充裕时可以用来贴现商业票据，使国库更方便民间的融
通。而且，如果中央财政充裕时可购入内外地产金银，就能兑换被滥
发的政府纸币。如果真能那样，就能开辟金币输入之道路，数年后就
能发行兑换货币。

第五，中央银行设立的必要性是"外国票据贴现的问题"。为调
整货物贸易的失衡而引起的金银币的流出流入，成立外国票据的贴现
制度，根据各国货币的浮动，调整贴现比例的高低。[①]

松方正义还详细说明中央银行的运作模式，即"本行是日本帝国
中央银行，是货币运行的基础；本行为官民共办；股金采取从民间募
集和由政府出资相结合的办法来解决，营业期限暂定为25年；资本
金暂定为1000万日元；银行经理和董事由政府任命并设置检查人员
若干，官民各半；本行由大藏省管理；总部设在东京，各府县重要地

[①] 東洋经济新报社编：《金融六十年史》，東洋经济新报社1924年版，第115—122页。

区设分行或代理处，形成全国网络；本行可发行贴现票据和托付票据；本行业务分成官金出纳部、普通营业部、外国汇兑部三个部门。"①

1883年2月，日本政府颁布《日本银行条例》，其主要内容有：（一）资本金100万日元；（二）营业年限30年；（三）资本金在开业前要缴纳1/5，余额根据营业情况征收；（四）禁止从事限制银行营业的危险事业；（五）根据政府情况，从事国库出纳事务；（六）拥有发行兑换银行券的特权，但目前不允许；（七）总裁为敕任，副总裁为奏任；（八）设置大藏卿监理官；（九）每月向大藏卿呈送报告；（十）政府承担资本金的一半，成为股东。② 该条例对日本银行的性质、职责作了规定。从以上条款可知，与西方中央银行相比，政府对日本银行的监督权、控制权、工作指导权更强，日本银行的独立性更弱。10月10日，日本银行开业，整顿全国货币金融市场的工作也随之展开。

在1883年10月，日本政府修改《国立银行条例》，开始对国立银行进行整顿。条例规定自国立银行成立之日算起20年后，全部国立银行转成没有银行券发行特权的普通银行，并规定各行根据本行发行银行券数额向日本银行提供一定数额保证金，由日本银行统一兑换和注销各银行的银行券。③ 1884年5月，日本政府颁布《兑换银行券条例》，消除了银币和纸币的价差。1885年5月，日本银行首次发行"兑换日本银行券"。货币流通混乱的局面很快得到了改善，到1900年完成兑换。日本近代以来纸币的统一已经实现。

日本银行创立后金融逐渐正常化，并开始发行兑换银行券，当时，松方计划的准备金与发行银行券的比例为3∶1。对国立银行的纸币整顿起到了很大作用，但到1890年日本经济危机时，根据《兑换

---

① 中村正则、石井宽治：《経済構想》，《日本近代史思想大系8》，岩波书店1988年版，第109—111页。转引自杨栋梁等《日本近代以来经济体制变革研究》，人民出版社2003年版，第108页。

② 大藏省编：《明治大正财政史》第一卷，财政经济学会1936年版，第96—97页。

③ 東洋経済新報社编：《金融六十年史》，東洋経済新報社1924年版，第133页。

银行券条例》第二条，日本银行开始限制外发行银行券，对各金融机构进行救济。并以股票作为担保进行融资，日本银行事实上成为事业资金的供给机构。通过放贷等金融活动对国立银行和普通银行进行控制，从而使日本银行获得了"银行的银行"的地位。之后，日本银行屡屡实行限制外发行，特别是甲午战争后的战后经营，日本进入财政膨胀期，银行的信用也随之急剧膨胀。

当时大的普通银行从日本银行借款，接受票据贴现，然后把得到的资金再贷给事业会社和个人。特别是大银行利用东京、大阪这样的大城市和地方的利率差，向地方银行供给资金。当时众多的弱小银行贷出了自己的资金、存款、准备金，在自己资金不足时，往往要仰赖借款，再转贷出去。随着贸易的入超，金融开始紧缩，都市银行利率平均提高一成。而且随着 1897 年 3 月金本位制的实施，日本银行 6 月公布利率提高二厘，又把交易对象扩大到银行以外的个人。这样就打破了都市银行从日本银行借款再以高利率转贷给他人，赚取高额利润的恶劣风气。从而使普通银行不用依靠日本银行生存，成为真正的商业银行。

日本著名经济史学家石井宽治认为，"产业革命时期的金融结构，在国内金融方面由财阀系大银行以及众多普通银行担当；在对外金融方面由正金银行和外国银行竞争。和政府财政关系密切的日本银行给这些银行以有力支援，其他特殊银行和储蓄银行的经营活动受以上金融机构活动制约。"[1] 随着日本银行创立、国立银行转为普通银行，以及横滨正金银行、劝业银行、兴业银行、台湾银行和朝鲜银行等特殊银行的建立，一套具有日本特色的近代金融体系逐渐形成。

三　近代货币制度的建立

为克服幕府以来的货币混乱状况，建立统一的货币体系是明治政府面临的最为紧迫的任务之一。1869 年 3 月，大隈重信建议明治政府开始铸造新币，根据日本当时的国情，一般认为自然应采用银本位制。造币署也开始本位银币试制，并清理相关法律条文。但 1871 年 5

---

① 石井宽治：《日本经济史》，東京大学出版会 1991 年版，第 200 页。

月 10 日宣布的《新货币条例》仍采用金本位制。之所以会发生这样的逆转，其直接原因有：（一）伊藤的理想主义——前往美国调查财政币制的伊藤博文强烈主张采用金本位制。当时伊藤正赶上美国议会进行币制改革审议，他便立意要学习美国，使母国的币制建立在"与万国通用的货币原位价格相同，这万古不易的基础"之上。（二）留守政府萌发的国家主义——痛快地接受英美国家办法，在文明国家中充当先锋，追随英美的金本位制。① 主张采用金本位制。

　　这种货币制度的选择，可以说是相当激进的办法，对当时日本实际经济情况来说，是难以维持金本位制的。在实际经济活动中，日本银币仍无限制流通。加之白银产量不断提高，银价进一步下落，使金币完全退出了流通领域，日本实际上仍是银本位制国家。

　　从 1873 年德国追随英国金本位制开始，西方各主要资本主义国家陆续采用金本位制。另外，随着白银价格的进一步跌落，对从欧美进口先进机器设备的日本来说，具有一定的不利影响。1879 年美国进一步强化了金本位制，1883 年意大利采用了金本位制。尤其是世界最大的银本位制国家印度在 1893 年 6 月采用金本位制后，松方正义更加坚信金本位制是世界发展的大势。并命令藏相渡边国武成立"货币制度调查会"，负责研究、制定通货本位制度，并提供咨询报告。在是否采用金本位问题上，大多数调查会成员认为，银价下跌有利于增加出口，物价上涨有利于促进工商业兴旺，否决了向金本位制过渡的方案。②

　　但日本在甲午战争中的胜利促进了金本位制的实行。日本从清政府手中总共掠夺赔偿金达 3.648 亿日元之巨。③ 1896 年 9 月，松方正义再次担任首相并兼任藏相，开始着手建立金本位制准备。对于改变本位制度理由，大藏省官员认为，"由于世界银价下跌，我国得到的利益逐步减少，贸易不堪其弊，我国没有必要继续维持银本位制，应

---

　　① ［日］梅村又次、山本有造编：《日本经济史 3　开港与维新》，李星、杨耀禄译，生活·读书·新知三联书店 1997 年版，第 142—143 页。

　　② 冈田纯夫：《本邦银行·金融变动史》，大空社 1999 年版，第 120—121 页。

　　③ 小林丑三郎：《比較财政学》下卷，東京同文館 1905 年版，第 1746 页。

仿效大多数欧美各国之所为，实施金本位制"。对于实施金本位制的
影响，"如果实施金本位制，没有失去正币的不利，……有利于一般
消费者，特别是贫民，……也可以说间接减轻了国民负担。由于我国
作为金本位国家，向中国或朝鲜等那些银本位制国家的商品出口价格
会提高，商品出口多少会降低。金本位制作为开明国家的通制，一旦
采用，就可融入世界经济潮流，提高国际地位。……对将来财政金融
上的利益颇大，不应丧失现在绝好时机。"[1]

1897 年 3 月，第 10 届议会制定了向金本位制过渡的《货币法》
及其附属法案，并于当年 10 月开始实施。根据《货币法》，1 日元等
值 0.75 克黄金，即 100 日元值 75 克黄金。[2] 在金本位制下，纸币与
金币自由兑换，不论是谁拿纸币都可以到日本银行兑换数量相当的
金币。

在金本位制下，由于黄金的输出、输入是自由的，在一定范围内
具有稳定本国汇率的优点。只要金本位制结构能够忠实地发挥作用，
金本位国家之间的汇率就能稳定在一定水准之上，这就是金本位制的
自动调节作用。当然，日本采用金本位制还有更高的战略考量，"向
金本位制转变是为了脱离亚洲白银圈，稳定与欧美主要国家的贸易、
金融关系，堪称经济上的'脱亚入欧'"[3]。通过金本位制的建立，对
外，日本密切了与国际经济关系，尤其是和采用金本位制的欧美列强
的经济联系。日本同这些国家资金交流日益频繁，对日本平衡国际收
支、吸引外资、发行公债具有重要意义。对内，使日元汇率保持稳
定、维持通货稳定局面，使日本银行的作用在国家金融活动中越来越
重要。

虽说采用金本位制使日元与黄金挂钩，日元币值稳定，有利于贸
易发展和外资导入，给日本资本主义提供飞跃的机会，但在国际金本
位制规则下，要维持黄金平价，就必须促进本国经济发展，在银本位

---

① 牧野輝智：《明治大正史Ⅲ·経済篇》，朝日新聞社 1931 年版，第 55—56 页。
② 石井寛治：《日本経済史》，東京大学出版会 1991 年版，第 191 页。
③ 山本義彦編著：《近代日本経済史——国家と経済》，美祢書房 1992 年版，第 41 页。

制下，银价下跌有保护关税的作用。日本采用金本位制就失去了这个有利点，而且日本经济本无采用金本位制的实力，是靠甲午战争胜利取得巨额赔款，这种经济以外力量推动才采取的政策。以正常的贸易关系维持正常的外汇储备、维持金本位制对后进国家日本来说是非常困难的，后来到第一次世界大战前的事实也证明了这一点。

第二节 大正前期财政政策

一 "一战"前财政政策

随着近代财政金融体制的初步建立，日本经济开始进入产业发展的高潮期，取得了长足发展，史称"产业革命"时期。如表 1 - 1 所示，从 1886 年到 1914 年第一次世界大战爆发，28 年间，国民生产总值由 8.00 亿日元增长到 47.38 亿日元，增长约 6 倍。对外贸易方面，出口由 1886 年的 0.50 亿日元增长到 1914 年的 6.71 亿日元，增长约 13 倍多。进口由 0.41 亿日元增长到 1914 年的 6.71 亿日元，增长约 16 倍。从这 28 年中进出口贸易额分析，日本对外贸易基本保持了平衡状态。随着经济的增长，日本人口也从 1886 年的 3854 万人，快速增加到 1914 年的 5204 万人。

第一次世界大战前后各产业结构也出现明显变化。如表 1 - 2 所示，1885 年农业产值在国民经济中占主要地位，为 45.2%；其次是商业服务业，占 37.7%，表明当时日本商品经济发展已经处于较高水平。到 1915 年农业产值比重为 29.0%，下降近 16 个百分点。工业产值由 1885 年的 0.86 亿日元，增长到 1915 年的 11.30 亿日元，增长约 15 倍，其在国民经济中所占的比重由 11.5% 增加到 25.4%，增加近 14 个百分点。在国民经济中非农产值比重从 1890 年之后逐年增长，1900 年非农产值比重超过 60%，到 1915 年非农产值占 71%，表明日本已经初步成为以轻工业为主的工业化国家。

表 1−1　　　　　"一战"前日本主要经济指标变化情况

单位：亿日元、万人

年份	国民生产总值	对外贸易		人口
		出口	进口	
1886	8.00	0.50	0.41	3854
1894	13.38	1.16	1.33	4114
1895	15.52	1.39	1.42	4156
1896	16.66	1.20	1.89	4199
1904	30.28	3.29	3.82	4614
1905	30.84	3.35	5.02	4662
1906	33.02	4.39	4.37	4704
1910	39.25	5.02	5.21	4918
1911	44.63	5.23	5.81	4985
1912	47.74	6.18	6.84	5057
1913	50.13	7.16	7.95	5131
1914	47.38	6.71	6.71	5204

资料来源：安藤良雄编：《日本近代经济史要览》，東京大学出版会1981年版，第2—4页。

表 1−2　　　　　　"一战"前各产业产值及比重的变化　　单位：亿日元、%

年份	农业	工业	建设业	交通通信	商业服务业	合计
1885	3.39(45.2)	0.86(11.5)	0.24(3.2)	0.18(2.4)	2.83(37.7)	7.50(100.0)
1890	4.96(48.4)	1.21(11.8)	0.36(3.5)	0.21(2.1)	3.50(34.2)	10.24(100.0)
1895	5.67(42.7)	1.93(14.5)	0.48(3.6)	0.39(2.9)	4.82(36.3)	13.29(100.0)
1900	8.58(39.4)	3.65(16.8)	0.97(4.5)	0.85(3.9)	7.72(35.4)	21.77(100.0)
1905	8.77(32.9)	4.77(17.9)	0.86(3.2)	1.44(5.4)	10.85(40.8)	26.69(100.0)
1910	11.19(32.5)	7.41(21.5)	1.57(4.6)	2.30(6.7)	12.01(34.7)	34.48(100.0)
1915	12.89(29.0)	11.30(25.4)	1.97(4.4)	3.43(7.7)	14.87(33.5)	44.46(100.0)

资料来源：安藤良雄编：《日本近代经济史要览》，東京大学出版会1981年版，第8页。

　　日本经济之所以取得如此快的发展，是与日本资本主义的国家主导型、技术移植型和军工优先型特点分不开的。所以巨额的财政投入，是日本经济快速发展的一个必要前提。如表1-3所示，从1890年到1910年政府财政总支出增长12.5倍，远远超过国民生产总值增长的3.7倍，1910年政府财政总支出占国民生产总值的38%。

表1-3　　　　　　　　　日本政府财政规模　　　　单位：百万日元、%

年份	中央·地方一般会计		政府总支出净计·A	国民生产总值·B	A/B×100%
	中央政府	支出净计			
1880	63	87	91	829	11.0
1890	82	119	119	1056	11.3
1900	293	412	465	2414	19.3
1910	569	837	1491	3925	38.0
1920	1360	2171	3947	15896	24.8

　　资料来源：石井寛治：《日本经济史》，東京大学出版会1990年版，第193页。

　　中央财政支出规模的扩张，是通过甲午战争、日俄战争及其"战后经营"而不断扩大的，使中央财政规模的扩大带上了浓厚的扩军财政的色彩。如表1-4所示，从1886年到1895年，军事费支出占中央财政一般会计支出大致保持在20%至30%，1896年到1900年军事费支出占中央财政一般会计支出比例超过40%，1898年竟达到51.2%。1901—1911年军费支出占中央财政一般会计支出比例大多在30%以上。日俄战争及其"战后经营"，军事支出占中央财政一般会计支出虽然下降，这是因为军事费开支主要是依靠举借巨额国债填补，这导致国债费用增加，1906年国债费用占中央财政一般会计支出的33.0%。巨额国债被投向军工生产，民间企业也积极投入军工生产，军费的支出促进了日本资本主义原始积累。巨额军费支出使日本资本主义在半封建性基础上，又增加了军事性的特点。

表1-4　　　　　　　明治时期中央财政一般会计年财政支出　单位：千日元、%

年份	年财政支出合计	行政费	国债费	军事费	年份	年财政支出合计	行政费	国债费	军事费
1886	83224	46.1	28.9	24.9	1899	254166	41.3	13.7	44.9
1887	79453	44.8	27.0	28.2	1900	292750	42.6	11.9	45.5
1888	81504	46.6	25.4	28.0	1901	266857	47.5	14.1	38.4
1889	79714	47.4	23.0	29.6	1902	289227	43.4	27.0	29.6
1890	82125	43.9	24.7	31.3	1903	249596	51.3	15.5	33.2
1891	83556	49.4	22.2	28.3	1904	277056	76.0	12.2	11.8
1892	76735	44.7	24.3	31.0	1905	420741	79.4	12.4	8.2
1893	84582	49.9	23.1	27.0	1906	464276	39.0	33.0	28.0
1894	78129	48.3	25.3	26.4	1907	602401	37.8	29.3	32.9
1895	85317	43.7	28.7	27.6	1908	636361	38.3	28.1	33.5
1896	168857	38.5	18.1	43.4	1909	532894	37.6	29.1	33.3
1897	223679	37.4	13.2	49.4	1910	569154	37.4	30.1	32.5
1898	219758	35.9	12.9	51.2	1911	585375	39.5	25.4	35.0

资料来源：石井宽治：《日本经济史》，東京大学出版会1990年版，第193页。

　　维持庞大的财政开支，政府的财政收入包括租税、国营及国有财产收入、发行国债、借款等。但中央政府依靠的基本财政收入主要还是租税。如表1-5所示，在1890年到1910年的租税体系中，原来以地租为主的租税结构，转为以征收间接消费税为主。间接消费税的主要征收对象是酒、酱油、砂糖、纺织品、煤油等大众消费品。地租和酒税等间接消费税收被认为是倾向于向贫困阶层征税的政策，而作为向富裕阶层的征税，日本政府在1887年开始征收所得税。但所得300日元以上需缴纳所得税者，到1898年还不到10万人，所得累进税率也不过1%—3%，所得税在租税总额中的比例很低。1890年租税收入占中央财政一般会计财政收入的61.7%，但到1900年、1910年分别降为45.3%、47.2%。租税比例的下降是与国营、官有财产收入增加密不可分的。以邮政电信、铁道、专卖局收益为主的国营、官有财产收入，在这个时期政府财政收入中占有相当大比例，成为日本财政的一大特色。

表 1 - 5　　　　　　中央财政一般会计年财政收入主要项目　　　单位：千元、%

项目	1890 年度	1900 年度	1910 年度
地　　　　租	39712 (37.3)	46718 (15.8)	76292 (11.3)
关　　　　税	4393 (4.1)	17010 (5.7)	39949 (5.9)
所　得　税	1089 (1.0)	6368 (2.2)	31722 (4.7)
营　业　税	— (—)	6052 (2.0)	25757 (3.8)
酒　　　　税	13909 (13.1)	50294 (17.0)	86701 (12.9)
砂糖消费税	— (—)	— (—)	17906 (2.7)
纺织品消费税	— (—)	— (—)	18234 (2.7)
租税合计	65731 (61.7)	133926 (45.3)	317286 (47.2)
邮政电信收入	4613 (4.3)	20699 (7.0)	49227 (7.3)
铁　道　收　益	1722 (1.6)	8090 (2.7)	— (—)
专卖局收益	— (—)	7244 (2.4)	62090 (9.2)
（国营·国有财产收入）	8792 (8.3)	40074 (13.5)	128768 (19.1)
公债·借款	— (—)	43604 (14.8)	3639 (0.5)
赔款缴纳	— (—)	31240 (10.6)	— (—)
年财政收入合计	106469 (100.0)	295854 (100.0)	673873 (100.0)

注：括号内为百分比。

资料来源：東洋经济新報社编：《明治大正财政詳覽》，東洋经济新報社 1975 年版，第 634—635 页。

明治政府建立后的巨额财政开支不是常规租税所能满足的，举借国债成为必然选择。国债的大量发行是以甲午战争、日俄战争为契机开始的，通过甲午战争和"战后经营"，到 1903 年国债总额达到 5.6 亿日元。到日俄战争时，日本政府发行军事公债为 15.84 亿日元，为实施铁道国有化发行交付公债 5.4 亿日元。到 1910 年末，日本政府发行国债余额达 26 亿日元以上，而外债总额超过 14 亿日元。[①] 加之长期的贸易入超、正币外流，使日本在英美金融市场募集新债越来越困难。为打破经济困境，日本经济界一些有识之士开始呼吁停止金本位制，就在此时爆发了第一次世界大战。

二　"一战"期间的财政政策

1914 年 8 月 9 日，日本元老会议决定参加第一次世界大战，10

---

① 石井寬治：《日本经济史》，東京大学出版会 1990 年版，第 198 页。

日，元老井上馨致信山县有朋和首相大隈重信称："欧洲大祸乱是天佑大正时代日本国运发展，要举国一致利用这次天佑。"[①] 1915 年 4 月 15 日，藏相若槻礼次郎在证券交易所联合会发表演说："这次祸乱吾人应特别留意，奖励国产和资本独立，……奖励国产，加强我主要工业基础，（使我商品质量）优于进口商品，……外资的自然输入当然可以，……最重要的是养成资本独立的基础。为达成这个目的，首先要充实和疏通资本，充实和疏通资本的方法，一是实行奖励勤俭储蓄，增加出口以及疏通金融的方法；一是防止资本滥用。"[②] 也就是通过使用国货，促进出口，增加正币流入，疏通国内金融，充实资本，使资本独立，建立新的、独立的经济政策体系。

针对由于出口增加导致国际收支出现大幅黑字，使国内出现通货膨胀状况。1916 年 11 月，日本银行向大藏省提出《意见书》，在原来建议以政府资金购买正币、借换内外债基础上，又提出其他具体建议：（1）通过向英法两国发行日元短期债券，推进海外投资；（2）出售存款部所有的有价证券，增加充当购买正币的存款部资金，或发行铁道公债偿还铁道会计借款；（3）重新立法，增加短期贷款；（4）完善发行借换内债及偿还外债本息的制度；（5）完成对中国贷款。[③] 寺内内阁在战争景气的大背景下，在日本银行提案的基础上，积极推进财政膨胀政策。具体包括：（1）在财政允许的范围内实行充实国防的计划；（2）积极投入经费发展各项产业，改善教育，发展交通通信事业等；（3）加强对盟国和中国的财政援助，奖励对外投资。明治后期到大正初期一般会计预算规模都在 5 亿日元左右，1913 年一般会计财政支出决算为 6.48 亿日元，财政收入约 7.39 亿日元。[④] 第一次世界大战爆发后，由于临时军费和预备费的支出增加，使一般会

① 信夫清三郎：《大正政治史》第一卷，劲草书房 1968 年版，第 234 页。
② 日本銀行調查局编：《日本金融史资料》，明治大正编第二十一卷，日本银行调查局，第 1184—1185 页。
③ 《大藏省百年史》编集室编集：《大藏省百年史》上卷，大藏财务协会 1969 年版，第 263 页。
④ 鈴木武雄：《財政史》，東洋经济新报社 1962 年版，第 126 页。

计财政收支规模越来越大。如表 1 - 6 所示，1917 年财政收入决算
10.8 亿日元，财政支出决算额 7.35 亿日元，财政收支盈余约 3.5 亿
日元。到 1918 年财政收入决算 14.8 亿日元，财政支出决算 10.17 亿
日元，财政收支盈余约 4.6 亿日元。

表 1 - 6 　　　　　　一般会计财政收支的推移　　　　　单位：日元

年度	年财政收入		年财政支出		财政收支盈余
	预算额	决算额	预算额	决算额	
1915	727653350	708615882	750687857	583269852	125346030
1916	600938397	813308613	602262972	590795353	222513260
1917	730929472	1084958387	780170435	735024251	349934136
1918	902373475	1479115821	902373475	1017035574	462080247

资料来源：根据大藏省《财政統計》制成。转引自坂入長太郎《昭和前期财政史（昭
和 7 年—20 年)》，酒井书店 1989 年版，第 45 页。

　　中央与地方政府的固定资产投资与流动资产投资在这期间也越来
越大。固定资产投资包括对铁道、河流、港口、道路、桥梁、土木工
程等投资。流动资产投资主要是设备投资，包括机器设备、武器装
备、船舶以及运输设备等投资。如表 1 - 7 所示，1914 年中央与地方
政府的固定资产投资与流动资产投资合计约 2.9 亿日元，虽然 1915、
1916 年有所下降，但从 1917 年起快速增长，到 1918 年增长到 5.6 亿
日元。

　　大战爆发后钢铁需求猛增，使日本政府加大了对钢铁企业的投
资，从 1916 年到 1921 年共投入 5140 万日元，从 1918 年开始又累计
追加 2747 万日元。1909 年铁道会计独立后，为继续推进铁道事业建
设，1915 年到 1921 年政府投资共约 3.57 亿日元，其财源虽主要为依
靠公债，但一般会计也向铁道会计转入 2000 万日元。[①] 随着军费的扩
张，对军事相关部门的投资的比例也越来越高。大战中财政膨胀主要

---

　　① 大藏省财政经济学会编：《明治大正财政史》第一卷，经济往来社 1955 年版，第
363 页。

为军备扩充费的膨胀，到 1918 年仅制造军舰费用就达 8.55 亿日元，海军扩军费总额达 9.16 亿日元。[①]

表 1 – 7　　　　　　　日本政府投资一览表　　　　单位：千日元、%

年度	固定资产投资			流动资产投资			合计（A＋B）
	中央政府	地方政府	计（A）	中央政府	地方政府	计（B）	
1914	68581	75367	143948	107363	36563	143927	287875
1915	60503	66536	127039	88425	37857	126282	253321
1916	58998	56738	115736	97403	40669	138072	253808
1917	106879	66978	173857	189666	45056	234722	408579
1918	100964	99811	200775	309763	52008	361771	562546

资料来源：H. Rosovsky, Copital Formation in Japan 1868～1940, 1961。转引自坂入長太郎《昭和前期财政史（昭和 7 年—20 年)》，酒井書店 1989 年版，第 50 页。

　　为减轻债务负担，大隈重信内阁开始采取外债借换和偿还政策。在第一次世界大战开始的 1914 年，大隈内阁就采取了停止以外债补充正币，同时停止依靠外债经营殖民地和铁道建设的政策。随着战争景气导致的大幅贸易入超的出现，政府和银行为偿还外债采取了正币积累政策。另外，政府以大藏省存款部资金、一般会计剩余资金购买汇兑银行卖给日本银行的正币，通过日本银行疏通出口金融。但这又出现一个问题，随着出口金融的增大，国内日银券的供给也随之增加，金融市场缓和、利率下降，银行手中出现大量闲置资本。为寻找合适的投资对象，银行希望政府开放内债募集，为闲置资金寻找出路。1915 年 9 月，大隈内阁正式放弃非募债主义政策，采取发行内债吸收过剩闲置资本的国内金融调节政策，并利用在外正币偿还外债。为发行五分利国库债券 2000 万日元偿还四分利英镑外债，大隈内阁制定了《国债整理基金特别会计法第五条的特例法》。1916 年 10 月，寺内正毅内阁继承了前任内阁发行内债偿还外债的方针。如表 1 – 8

[①]　大藏省财政经济学会编：《明治大正财政史》第一卷，经济往来社 1955 年版，第 362 页。

所示，从 1914 年开始外债总量逐年下降，内债总量则从 1917 年开始
快速增长。

表 1-8　　　　　　　　　　　　公债保有量　　　　　　　　单位：千日元

年度	内国债	外国债	国债总额 A	地方债 B	A + B 总量
1914	991531	1514840	2506371	326607	2832978
1915	1028091	1461143	2489234	336889	2826123
1916	1097494	1370207	2467701	339793	2807494
1917	1359957	1338784	2698741	377319	3476060
1918	1740638	1311138	3051776	389591	3441367

资料来源：根据《大藏省百年史》别卷制成。坂入長太郎：《昭和前期财政史（昭和 7
年—20 年）》，酒井書店 1989 年版，第 51 页。

三　"金禁止"政策的出台

第一次世界大战的爆发，日本审时度势站在协约国一边参加了第
一次世界大战。第一次世界大战完全改变了日本的经济结构，使日本
经济发生深刻变化。通过第一次世界大战，日本经济由之前的入超
国，变为出超国，由以前的债务国变为债权国，1920 年日本的黄金储
备达 21.78 亿日元。[1] 在国民经济生产总值中，1918 年工业产值上升
为 56.8%，农业则下降到 35.1%[2]，日本工业化程度进一步提高。虽
然实现了工业化，但从轻工业与重工业所占比例来看，轻工业比例仍
占优势。受战争景气刺激，日本造船工业、化学工业获得空前发展，
使重化学工业所占比例日益提高。第一次世界大战给日本带来空前的
"战争景气"，日本企业规模不断扩张，像三菱、三井、住友等大财阀
的资产扩大了 2 至 3 倍。此外，一大批发战争财的暴发户也涌现出
来，史称"战争成金"。其中，最有代表性的一家，就是导致 1926 年
金融危机发生的铃木商店。

由于战争的影响，在 1917 年 9 月 7 日美国禁止黄金输出之后，

---

[1]　安藤良雄：《日本经济政策史論》，東京大学出版会 1973 年版，第 276 页。
[2]　有沢広巳编：《昭和经济史》上卷，日本经济新聞社 1981 年版，第 4 页。

日本政府也于 1917 年 9 月 16 日发布大藏省令，"输出金币及金块者须得到大藏大臣的许可，但去外国旅行携带金币未满一百日元者不在此限制之内。"① 通过大藏大臣许可的方式禁止了黄金输出，日本政府实际上停止了实行近 20 年的金本位制。对此，大藏省的解释是，"……去年以来，上海金块市场开始投机日元，由于预见到将来黄金价格有可能恢复，自然促进了当地对日元的购买，其结果必然造成我国黄金的大量外流。从去年初冬到今年 8 月末之前，共向中国输出黄金达 6400 万日元，并还有继续扩大之势。作为政府的防范手段，美国既然已经禁止黄金输出，出于自卫考虑，我国有必要控制黄金输出。发布大藏省令，实行金禁止，虽然对我国外贸乃至各项产业没有什么影响，但当局要十分注意这一点，不能使它对经济产生丝毫负面影响。"② 根据大藏省给出的理由，是日本政府需要从美国进口黄金，对抗上海黄金市场对日元的投机行为。可是，美国已经于 1917 年 9 月 7 日颁布法令禁止黄金输出，放弃金本位制，迫不得已，日本也追随美国采取相同措施。此外，英国也通过限制印度外汇卖出的方式，停止黄金出口，这也被认为是日本禁止黄金输出的重要原因。这种情况下，日本购买印度棉花只能以美元支付，但美国已经禁止黄金输出，要筹措购买棉花的资金比较困难。另外，作为应急的准备，就必须保持一定的黄金储备，禁止黄金输出成为必要选择。对这一被动、临时措施，大藏大臣胜田主计给出的解释是，"当时日本有四亿六千万日元（指国内的保有数量）的黄金储备，对外收支关系呈前所未有的好，乍一看没有必要禁止黄金输出，但综合考虑，由于世界大战的战局混沌，加之俄国革命，全世界处于动荡之中，各国纷纷采取了禁止黄金输出措施。所以，为吾国将来有事计，断然禁止了黄金输出。"③ 通过分析胜田主计的解释，我们知道虽然日本贸易状态空前的

---

① 安藤良雄编：《近代日本经济史要览》，東京大学出版会 1993 年版，第 114 页。

② 《朝日新聞》1917 年 9 月 13 日。转引自長幸男《昭和恐慌》，岩波书店 1994 年版，第 22 页。

③ 《大阪朝日新聞》1928 年 7 月 19 日。转引自長幸男《昭和恐慌》，岩波书店 1994 年版，第 22 页。

好，但由于世界局势动荡不明，日本为自保，在欧美各国相继放弃金本位制后，也采取了相同措施。

禁止黄金输出，放弃金本位制，不过是世界各国应对时局的权宜之计。第一次世界大战结束后，政治经济局势一旦稳定，恢复金本位制，解除黄金输出的限制是必然趋势。1919 年 8 月 12 日，美国率先恢复金本位制，解除对黄金输出的限制。日本拥有巨额的黄金储备，利用这一时机解除黄金输出限制，是恢复金本位制的绝好机会，也不会对经济产生任何实质性消极影响。但日本却放弃了这一机会，从而产生了之后长期困扰日本经济界的"金解禁"问题。

对此，时任大藏大臣的高桥是清认为，"现在看来，当时我朝野对中国意见，是积极的、攻势的。但我反对以武力侵略，以武力侵略所得，日后必被武力夺回。……中国现在虽混乱，但总有一天会安定下来。到那时，为治国安民，铺设铁路，振兴产业首先需要的是黄金。……在这种状况下，日本必须准备五六亿日元的黄金做贷款准备。否则，从世界现状来看，英美要垄断（对华）贷款。与武力征服不同，如果英美再一次在经济上征服中国，要反超英美不是件容易的事。日本无论如何都要抢在各国之前做好准备，即使和各国组成借款团，也要站在领导借款团的立场上。放在海外的黄金一旦再有事不能起什么作用，日本政府应尽量增加国内保有的黄金数量，控制输出，所以在大正八年（1919 年）美国黄金输出解禁时，并在那之后黄金不断涌入日本时，我国没有实行金解禁的打算。"① 在第一次世界大战后，为取得对华外交主导权，就必须取得对中国贷款的先机，与英美竞争，增加国内黄金储备，继续禁止黄金输出成为必要选择。第一次世界大战期间，由于欧美列强无暇东顾，加之日本经济急剧扩张，使日本建立了在华经济、政治优势。但"一战"后，日本却又面临欧美，尤其是美国在政治、经济上强有力的竞争压力。日本在经济上难以同实力雄厚的美国较量，处于弱势的日本需要综合国内财政金融政

---

① 大藏省昭和财政史编集室编：《昭和财政史》第十卷金融上卷，東洋经济新報社 1954 年版，第 157 页。

策的强有力支持，所以，日本缺乏金解禁的政治动机。

高桥是清与时任日本银行总裁的井上准之助对金解禁的认识完全一致，井上准之助此后曾对"一战"后金解禁问题进行了如下阐述："大正八年（1919年）……当时日本是否也和美国一样进行解除黄金出口禁令？这不是老百姓的问题，而是当政者的重大问题。从我国经济立场来说，应当解除黄金输出禁令。但当时的世界形势还没有安定，欧战虽然结束，就从凡尔赛会议的氛围和美国的态度来看，若世界有事必在东洋（以中国为中心）。在认定东洋必然有事的情形下，在国内拥有四亿日元、国外拥有十三亿日元的黄金储备中，在国内四亿日元的金币作为黄金储备作用非常大，但国外的黄金储备却没有多大作用。若一旦世界有事，放在海外的黄金储备不起作用。所以，可先使用海外黄金储备，国内的黄金储备暂不使用。可以说，从政治上考虑，还不到解除黄金输出禁令的时候。"①

综上所述，在第一次世界大战期间，日本以大藏大臣许可的方式，禁止黄金输出，停止金本位制，是日本从世界经济角度考虑而实行的临时措施，具有一定被动性。但第一次世界大战结束后，日本主政者却出于对华经济、政治考虑，放弃了主动复归金本位制这一极好机会，从而酿成长期困扰经济界的"金解禁"问题。

第三节 大正后期财政政策

一 "一战"后的财政政策

第一次世界大战使日本资本主义结构发生根本改变，给财政制度带来巨大影响。特别是地方财政的膨胀，超过国家财政膨胀速度。租税收入已无法满足日益扩大的财政支出，公债占财政比例越来越大，一旦经济增长速度下滑，财政危机随时都可能出现。"一战"结束，

---

① 井上準之助：《戰後におけるわが国経済および金融》，岩波書店1925年版，第205—207页。

战争景气也随之消失，1920 年 5 月，东京、大阪股票交易所股价开始暴跌，以此为标志，战后经济危机开始了。第一次世界大战后，最早发生经济危机的国家就是日本。经济危机的具体表现，除一般的股价下跌外，商品价格也随之下跌，不过日本国内物价水平仍远高于国际水平。如表 1 - 9 所示。

表 1 - 9　　　　　　　　　国际物价水平比较

年份	日本（1）	日本（2）	日本（3）	美国	英国
1911—1913	100	100	100	100	100
1914	97.4	97.0	96.7	100.3	102.0
1916	119.2	120.8	123.3	125.9	163.3
1918	190.2	204.2	208.9	193.4	230.5
1920	264.6	265.9	335.3	227.4	301.3
1922	199.8	193.8	211.6	142.4	157.3
1924	210.7	179.1	197.2	144.5	166.9
1926	182.4	173.1	172.9	147.3	151.3
1928	174.4	163.9	163.2	142.4	144.1
1930	139.5139.0	138.8	127.0	116.0	

注：（1）是根据日本银行调查局东京批发物价指数（1900 年 10 月）制成；（2）是（1）×对美汇兑指数（1911 - 1913 = 100）；（3）是（1）×对英汇兑指数、汇率，是横滨正金银行的平均行情。

资料来源：安藤良雄编：《近代日本经济史要览》，东京大学出版会 1993 年版，第 105 页。

如果以日本、美国、英国 1911—1913 年的平均物价指数为 100，那么日本物价水平从 1914 年到 1916 年远低于英、美两国。但到了 1918 年，日本的物价指数虽低于英国，但已经超过美国。从 1920 年到 1930 年日本停止金本位制期间，日本物价指数突飞猛进，已远远高于英美两国。因为国内物价水平与国外物价相比，长期处于高位，拉升企业生产成本，造成日本商品竞争能力弱，使外国商品进口不断增长，出口却增长缓慢，不仅严重打击了日本出口企业，也给依靠内需的企业造成普遍打击。其中，对重化学工业影响最为显著。1920 年重化学工业产值占整个工业产值的 33.4%，1925 年则降到 23.7%，仅五年时间就下降近 10 个百分点。如表 1 - 10 所示。

表 1 – 10　　　　　　　　　　重工业及化学工业的动向

年份	重化学	食品	纤维	其他
1920	33.4	23.9	34.3	8.4
1925	23.7	25.6	39.3	11.4
1930	32.8	25	30.6	11.6
1935	43.5	16.4	29.1	11
1940	58.8	12.2	16.8	12.2

资料来源：根据通产省《工業統計 50 年史》（通产统计协会 1961 年）算出。转引自 [日] 中村隆英《日本昭和经济史　1925—1989 年》，刘多田译，河北教育出版社 1992 年版，第 16 页。

在经济危机中，政府没有对经济界进行彻底的整顿，而是实行过于庞大的救济政策和积极的财政政策，政府投资规模不断扩大。如表 1 – 11 所示。

表 1 – 11　　　　　　　　　　政府投资规模　　　　　　　单位：千日元

年份	固定资产投资			流动资产投资			合计 A + B
	中央政府	地方政府	计（A）	中央政府	地方政府	计（B）	
1918	100964	99811	200775	309763	52008	361771	562546
1919	183378	150311	333689	388233	57941	446174	779863
1920	317344	253528	570872	489907	74586	564493	1135365
1921	282873	284269	567142	537976	81540	619516	1186658
1922	361778	330390	692168	402111	94382	496493	1188661

资料来源：H. Rosovsky, *Capital Formation in Japan* 1868 ~ 1940, Free Press, 1961. 坂入長太郎：《昭和前期財政史：帝国主義下における財政の政治過程（昭和 7 年—20 年）》，酒井書店 1989 年版，第 50 页。

1918 年日本中央政府固定资产建设投资约为 1 亿日元，但 1922 年却猛增到约 3.62 亿日元，地方政府投资也从不到 1 亿日元，增加到 3.3 亿日元。中央政府、地方政府对非军事性固定资产投资总额从约 2 亿日元增长到约 7 亿日元，膨胀约 3.5 倍。随着固定资产投资的膨胀，中央政府、地方政府对流动资产投资也迅速增长，这一时期流动资产投资总额从 1918 年的 3.6 亿快速膨胀到 1922 年的约 5 亿日元，尤其是地方政府对流动资产投资规模不断扩大。

从 1920 年开始，商业银行贷款额开始超过存款额。如 1920 年 2 月末，东京大阪两地银行的贷款额开始超过存款额，并呈逐月上升之势。1920 年 1 月末东京大阪两地银行存款额为 33.47 亿日元，贷款额 33.29 亿日元，贷款额占存款额的 99%。到 1920 年 12 月底，贷款额与存款额的比例却改为 107%，如表 1-12 所示。政府通过增加对固定资产、流动资产投资，通过银行放款，挽救了一大批濒于破产的企业，但为日本经济的发展埋下了隐患。

表 1-12 　　　　　　　日本金融的困窘　　　单位：百万日元、%

时间	东京大阪银行公会			日本银行券发行量	日本银行一般贷款额
	存款额	贷款额	贷款占存款百分比		
1916 年	1315	1241	94	601	188.6
1917 年	2148	1755	82	831	272.2
1918 年	3060	2518	82	1145	576.7
1919 年	3390	3169	93	1555	716.1
1920 年 1 月	3347	3329	99	1375	575.8
1920 年 2 月	3373	3508	104	1360	620.3
1920 年 3 月	3434	3448	100	1368	676.5
1920 年 4 月	3450	3546	103	1367	833.8
1920 年 5 月	3377	3624	107	1328	727.4
1920 年 6 月	3326	3617	109	1349	660.2
1920 年 7 月	3204	3619	113	1202	474.9
1920 年 8 月	3086	3546	115	1217	482.7
1920 年 9 月	3149	3549	113	1170	285.7
1920 年 10 月	3173	3556	112	1192	243.0
1920 年 11 月	3214	3579	111	1180	191.3
1920 年 12 月	3315	3558	107	1439	235.3

资料来源：安藤良雄编：《近代日本経済史要覧》，東京大学出版会 1993 年版，第 109 页。

1920 年经济危机之后，日本对外贸易连年入超，但日元汇率在 1921、1922 年却能大体保持在 100 日元兑换 47 至 49 美元之间。如下表所示。

表 1 – 13   日元与美元汇率比较

年份	最高（美元）	最低（美元）	年份	最高（美元）	最低（美元）
1915	49.75	48	1925	43.5	38.5
1916	50.375	49.75	1926	48.75	43.5
1917	50.875	50.375	1927	49	45.625
1918	52.125	50.875	1928	48	44.75
1919	51.875	49.875	1929	49	43.75
1920	50.625	47.75	1930	49.375	49
1921	48.25	47.875	1931	49.375	34.5
1922	48.5	47.5	1932	37.25	19.75
1923	49	48.5	1933	31.25	20.25
1924	48.25	38.5	1934	30.375	28.5

资料来源：安藤良雄编：《近代日本经济史要览》，東京大学出版会 1993 年版，第 116 页。

日元汇率稳定主要是因为日本海外黄金储备充足，可以出售来稳定汇率，不能反映日本对外贸易实际情况。面对长期经济萧条，日本资产阶级危机感日益强烈。1922 年，日本工业俱乐部代表团在三井合名公司理事长团琢磨率领下遍访英美各国，归国后，代表团出具的考察报告指出，与英美战后经济快速恢复的情况相比，日本明显落后了，有必要进行紧缩财政。如果不对战后经济进行整顿，到手的金币也会长翅膀飞走。三菱银行总经理串田万藏也充满焦虑地指出："欧美恢复得很快……日本被远远地抛在后面，我担心日本拼命挣扎也赶不上。"[①] 这些经济界人士言论充满危机感，同时，经济界也对政友会的积极扩张政策开始感到失望。在西方列强纷纷恢复金本位制的大趋

① ［日］有泽广巳主编：《日本的崛起——昭和经济史》，鲍显铭等译，黑龙江人民出版社 1985 年版，第 73—74 页。

势下，金解禁开始成为日本政府面临的现实政策选择。

在 1922 年 6 月的第 46 届议会上，市来乙彦藏相指出："1920 年春，经济危机出现以后，我经济界呈现显著不景气，现在还没有脱离此不景气。所以，今日之时势，要求整顿财政收支、紧缩国费。特别是随着经济不景气，政府的年财政收入显著减少。故，以今日之财政收支，颇难支撑将来收支。鉴于此等关系，编制 1923 年预算之际，宜先整顿、缩减财政收支，以此巩固财政基础，最为必要。"[①] 藏相市来发表财政紧缩声明后，开始着手紧缩财政，整顿通货。具体措施有：（一）大幅缩减军费，特别是海军军费，从西伯利亚撤兵；（二）进行行政改革，削减行政开支；（三）改变公债政策，恢复缴纳国债偿还资金，削减新的募债额。这些措施的实行，使政府马上实行金解禁的议论传遍全国。9 月 16 日，大藏大臣市来乙彦以大藏省名义发布声明："政府现在不适合解除黄金出口禁令，如国内外经济形势稍安定，即使解禁也不会给财界带来剧烈影响的话，希望速实行之。"[②] 政府通过这个声明表达了反对立刻实施金解禁的态度。1923 年关东大地震发生，金解禁问题完全被束之高阁。关东大地震灾后，导致商品进口不断增加。而日本外汇储备减少，导致海外黄金储备不断卖出，海外保有的黄金储备不断减少，1922 年日本保有的外汇储备为 18.3 亿日元，海外保有 6.15 亿日元。1923 年 9 月海外黄金储备为 5.5 亿日元，到了 11 月末只有 4.45 亿日元，短短三个月就锐减 1.05 亿日元。如表 1 - 14 所示。

表 1 - 14　　　　　　　　日本的外汇储备　　　　　　单位：百万日元

年末	合计	所有类别		所在地	
		政府所有	日本银行所有	国内	国外
1914	341	49	292	128	213

---

① 大藏省印刷局编：《大藏大臣财政演说集》，大藏省印刷局 1972 年版，202 页。
② 大藏省昭和财政史编集室编：《昭和财政史》第十卷金融上卷，东洋经济新报社 1954 年版，第 163 页。

续表

年末	合计	所有类别		所在地	
		政府所有	日本银行所有	国内	国外
1915	516	153	363	137	379
1916	714	262	452	227	487
1917	1105	386	719	461	644
1918	1588	855	733	453	1135
1919	2045	1051	994	702	1343
1920	2178	887	1291	1116	1062
1921	2080	791	1289	1225	855
1922	1830	667	1163	1215	615
1923	1653	526	1127	1208	445
1924	1501	424	1077	1175	326
1925	1413	343	1070	1155	258
1926	1357	283	1074	1127	230
1927	1273	192	1081	1087	186
1928	1199	115	1084	1085	114
1929	1343	221	1123	1088	255
1930	960	122	838	826	134
1931	558	84	474	470	88
1932	554	128	426	442	112
1933	495	68	427	457	38

资料来源：安藤良雄编：《近代日本经济史要览》，東京大学出版会 1993 年版，第 116 页。

　　而这时政府已不可能维持日元汇率稳定，日元汇率开始走低，12 月 5 日政府采取慎重出售黄金储备方针，日元汇率降到最低 100 日元兑换 48.5 美元。在 1924 年 1 月清浦内阁成立后，日元汇率很快又降到 47.5 美元。[①] 1 月 16 日，大藏大臣胜田主计发表声明，提出要把日元汇率维持在 47.5 美元水平以上。不过随着日本贸易环境不断恶

---

　　① 安藤良雄编：《近代日本经济史要览》，東京大学出版会 1993 年版，第 116 页。

化，对外贸易入超不断扩大，汇兑市场的实际汇率行情与正金银行公布的标准价格逐渐脱离。3月，青浦内阁不得不宣布放弃维持47.5美元政策，日元汇率急转直下。清浦内阁还没来得及采取任何措施，就因选举失败而解散。6月11日，加藤高明为首相的护宪三派联合内阁成立，藏相由浜口雄幸担任。在组阁当天，针对财政支出膨胀状况，加藤内阁立即发表了"财政紧缩政策"声明，开始着手节俭经费，进行行政整顿。并同时整顿财政、压缩外债规模。1924年度日本政府计划发行公债额从原来的4.37亿日元，缩减到2.94亿日元。由于第48届议会解散，1924年度预算不成立，仍沿用上一年度预算执行。因此，加藤内阁在第49届议会提出以帝都复兴费、震灾恢复费为中心的二项追加预算，总额达2.67亿日元。加之上一年度执行预算13.47亿日元，1924年预算达到16.14亿日元的庞大规模。①

二　大正后期金解禁问题

日本经济自20世纪20年代"战争景气"消失后，开始了长期的经济萧条。为了恢复经济景气，通过解除黄金输出禁令，复归金本位制，对产业结构进行调整，提上了议事日程。对此，深井英五认为，"尽管还保有巨额正币，日元汇率却不断下降，一般认为是金输出禁止的结果，从1921年左右，金解禁问题才开始提出来"，而且，很多人认为"正币保有量过大，通过解禁可以减少正币保有量"②。要求立即实施金解禁。这时的藏相高桥是清特别命令大藏省事务当局秘密调查研究是否有必要解除禁止黄金输出禁令，其报告书结论是："美国已经恢复金本位制，我国经济安定与否，国际收支前景都很渺茫，应该迅速解除黄金输出禁止。"③而高桥是清对金解禁采取消极立场，没有实施的打算。但在解除黄金输出禁令、恢复金本位制问题上，政友会并没有明确反对恢复金本位制。

1922年9月，加藤友三郎内阁藏相市来乙彦征求全国金融界人士

---

① 大藏省财政经济学会编：《明治大正财政史》第四卷，经济往来社1955年版，第562页。

② 深井英五：《通貨問題としての金解禁》，日本評論社1929年版，第68页。

③ 青木一男：《聖山隨想》，日本经济新闻社1959年版，第221页。

关于金解禁问题意见，在多数人意见基础上发表声明书，该声明书指出："金输出禁止原是战时采取的变态的措施，应尽快恢复经济之常道。现在是否解禁适当时期，应慎重考虑。世界经济状况今尚欠安定，多数国家对黄金政策也未确定，不仅黄金的国际移动未恢复一般自由状态，我国经济界的现状也尚未十分安定。金解禁的结果，使我经济界所遭受的不利影响一定相当严重。政府现在解禁不适当，希望内外经济形势稍稍安定，确认金解禁对我金融界不致产生激烈变动之时，迅速进行金解禁。"① 表明了政府对金解禁的基本态度。市来藏相进一步解释金解禁的时期应在"汇率接近平价，而且贸易状态足以安定汇率行情时"②，断然实施金解禁。但 1923 年 4 月，日元对美元汇率达到 100日元兑换 49 美元时，市来藏相也没有采取金解禁措施。对此，日本银行调查局认为之所以市来藏相没有实施金解禁是："关乎金解禁的入超及其他问题，从现在经济状态来看，政府认为还未到解禁时期。今后何时是解禁时期呢？贸易入超期结束，如果不考虑转为出超期时其他因素，则难以断言。"③ 对此，认为金解禁时机已经成熟的井上准之助对政府举措相当不满，认为"1922 年华盛顿会议之后，特别是翌年汇率已恢复到战前水平，贸易也得到改善，这时没有实施金解禁是非常失策的。必须指出的是，对此失策没有任何可申辩的理由。"④

1923 年 9 月发生的关东大地震给日本经济以沉重打击，为应付地震造成的紧急事态，山本内阁藏相井上准之助不得不暂缓实施金解禁。1924 年 6 月护宪三派的加藤高明内阁成立，浜口雄幸为藏相。随着日元汇率不断下跌，为稳定汇率，实施"金解禁"讨论再次开始抬头。关于金解禁，当时有三种见解：时期尚早论；立即解禁论；反对金解禁论。当时主张解禁"时期尚早论"的大多为财界与政府领导

---

① 大藏省昭和财政史编集室编：《昭和财政史》第十卷金融上，東洋经济新報社 1954年版，第 163 页。

② 朝日新聞社经济部：《朝日经济年史》，大空社 1929 年版，第 345 页。

③ 日本銀行調查局：《本邦财界動摇史》，日本銀行 1923 年版，第 649 页。

④ 《井上準之助論叢》编纂会：《井上準之助論叢》第一卷，原書房 1983 年版，第203 页。

者。他们采取这一主张的依据是：世界形势尚不明朗，现在日元汇率与平价还有很大差距，一旦恢复金本位制，虽然会增加日元购买力，但会使出口陷入不振。这会使巨额黄金外流，外汇储备减少，从而削弱日本货币的对外信用，进而危及日本财政信用。财界评论家大多主张立即实施金解禁，他们的理论依据是：由于禁止黄金自由流动，大量黄金储备自留国内的结果，会使经济处于扭曲状态，进而招致通货膨胀，使日元汇率一路走低。要根除通货膨胀就要实施金解禁，从而降低物价，遏制进口，增加出口。松方幸次郎（松方正义之子）、金子直吉等人反对实施金解禁，他们的理由是：为了进行地震后的重建，日元汇率下跌。虽说经济处于非常状态，但财界已经适应这种通货膨胀状态。现在实施通货紧缩政策，提高利率，会对企业造成致命打击。当然，这种意见只是很少一部分人的主张。

金解禁赞成派和反对派围绕国际贸易收支、日元汇率、黄金的流动性、物价以及利率政策展开热烈讨论。综观赞成和反对两论，金解禁赞成论重视对外均衡，反对论重视对内均衡以及改善经济基本面，但这两论的共同点都承认金本位的自动调节作用。金输出禁止是"战时采取的异常措施"，政府的目标是"尽快把金本位制恢复到经济之常道"①，但在关东大地震后由于物资需要增加而导致物价上涨、进口增加不断扩大的情况下，恢复金本位制在政策上和技术上都具有很大困难。

不过从日本经济发展态势以及人们对经济认识水平来看，围绕"金解禁"的论争主要集中在按照什么方式实施"金解禁"的问题。尤其是英国于1925年4月复归金本位制后，日本学界、政界、财界就金解禁问题展开一场激烈的论战，史称"金解禁论争"。关于"金解禁"的方式，主要有"旧平价解禁"和"新平价解禁"。其中"旧平价解禁"属于多数派，"新平价解禁"属于少数派。主张旧平价金解禁的主要有日本经济联盟、日本工业俱乐部等经济团体，以及财界重要人物如乡诚之助、池田成彬、结城丰太郎、深井英五等是其中代

① 長幸男：《昭和恐慌》，岩波書店1994年版，第244页。.

表人物，尤其是后来成为藏相的井上准之助更是后来旧平价金解禁的
实施者。另外，新闻界的一些主要媒体如《东京朝日新闻》、《东京
日日新闻》、《大阪每日新闻》等发行量很大的报纸，都属于旧平价
金解禁派。学界拥护新平价金解禁的只有少部分，绝大多数拥护旧平
价金解禁。新平价金解禁派虽属于少数派，但其成员分布领域很广，
在学界、经济界、报界都有代表。尤其是东洋经济新报社经济记者和
经济评论家石桥湛山、高桥龟吉在"金解禁论争"中最为活跃，经济
评论家小汀利得、山崎靖纯等人也是主张新平价金解禁的代表人物。

关于"金解禁论争"，两派主要围绕以下两个问题展开争论：

（1）关于日元汇率稳定问题。旧平价金解禁派认为，以原来日元
对美元汇率100∶50的旧比价实施解禁，恢复金本位制，有利于汇率
稳定。但为避免日元汇率上升给日本经济带来消极影响，高桥龟吉等
人主张以新平价实现金解禁。他们的理论依据来自瑞典经济学家卡塞
尔（Gustav Cassel），卡塞尔的购买力平价学说认为两国间的汇率由两
国批发物价的比率来决定。著名经济学者高桥龟吉指出，"在旧比价
基础上贬值10%左右，即以100日元兑换45美元的新平价实行金解
禁，是与国力相适应的。这样不会给财界带来冲击，有安定汇兑的作
用，也不会给既存的债权、债务关系带来不当的影响。而且，不用顾
虑日元贬值后黄金外流问题，也不会有损日本的体面。但如果以旧平
价解禁，日元就要升值10%左右，要想维持并促进对外出口局面，就
要至少降低10%的生产成本，否则对出口不利，就会增加进口，从而
不利于国际收支平衡。"[1] 高桥主张应结合日本实际经济情况，以新平
价实施金解禁。

（2）关于国家威信问题。深井英五认为，"如果在解禁的同时，
将货币贬值，将不可避免地在汇率变动中受到不利影响。评论货币贬
值的利害得失颇为复杂，除需冷静计量之外，还关乎情感与体面。"[2]
由于1925年英国以及英镑经济圈国家都以旧平价恢复金本位制，一

---

① 高橋龟吉：《大正昭和财界变动史》中卷，東洋经济新報社1956年版，第889页。
② 深井英五：《回顧七十年》，岩波书店1948年版，第45页。

般日本国民认为日元贬值有损于国家威信，日本没有像法国和德国那样的汇率暴跌，所以没有必要贬值。山崎靖纯指出，日本虽没有像法国那样的汇率暴跌，但日本已经脱离旧平价10余年，恢复平价使日元汇率上升将对经济造成重大打击。

虽然，新平价金解禁派依据凯恩斯理论指出日本经济的通货膨胀体质和构造问题，以新平价金解禁可以把对经济的影响限制在较小范围，但从当时日本社会整体舆论来看，还缺乏充分的说服力。实施旧平价解禁，是对金融垄断资本有利的经济选择，但如果以新平价解禁，则必然会使日元贬值，日元贬值会给债权人带来难以预料的损失。在金融危机冲击下，国民存款开始向大银行集中，但集中在大银行的资金，却因为缺乏合适的贷款对象而沉淀在银行，成为游资。为解决游资过剩问题，大银行把出路寄托于海外投资，而要使海外投资有利，其绝对必要条件就是按旧平价实施金解禁。

三　大正时期的国债政策

由于第一次世界大战使欧洲各国对海外商品需求激增，海外需求的激增使日本国内产业获得空前发展。日本政府财政收入也随之增加，从而强化了日本在东亚（主要是在中国）的军事、经济支配力，使日本自甲午战争、日俄战争以来的"积极政策"得到进一步发展。积极政策自1916年10月寺内正毅内阁开始，之后的原敬内阁继承这个政策。积极政策必然导致财政规模不断扩大，财政规模扩大必然带来国债增发。当然，由于第一次世界大战期间企业利润增加，寺内、原敬内阁扩张军备的财源都来自增税。军备扩张之外的积极政策所需经费，几乎都靠发行公债。1916年新发行国债额为900万日元，1917年则猛增到2.4亿日元，1918年为3.8亿日元，1919年降为2.75亿日元，1920年又猛增到4.8亿日元。[①] 这些新发国债主要用于内地国有铁道和通信机构的改良和扩展；为经营朝鲜半岛、中国台湾、桦太（库页岛南部）、关东州等殖民地而发行的公债。其次，是为筹措参加

---

① 大蔵省昭和財政史編集室編：《昭和財政史》第六卷国债，東洋経済新報社1954年版，第4页。

第一次世界大战、出兵西伯利亚等临时军费而发行的公债。再次，是筹措向白俄、中国北洋政府武器出口贷款而发行的临时国库证券。

首先，关于临时军事公债。日本为筹措第一次世界大战军费，1914 年 9 月日本政府设置临时军费特别会计，其财源最初是缴纳的财政收支盈余。但根据 1916 年 2 月《关于支付大正三年临时事件经费文件》，其财源变为公债募集金和贷款。日本政府参加第一次世界大战、出兵西伯利亚等军费都是由此特别会计支付，到 1925 年 4 月 1 日临时军费特别会计结束，国债、借款总额达 5.99 亿日元，约占财政收入决算的 61.7%。① 其次，为发展通信事业，寺内内阁、原敬内阁先后制定电话事业公债法、电信事业公债法。1918 年两公债发行额为 1000 万日元，1919 年达到 2300 万日元，1920 年剧增到 4800 万日元。其中，为发展铁道事业发行的公债扩张最为显著，其投资额从 1917 年的 2400 万日元，增加到 1918 年的 2800 万日元，1919 年增长到 4100 万日元，1920 年增到 9900 万日元，1921 年剧增到 1.11 亿日元。再次，根据《道路公债法》、《关于支付创设高等学校及扩张费文件》，1920、1921 年发行公债近 2000 万日元。为加强对殖民地控制和掠夺，日本政府相继制定《桦太事业公债法》、《台湾事业公债法》、《关东州事业公债法》等法律，其中发行额最多的为"朝鲜事业公债"，1919 年为 1000 万日元，1921 年猛增到 4200 万日元。根据《台湾事业公债法》，1921 年发行 1600 万日元，1922 年发行 1900 万日元。由于俄国没有支付向日本购买军需品货款的能力，"为疏通出口资金，方便对俄军需出口资金的决算，援助俄国财政"，俄国以本国国债为担保向日本借款，日本政府把发行临时国库证券所得资金贷款给俄国、中国。但是，由于中国内乱、俄国爆发十月革命，日本政府一度不能支付本息，临时国库证券偿还期为五年，日本政府只得不断以借换方式支付，1919 年以后每年借换额都在 3 亿日元

---

① 大藏省昭和财政史编集室编：《昭和财政史》第六卷国债，東洋经济新報社 1954 年版，第 5 页。

以上。①

　　关于公债偿还问题，1920 年日本政府完全停止缴纳国债整顿基金特别会计。时任藏相胜田主计给出的解释是："根据国防计划制定的增收计划，有与财政收入一起充实财源的必要，实属不得已而为之。"②

　　1921 年 11 月华盛顿会议召开，各国军备竞争的势头得到遏制。日本社会也出现反对积极的发债政策、消极的偿还政策呼声。如日本全国股票交易所联合会向政府建议，"我国债自欧战以来急剧增加，现内外债达到 35.2 亿日元，再加上临时国库证券 5.3 亿元，共计40.5 亿日元。1920 年以后，为充实国防不得不终止上一年度减债基金缴纳，各公债市价立刻出现低落趋势。……明治十二年以来实施的每年偿还公债不低于 5000 万日元的方法，其效果之显著，为国内外所承认。……为维系国债信用，恢复国债市价，就要恢复并扩充这一制度。"③ 1922 年 6 月，宪政会加藤友三郎内阁确立财政紧缩方针，藏相市来乙彦发表声明："鉴于经济界现状，尽量节制公债的募集。"④ 但 1923 年 9 月关东大地震发生，使日本政府不得不放弃抑制公债发行政策。在地震废墟上建立起来的山本权兵卫内阁面对庞大的灾后复兴经费，其财源大半不得不依赖公债。根据《赈灾善后公债法》，发债规模从最初的 4.6 亿日元，不久就激增到 10.7 亿日元。在国内资金缺乏的情况下，不得不向国外发债，但因日本国际信用低下，在外国发债条件极其苛刻。1924 年 2 月，胜田主计藏相募集六分半利息美元公债 1.5 亿美元，六分利息英镑公债 2500 万英镑，利息之高为国内各界所诟病，被称为"国耻公债"。⑤ 1924 年 6 月，第一次加藤高明内阁成立。该内阁再一次提出复归"健全财政"，抑制增

　　① 大藏省昭和财政史编集室编：《昭和财政史》第六卷国债，東洋经济新報社 1954 年版，第 7 页。
　　② 同上书，第 7—8 页。
　　③ 同上书，第 9—10 页。
　　④ 同上书，第 8 页。
　　⑤ 大藏省财政经济学会编：《明治大正财政史》第十二卷，经济往来社 1955 年版，第360 页。

发新债，进行国债整顿。废止临时国库证券收入特别会计，把该证券本息支付负担转移到一般会计，增加了一般会计负担。1925 年 8 月，第二次加藤内阁成立，继续进行国债整顿，新债发行从 2.9 亿日元剧减到 9000 万日元。①

综上所述，第一次世界大战期间及战后日本政府的积极政策，加之日本政府对深陷战后经济萧条企业进行救济性融资，使国债规模不断递增。虽出现国债整顿的呼声，但由于战后经济不景气、关东大地震等因素影响，国债仍不断增加。国债的发行已大大超过金融市场消化能力，在减少国债发行规模的同时，浜口藏相决定国债发行不再在市场公募，而由大藏省存款部认购。从 1920 年到 1927 年，大藏省存款部认购国债加上借款，总额达 4 亿日元。通过邮政卖出的国债占国债发行额的 20%—30%，从 1919 年到 1926 年邮政卖出的国债 2.52亿日元，占国债发行总额的 55.6%。② 通过邮政吸收民众零散存款，汇集的大藏省存款部资金消化了大部分国债，为政府实施积极政策提供了保障。

1920 年以后公债募集政策的一个显著特点是公债偿还期限的短期化。五分利息公债偿还期限缩短为 10 年左右，临时国库证券偿还期限缩减为 3 年以内。这些短期债券在国债发行总额中所占比例越来越大，1914 年只有 3%，到 1918 年上升为 42.5%，1923 年则达到最高的 64.5%，1926 年稍有下降但仍保持在 60.5%。③

第四节　大正时期租税政策

一　"一战"时期租税政策

租税政策是政府财政政策的主要内容之一，自明治维新后，租税

---

① 大藏省昭和财政史编集室编：《昭和财政史》第六卷国债，東洋经济新报社 1954 年版，第 12 页。

② 同上书，第 17—18 页。

③ 同上书，第 19 页。

制度就一直随着日本经济的发展不断进行调整。其主要围绕以下问题
展开：地税改革、直接税与间接税比例关系、国税与地方税关系、租
税政策与国民负担均衡问题。一般国家从封建经济向近代经济过渡，
都是从手工业、轻工业出发，渐渐向重化学工业发展。明治维新以
来，"富国强兵"一直是日本政府所追求的最高政治目标，而日本是
从军事工业出发的。即把幕藩军事工业国有化，引入外国先进设备和
技术，通过自给，推进日本工业化。在这个过程中，农业一直是经济
基础部门，在农业基础上日本的棉纺织工业、制丝工业等轻工业快速
发展起来。日本经济再生产结构是以农业为基础，日本制丝工业发展
起来，向美国出口生丝，利用所得外汇从欧美进口机器，发展棉纺织
工业和重化工业，然后向亚洲国家出口初级工业品。在此基础上，政
府通过征收租税等财政手段得来的财政收入，用于国内基础设施建设
和教育投资以及军事支出，其庞大财源主要依靠沉重的地租负担。明
治前期的租税体系是通过地税改革，使地税成为租税制度的核心。通
过征收高额地税，奠定了其他产业近代化的基础。随着近代工业生产
的不断发展，到明治后期以棉纺织工业为主的轻工业产值超过农业产
值，棉纺织工业对日本经济越来越重要。为控制原料产地和商品销售
市场，占领和开发殖民地成为具有军国主义传统的日本的必然选择。
为加强侵略亚洲大陆的军事实力，日本不断加强对军事工业以及与军
备相关的重化学工业的投入。

甲午战争结束之后，日本财政由于军费增加开始不断膨胀，政府
财源主要是地税和间接税，其不足部分依靠发行公债筹措。为筹措甲
午战争后产业扩张费用，日本政府以间接税为中心进行增税，出于保
护产业、增加储蓄需要，没有对所得税增税。日俄战争的军费总额高
达 19.85 亿日元，其中外债及借款达 15.56 亿日元。① 日本虽然战胜，
却没有得到赔款。日俄战争后，日本财政面临的课题是偿还日俄战争
使日本政府欠下的巨额内外债务和减轻战时增税对经济的影响，在明
治后期经济不景气的背景下，日本企业及一般国民普遍要求减轻租税

① 大藏省编印：《明治三十七八年戦時財政始末報告》，1906 年，第 10 页。

负担，到大正时期的 1913 年虽采取减税措施，但由于第一次世界大战的爆发、军费支出扩大等原因使减税不了了之。

1915 年寺内正毅内阁成立，在经济战时景气的大背景下，寺内内阁采用积极财政政策以充实国防、发展产业、振兴教育，这些巨额财政开支导致租税收入 4100 万日元的缺口。但政府没有采取抑制财政开支的方法，而是采取了增收专卖益金、通信收入的办法来弥补财政收入不足。另外，为筹措临时军事费，日本政府又创设战时利得税。[①]寺内正毅内阁向第 40 届议会提交了增税方案，对于这个方案，寺内正毅在施政方针中指出："编制 1918 年度财政预算，首先要确定充实国防的方针，陆军要充实兵力，海军要确立补充舰船计划，所需部分财源只能依靠增税，并提出相关法案。"[②] 之后，藏相胜田主计就增税案进行说明，认为增税是"为均衡国民负担，实行增税及新的课税是为减轻小所得者的负担，主要是减免社会下层负担的租税，以期安定国民生活、发展产业。据此趣旨增收所得税及酒税。在砂糖消费税中把饴糖、在纺织品消费税中把针织品、毡纳入征税物品。新设清凉饮料税，修改自家用酱油税的石数限制。另外，废除通行税、石油消费税。""征收战时利得税充作临时事件预备费的财源的计划，政府预计增收 5517 万日元。"[③] 这一时期的租税体系两大支柱是所得税和酒税。

政府增税方案关于所得税主要内容是，提高第一种所得税税率 20%，第二种所得税中的公债利息税保持不变，公司债利息从 2% 提高到 3%。对第三种所得税的高所得把超过累进税率提高 20%，达到最高的 30%；所得最低课税限度由以前的 400 日元提高到 500 日元。通过增税，所得税和酒税成为租税体的两大支柱。[④] 酒税方面，酿 1 石白酒、清酒的税金从 20 日元提高到 23 日元，基于含有酒精成分不

① 大蔵省财政经济学会编：《明治大正财政史》第一卷，经济往来社 1955 年版，第 366—367 页。

② 衆議院、参議院：《帝国議会史》上卷，大蔵省印刷局 1990 年版，第 882 页。

③ 大蔵省印刷局编：《大蔵大臣财政演説集》，大蔵省印刷局 1972 年版，第 160 页。

④ 阿部勇：《日本财政論租税篇》，改造社 1933 年版，第 374 页。

同，对于酒精、含有酒精饮料、麦酒每石的税率，税率大致增加15%。① 在第40届议会上，《临时利得税法案》经议会审议获得通过，1920年该法案被废止。对于法人，该法案课税办法是战时所得超过平时平均所得20%以上时，对超过部分课以20%的税率。对个人，其战时所得超过1913年以前两年平均所得20%时，对超过部分课以15%的税率。所得未满3000日元不用课税。② 根据税制整顿法案，扩大了砂糖消费税、纺织品消费税课税商品范围，废除通行税、石油消费税。税制整顿法案经众议院稍微修改获得通过。在经济安定后，只出台了一些税制整顿相关法案，对税制进行根本性改革的意见被否定。

寺内内阁的税制整顿是在大战景气的背景下，希望通过增税的方式筹措扩军经费，并确保扩军的恒久财源。临时利得税的创设不仅是为确保军事经费的财源，也是为了回避社会大众对"战争成金"的敌视而出台的经济措施，同时这个措施也带有一定社会政策的特点。战时利得税是暂时性征税措施，要保证恒久财源，只有向一般大众征税。通过增征所得税、酒税，扩大一般民众生活必需品增税范围，加重了普通大众的租税负担，虽然由于通货膨胀民众名义上收入增加，但由于物价昂贵，一般百姓可支配收入实际上却下降，生活困苦。1918年爆发的"米骚动"就是在这一经济背景下爆发的。

日本的租税结构在此期间也发生质的变化，日本的税收结构是同时征收直接税和间接税的混合税制。理论上，区分直接税与间接税的主要标准在于税负能否转嫁。间接税是对商品和服务征收的，只是间接地以公众为征税对象，随着商品的流转，流转税的大部分都会被转嫁给后续环节。如酒税、各种消费税、关税、印花税等都属于间接税。那种纳税人不能或不便于把税收负担转嫁给别人的税种，都是比较典型的直接税，如地税、个人所得税、企业所得税、物业税、遗产税、社会保障税等。日本自明治维新以来，地税一直是直接税体系的

---

① 大藏省财政经济学会编：《明治大正财政史》第一卷，经济往来社1955年版，第368页。

② 大藏省财政经济学会编：《明治大正财政史》第六卷，经济往来社1955年版，第221—222页。

基础。第一次世界大战使日本资本主义获得巨大发展，租税结构也随之发生根本性变化。如下表所示。

表 1 – 15 　　　　　"一战"期间税收结构表（1914—1918 年）

单位：亿日元、%

年份	总额		地税		所得税		法人税		营业税		遗产继承税		酒税	
1914	3.43	100	0.75	21.8	0.37	10.8	0.13	3.8	0.28	8.3	0.03	1.0	0.95	27.9
1915	3.12	100	0.73	23.5	0.37	12.0	0.14	4.7	0.21	6.9	0.03	1.1	0.84	27.1
1916	3.48	100	0.73	21.0	0.51	14.7	0.26	7.7	0.22	6.5	0.4	1.2	0.89	25.8
1917	4.30	100	0.73	17.1	0.94	22.0	0.59	13.8	0.26	6.1	0.4	1.1	1.09	25.5
1918	6.00	100	0.73	12.2	1.22	20.4	0.61	10.3	0.34	5.7	0.4	0.8	1.20	20.10

砂糖消费税		纺织品消费税		关税		印花税		专卖益金	
0.23	6.8	0.17	4.9	0.44	12.9	0.28	8.4	0.54	15.9
0.22	7.3	0.15	5.0	0.32	10.3	0.32	10.3	0.68	22.0
0.27	7.9	0.16	4.8	0.35	10.3	0.38	11.1	0.67	19.3
0.29	6.9	0.19	4.6	0.45	10.5	0.52	12.2	0.77	18.0
0.36	6.0	0.23	3.9	0.68	11.5	0.65	10.9	0.89	14.9

资料来源：《大藏省百年史》编集室编集：《大藏省百年史》别卷，大藏财务协会1969年版。

通过上表所示，我们可以知道随着经济发展，地税占国家税收总额开始逐年下降。1914 年地税约为 0.75 亿日元，地税占整个国家税收的比例为 21.8%。到 1918 年地税数额变化不大，但由于其他税种收入的增加，地税占国家税收总额的比例降为 12.2%。作为直接税的其他税种，如所得税从 1914 年的 0.37 亿日元增加到 1918 年的 1.22 亿日元，所占比例从 10.8% 上升到 20.4%。法人税从 1914 年的 0.13 亿日元增加到 0.61 亿日元，所占比例从 3.8% 上升到 10.3%。而营业收益税和继承税虽然从 0.28 亿日元、0.03 亿日元分别增加到 0.34 亿日元、0.4 亿日元，但所占比例却从 8.3%、1.0% 下降到 5.7%、0.8%。第一次世界大战期间，间接税体系中的酒税、砂糖消费税、纺织品消费税、关税、专卖益金等收入都有不同程度增加，但间接税在税收总额的比重下降。在这些税收中，所得税和酒税占有重要的地位。

在第一次世界大战期间，日本的直接税和间接税的比例也随着经济形势的发展而发生变化。间接税比例的高低与商品经济发展水平有密切关系，在商品经济发展较为落后的国家，由于商品流通规模有限，市场竞争程度较低，大量征收间接税不会对因为价格的提高而对商品市场竞争产生较大的不利影响。同时，根据间接税负担容易转嫁的特点，还可以刺激经济的发展。商品经济比较落后国家的国民收入相对较低，所得税税源不足，解决财政收入不足只能采用对商品课税的办法。由于间接税普遍、及时、可靠的特点能够有效地实现国家的财政收入的征收，加之间接税简便易行、有利于税收征收的特点，使间接税成为明治末期以来日本占主要地位的征收方式。第一次世界大战开始时的 1914 年，直接税与间接税所占比例分别为 36.8% 和 61.8%，1915 年直接税所占比例略有下降，从 1916 年开始达到 39.2%，1917 年直接税所占比例达到最高的 45.9%，到第一次世界大战结束的 1918 年则下降到 39.5%。间接税所占比例在 1915 年上升 0.1 个百分点，之后所占比例连年降低，到 1918 年降到 53.5%。如下表所示。

表 1-16　　　　　　直接税间接税比例（1914—1918 年）　　　　单位:%

年份	直接税	间接税
1914	36.8	61.8
1915	36.5	61.9
1916	39.2	60.7
1917	45.9	59.0
1918	39.5	53.5

资料来源:大藏省财政史编集室编:《昭和财政史》第五卷租税，東洋经济新報社 1955 年版，第 134 页。

二　"一战"后租税政策

为应对第一次世界大战后新的世界军事形势以及加强对苏维埃俄国的武装干涉，在第一次世界大战还没结束的 1918 年 6 月，日本政

府就制定《新国防计划》，以加强国防建设。随着战争中经济的快速
发展，战后政府加大了对道路、铁路、城市基础设施以及教育的投
资。在战后 1920 年经济危机当中，原敬内阁为扩大财源，在第 42 届
议会提出《关于所得税、酒税增税法案》。经过政友会修改在众议院
获得通过，但在贵族院审议过程中众议院解散，该法案没有成立。在
1920 年 7 月的第 43 届议会上，政府把贵族院修正案提交议会审议。
政府推出的所得税增税法案、酒税增税法案不仅在以前所得税法的基
础上提高税率，也有导入公平、公正税制的意味。所得税修正案的主
要内容如下：

（1）关于第一种所得税即法人所得，以前对法人课税，个人分红
所得不课税。个人分红和其他所得一起作为综合第三种所得，综合
课税。

（2）对于第三种所得（个人劳动所得），从所得金额中扣除
1/10。-但在修正案中对总收入 6000 日元，对其中的劳动所得扣除 2/
10。对于 12000 日元以下的所得者扣除 1/10，对总所得超过 12000 日
元的所得者完全不扣除。

（3）需纳所得税者如有需要扶养的幼儿、老人以及身体残疾者，
特别是对所得较少的纳税者来说，因生活负担较重，对所得 3000 日
元以下者，根据其人数从所得金额中扣除一定金额，其扣除金额根据
所得多少，设不同档次，即所得 1000 日元以下扣除 100 日元，所得
2000 日元以下扣除 70 日元，所得 3000 日元以下扣除 50 日元，所得
金额不同课税逐级递减。

（4）所得税的最低限度从 1918 年的 400 日元提高到 500 日元，
但不久又提高到 600 日元。

（5）第三种所得税税率是从以前最低的 3% 到 30% 的累进税，所
得金额超过 20 万日元时完全适用最高税率。根据修改后的法案，税
率按最低 1%—4% 累进课税，超过一定金额，按累进课税最高税率
计算。

（6）对银行定期存款利息，重新课以第二种所得税。

（7）关于山林所得，现行法律是对采伐所得课税，在修改后的法

案中改为对林木蓄积量卖出时所得课税。另外，山林所得区别其他所得适用不同税率。①

众议院对所得税修正案进行了修改，即在第三种所得的计算上，法人的股息分红扣除额由原来的二成改为三成；减轻第三种所得税率，由原来最低1%至最高40%的税率改为最低5%至最高36%；由此而产生的税收减少问题，另外对法人的股息分红所得课以4%税收来补充。②

对于众议院的修改，贵族院又作了修正。对法人保留所得的税率减轻三成，个人分红所得扣除比例增加四成；第三种所得税免税点由600日元提高到800日元，提高对法人超过所得免税点，由年三分以下改为一成。为填补收入减少带来的损失，法人超过所得税率由以前的二成提高到三成，法人分红所得税率由4%提高到5%。第二种所得税率提高约2倍。与百姓生活密切相关的酒税修正案主要内容为：（1）酒类税率由以前的一石20—30日元，提高到一石30—33日元；（2）麦酒税由一石12日元改为18日元；（3）酒精及含酒精饮料税，一石酒精每一度税率由1日元改为1.5日元。经众议院、贵族院修改审议后，所得税法案、酿酒税修正案获得通过。经过计算，增税法案的通过可以使一般年度所得税增加7760万日元，酒税增加5721万日元，合计1.3482亿日元。③

虽然寺内内阁、原敬内阁两次税制改革都是以确保军备扩张财源为目的的，但他们也力图根据收入的不同使租税负担公平化，推进法人所得和民间所得综合课税。通过税制改革使收入再分配技能制度化，使税收制度导入社会政策内容。这两次税制改革虽希望通过减轻所得税，消除百姓对租税负担沉重的不满，但酒税等消费间接税的增加加重了大众的负担。

第一次世界大战后不断发生的经济危机使日本资本主义的弱点暴

---

① 大藏省财政经济学会编：《明治大正财政史》第六卷，经济往来社1955年版，第231—232页。

② 同上书，第235—236页。

③ 同上书，第234页。

露无遗：必须依靠政府、日本银行的资本救济，经济才能正常运行。由此，日本各界认识到需要对日本财政结构重新进行整顿。1919 年 2 月召开的第 41 届议会上，犬养毅提出的《关于财政整顿的临时调查机关设置的建议案》在众议院获得通过。7 月 9 日，日本政府公布临时财政调查会官职。1920 年 6 月，临时财政调查会就"如何制定税制整顿的根本办法"进行咨询。"所得税是直接税的核心，地租、营业税是其两翼，补充所得税。但地租、营业税各有特点，其组织和课税方法各异，今后应该在什么样方针下进行整顿呢？"[①] 财政调查会对以下课题进行研究：（1）如何均衡所得税、地租、营业税的负担；（2）废除地租、营业税，设一般财产税，均衡课税相互补充；（3）完全废除地租、营业税，对土地、房屋、证券、营业等所得课以特别所得税。对这些以外所得，设一般所得税。此外，还对间接税的课税方法、负担程度、相互关联性进行研究。

通过日本政府与日本银行的救济性融资，"一战"后的经济危机告一段落，但国际收支赤字、企业经营不善、农村经济萧条等问题，越来越成为当政者不得不重视的问题。1922 年 6 月，在高桥内阁解体后成立的加藤高明内阁把税制改革作为其重要的财政政策之一。在城市工人失业、农村凋敝、国民生活困苦的情况下，为减轻国民负担，推动经济发展，加藤内阁节减陆海军经费、行政经费合计 1.38 亿日元，为减税留下充分空间。加藤高明内阁向第 46 届议会提交所得税、营业税、印花税修正案，以及废除售药税、石油消费税方案。所得税修正案主要内容为：（1）由于个人课税、公司课税不同，从课税公平考虑，保留所得达到一定金额以上时，应该把这些分红给股东或公司职员，向每个人综合课税。（2）关于银行存款，只有定期存款利息作为第二种所得课税。定期存款以外的银行存款利息，除储蓄存款利息外，全部作为第三种所得综合课税。所得税修正案经过众议院修改审议后获得通过，修改后的主要内容包括：（1）把所得税决定后 3 年追

---

① 大藏省财政经济学会编：《明治大正财政史》第六卷，经济往来社 1955 年版，第 242—244 页。

征制度缩短为 1 年；（2）所得税第 73 条，所得累积到 3/10 以上时，分红时课以个人累进综合课税率不适当，所以所得没达到资金 1/30 时，还适用这项条款。①

营业税修正案主要内容为：（1）修改课税标准税率，对制造、印刷、出版及照相四行业，提高其资本金额 10% 税率；（2）修改其年度无营业利益课税制度，年度营业所得达不到课税标准时，可以申请免除课税；（3）对于课税标准的决定权，对营业者团体建立设置课税事项咨询机构等规定。②

印花税自 1899 年制定后一直没有修改，为应对新的经济形势，提高最低课税标准，降低各种证书、账簿税率，废除售药营业税，对药品制造课以营业税，对药品贩卖课以印花税。废除石油消费税，不仅是要减轻低收入者负担，也是由于电力和煤气事业发展，对石油消费减少的结果。

经过这次税制改革，所得税、营业税法案经过众议院修改，在众贵两院表决通过。通过这次税制改革，所得税增收 689 万日元，营业税减收 1983 万日元，废除石油消费税减收 65 万日元，印花税减收 68 万日元，药品营业税减收 16 万日元，增减合计共减收 1444 万日元。③

加藤内阁的税制改革是以直接税为中心进行的，但作为第三种所得税的银行存款利息回避综合课税，作为第二种所得只以轻微税率征收。这是有利于富有阶层、金融资本拥护的租税政策。作为社会政策的措施设置了扣除保险金的规定。修改税制减轻了一般租税负担，但加藤内阁没有采取减轻间接税的措施，也就是强化了一般大众的租税负担。同时，营业税负担减轻约 28%，对于农民的困苦，政府没有采取减轻税负措施。可以说加藤政府没有采取任何社会性的减税措施，而是着眼于减轻企业主的租税负担。关于农村疲弊问题，宪政会主张

① 大藏省财政经济学会编：《明治大正财政史》第一卷，经济往来社 1955 年版，第 427 页。
② 衆議院、参議院編：《帝国議会史》下卷，大藏省印刷局 1990 年版，第 24 页。
③ 坂入長太郎：《大正昭和初期财政史（大正 4 年—昭和 6 年）》，酒井书店 1989 年版，第 103 页。

减少地租20%，而政友会则主张要根本解决地方疲弊问题，就要把地租委让给地方，作为救济地方财政的财源。

在第50届议会上，浜口雄幸藏相发表财政演说："战后经济危机疮痍未愈，财界萧条，财政膨胀与国民经济实力严重不适应，其结果只能是每年发行巨额公债，以保证收支平衡，……特别是震灾之后，1924年到1928年公债发行额达14亿日元以上，其中1925年预定发行公债3.5亿日元，但金融市场已无消化如此巨额公债的能力。如果强行推行募债计划，将更压迫金融市场，妨碍财界恢复，助长通货膨胀，推高物价、贸易逆差，对经济的弊害不可测知。"但"若放任现状发展，不实行积极措施，势必采取增税措施。若要避免增税，只能实行行政、财政改革，以达到收支平衡。""我国财政站在增税还是改革必选其一的交叉路口，政府鉴于财界现状，参照国民负担状态，排除增税，只能实行财政改革政策。"①

三 1926年税制改革

1926年税制改革是昭和时代以前历次税制改革中规模最大的一次改革。加藤高明内阁财政改革回避增税，采取纠正财政结构的弊端。1925年4月，税制调查委员会制定《国税整顿方针及要纲》，对于这个税制改革方案，政友会与宪政会意见严重对立，导致第一次加藤内阁解体，经众议院重新选举产生的第二次加藤内阁是宪政会单独内阁，加藤内阁向第51届议会提出19件税制整顿关系法案。浜口藏相就税制改革方案进行了说明，"鉴于经济界今日状况，国民负担状况，政府最希望减轻国民负担。但我国财政现状始终没有可进行减税的从容，甚为遗憾"，从而否定了减税的税制改革。"直接国税体系大体承认现行制度"，在此基础上"鉴于时代发展趋势，努力发挥社会政策的效果，巩固事业的基础，采取有利于产业发展的方针。"税制改革"首先大体承认现行直接国税体系，以一般所得税为中轴进行适当修改，对地租加以适当修改，废除现行营业税，代之营业收益税。新设

① 大藏省印刷局编：《大藏大臣财政演说集》，大藏省印刷局1972年版，第219—221页。

资本利息税，整顿租税体系，使负担公平化。其次，废除通行税、酱油税、成药税，对棉纺织品免除纺织品消费税，减轻中等以下多数国民生活负担。最后，为填补各税改废引起的财源不足，增加继承税、酒税税率，提高烟草价格，新设清凉饮料税。"①

这次税制改革，加藤内阁标榜：（1）国税体系以所得税为中轴，完善地租、营业税，新设资本利息税补充，力图减轻所得税负担；（2）不以租税收入增减为税制改革目标；（3）考虑减轻低收入阶层负担的社会政策及产业政策。

地方税改革方案针对地方财政膨胀和地方负担增加情况，试图调和这种矛盾。具体内容涉及：（1）创设府县房产税，在市町村确认其附加税，在广益原则基础上给地方课税机会，加上地租、营业税的附加税，整备地方税制上的物税体系。另外，对国税地租免税点以下的土地，创立府县税的特别地税，市町村征收其附加税。（2）废除府县税的户口税，提高所得税附加税率。市町村税承认户口税，征收所得税附加税，改善人税体系构成，缓和市町村偏重人税程度；（3）整顿府县税的营业税、杂税的种类，对课税加以限制，减轻低收入者的负担。

通过这次税制改革，各税种主要变化如下：

（1）所得税

为适应经济社会的变化，法人课税的修改主要有，a. 废除法人保留所得累进课税，改为不区分保留所得和分红所得，总括为普通所得，课以 5% 的比例税。旧税法对保留所得征以高比例税率，这个措施使法人保留所得减少，阻碍产业发展，遭到财界抨击。因此废除了保留累进税。b. 个人第三种所得税免征点从 800 日元提高到 1200 日元。c. 对山林所得，为缓和其负担，其税额按照应纳税所得额 1/5 计算，然后再乘以 5，得出税额。d. 关于计算所得、缴纳期限等。从第一种所得（法人所得）的所得税中扣除第二种所得（公司债、存款

---

① 大日本帝国議会誌刊行会编集：《大日本帝国議会誌》第十六卷，大日本帝国議会誌刊行会 1976 年版，第 529—549 页。

利息所得）的所得税。另外，从贷款信托受益者缴纳的第三种所得税中扣除信托公司纳的第二种所得税，避免双重课税。

（2）地租

税制改革问题成为大正时代与昭和初期一个非常重要的财政问题，但这些改革都没给地方财政充分的财源，没有适应经济结构变化对税制进行大的修改，农村沉重的租税负担仍没有减轻。

20 世纪 20 年代日本财政一个突出问题是虽然工业产值已大大超过农业产值，但农业和农村作为日本经济的"缓冲机构"，仍承担着沉重的租税。在日本工业化的过程中，农业部门作为经济基础部门，不仅直接提供工业部门所需的资金、原料以及劳动力，还间接通过承担沉重的租税来减轻工业的发展压力。第一次世界大战后长期的经济萧条使日本政府不断对企业进行救济性融资，导致财政开支不断扩大；第一次世界大战后日本人口不断向城市转移，城市基础设施投入增加，城市财政支出扩大；加之教育经费增加，农村财政支出扩大，农村租税负担沉重。1924 年 10 月日本帝国农会鉴于"水稻价格变动甚烈，收支不能相抵，威胁农家经济。近时爆发的佃农争议，不仅使农业衰颓，更危及整个国民经济"，向政府建议提高米价，并认为"农业生产者负担的租税及其他赋税过高，和工商业者比较有失均衡，农业收益下降导致自耕农减少，佃农争议增多，特别是近时地主离村倾向表明农村租税负担偏重。振兴农村不仅要改善农业经营设施，减轻农民负担也是颇为紧要的。"①

1929 年初，三土忠造回顾 20 年代财政状况时认为："我国地方财政近年显著膨胀，地方税总额也急剧增加。地方民众苦于负担的情况，诸位都很清楚，……地方缺乏有力且独立的财源是重要原因，……故救济地方财政的困窘，……促进自治团体健全发展，……并使地方税负担公正。"② 因此，三土建议，把一部分国税委让于地

---

① 高桥龟吉编：《财政经济 25 年誌》第 4 卷，国书刊行会 1985. 年版，第 521—523 页。

② 坂入長太郎：《大正昭和初期财政史（大正 4 年—昭和 6 年）》，酒井书店 1989 年版，第 125 页。

方。但 1926 年税制改革否定了地租的地方委让，为负担公平，课税标准从地价改为租赁价格，作为国税存留。当时作为地租的课税标准的地价，田地根据 1899 年修正地价，宅地根据 1910 年修正地价。从其后的经济发展来看，负担愈益不公平。因此，根据租赁价格确定地价，以期公平负担。主要内容包括：a. 1926 年 4 月，着手租赁价格调查，1927 年末完成，从 1928 年实施以租赁价格课税；b. 现行地租条例的税率从 4.5% 减为 3.5% 征收；c. 居住在市町村的纳税者所有的田地，地价未满 200 日元的免除地租。[①]

（3）营业收益税

针对营业税课税方法繁杂状况，1926 年税制改革从根本上改变了营业税课税制度。a. 课税标准从外形标准转变为营业收益税，废止营业税，创设营业收益税；b. 向营业法人课税，对总的营业收益课税；c. 个人营业的课税范围大体作为现行营业税的课税业态；d. 关于个人营业，把纯收益 400 日元作为课税最低限度；e. 税率确定为法人 3.6%，个人 2.8%；f. 为避免营业税、地租、资本利息税重复课税，从营业收益税中扣除这些税额。[②]

关于间接税制的整顿即增税问题，主要做了如下规定：（1）废止酱油税、成药税；（2）免除棉纺织品的纺织品消费税，减轻消费者负担；（3）为补充因税制改革导致的税源减少，增加酒税。啤酒增税 40%，其他酒税增加约 20%。[③]

围绕税制改革法案，虽然宪政会与政友会尖锐对立，但众议院只对某些法案作了稍微调整，其他原案通过。这次税制改革创设了道府县房产税和户口税移让市町村制度，原则上禁止了所得税附加税和增加府县所得税附加税率，使地租、营业税更加合理。这样国家、地方的租税体系得以确立。

---

① 大藏省财政经济学会编：《明治大正财政史》第六卷，经济往来社 1955 年版，第 294 页。

② 同上书，第 295 页。

③ 同上书，第 300—301 页。

四 关税法的修改

随着税制改革的不断推进，关税法也随之开始全面修改。1910 年明治政府制定关税定率法，1911 年施行。这一年日本改订与各国通商条约，恢复关税自主权之后，在新关税设定里，原材料通常是免税—5% 税率，原材料制成品则是 15%—20%，全制品则是 30%—40%，奢侈品是 50%—60%。此外，新关税还对同日本国内工业发生竞争的外国工业品实施 30%—40% 的保护关税。当然，最重要的是，随着关税自主权的恢复，日本的财政收入得以大幅扩张，1913 年日本关税收入约 7400 万日元，比 1910 年增加了近 3000 万日元。①

到大正时代结束，关税定率法共修改 6 次，从奖励出口、助成国内工业发展立场出发，保护国内产业市场，采取增收原料进口税等措施。寺内内阁时期由于发生米骚动，为保证米、麦等主食供应，根据特别立法采取了临时进口税减免措施。在关东大地震之后，减免生活必需品、建筑物资进口税，为改善国际收支，对奢侈品征收进口税。由于第一次世界大战后日本经济结构、消费结构发生巨大变化，关税协定有必要进行全面修改。由于第一次世界大战后世界贸易、国际金融处于不安定状态，日本国内经济在 1920 年、1922 年发生经济危机，1923 年关东大震灾后的经济萧条，政府虽承认关税政策有全面改革的必要性，但只是做了应急性的修改。如 1920 年、1922 年两次实行减免原料等进口税，提高奢侈品进口税等保护关税政策措施。1924 年 8 月，第一次加藤内阁设立关税率修改委员会。1925 年 5 月，改称关税率修改准备委员会。

1926 年加藤内阁向第 51 届议会提交"关税率全面修改案"，开始全面修改税率，提出"不把财政收入的增加作为一切的目的，关于各种课以奢侈品税的物品，设置奢侈税的目的，是对暂时接触不到的事情推进调查，而修改的根本方针主要是创造有利于国内产业发展的条件，为能与国外商品竞争，对重要产业加以必要的保护。考虑消费

---

① 大藏省昭和财政史编集室编：《昭和财政史》第十四卷地方财政，東洋经济新报社 1954 年版，第 33 页。

者利益、安定国民生活，制定适当税率。（1）在产业方面，日本不能生产或原料不足的产业，在现行税率下，除无税或低税外，重新向无税努力；（2）对现在正在发展的或将来有发展前途的重要产业，为使其能够与外国产品竞争，给予必要的保护；（3）对事业基础巩固或在日本生产丰富，能与外国产品竞争的产品，应秉持减轻税率或执行现行税率的方针；（4）对国民生活必需品减轻税率，尽可能采用低税，或采用现行税制；（5）对属于嗜好品的物品，采取抑制其消费主旨，课以高税。以上是其根本方针的梗概，但比起课税技术问题，更重要的是采取把从价税尽可能改为从量税的方针。"[1] 高藤内阁根据以上方针全面修改税率表，原来的税目总数从 647 个增加到 720 个，税率数也从 1584 个增加到 1669 个。[2] 相对于旧税率，新税率提高的有 615 个，下调 226 个，没有变更的 228 个。进口总额中，有税商品的进口总额占 38%，无税商品进口额占 62%。这个修改不是要增加进口，而是 1910 年税率表的物价、产业状态处于低水平状态。因为纠正从量税和从价税的不均衡状态，提高税率的结果，当年增加税收 750 万日元，之后每年增加 1930 万日元左右。[3]

在第一次世界大战期间，日本经济由进口国变成出口国，日本经济结构发生根本变化。但由于日本资本主义的后发性，还无法同英美等西方资本主义国家竞争，第一次世界大战后日本对外贸易很快逆转为进口国。第一次世界大战后持续的经济危机和关东大地震使日本对外贸易持续巨额入超，战争期间积累的在外正币用于支付对外决算。日本经济结构是严重依赖对外贸易的出口加工贸易结构，日本出口生丝、棉布、杂货等轻工业产品，其中生丝出口到美国、欧洲，棉布出口到中国、东南亚等地，棉花等原料一般从中国、印度进口。轻工业之外的重化学工业虽然在第一次世界大战期间得到发展，但战后欧美

---

① 坂入長太郎：《大正昭和初期财政史（大正 4 年—昭和 6 年）》，酒井书店 1989 年版，第 138 页。

② 大藏省财政经济学会编：《明治大正财政史》第一卷，经济往来社 1955 年版，第 485 页。

③ 同上书，第 486 页。

的竞争使重化学工业处于危机状态。日本政府一直对其进行救济性融资，使重化学工业不能进行彻底的产业合理化，国际竞争力低下。在这样特殊经济背景下，为保护国内产业，实施关税保护政策就显得尤为重要。通过关税保护政策推动重化学工业发展，提高国内粮食自给度。另外，保护关税政策与间接税的作用一样，使国内商品价格维持在一个较高水平，把本来需要资本家承担的负担转嫁给国民，加重了国民负担。

在第 51 届议会上虽通过了一系列税制整顿关系法案，加藤内阁成功完成第一次税制改革，但由于登记税、印花税、砂糖消费税的调查还没有结束，以及有关砂糖关税定率法的修改，加藤内阁向第 52 届议会提交第二次税制整顿法案。根据片冈藏相说明："第二次税制整顿要在平衡国民负担同时，发挥社会政策效果，以利于产业发展，因为节省官民相互手续费的目的，其结果一般年度修改登记税减税223 万日元，修改印花税减税 147 万日元。修改砂糖消费税减税 413万日元，增加砂糖进口关税约 248 万日元，两者之差减税 165 万日元。结果，第二次税制改革以及修改砂糖关税一般年度减税 535 万日元。"①

虽然这次税制改革标榜减轻国民负担，但增加砂糖进口关税是日本国内砂糖资本家欢迎的政策，把负担转嫁给了普通国民。

小　结

从明治初年到西南战争是明治政府财政政策的草创期。西南战争导致纸币和公债的滥发，造成严重的通货膨胀。战后，日本政府开始整顿纸币，改革税制，进行各项财政制度改革。1890 年明治宪法公

---

① 片冈直温：《大正昭和政治史の一断面》，西川百子居文库 1934 年版，第 583—585 页。

布，"开启了日本财政制度的新纪元"。① 从开设国会到明治时代结束的大约 20 年间，日本发动了甲午战争、日俄战争，这时期日本的财政政策都紧紧围绕军事财政来展开。随着明治时代近代预算制度、近代租税制度、近代货币制度、近代金融制度相继建立，日本近代财政体系基本完善。而近代财政体制的建立，保证了日本产业革命高潮的到来。到第一次世界大战前，日本已经初步成为以轻工业为主的工业化国家。

但长期的贸易入超，使日本财政入不敷出，只能依靠发行公债来弥补财政赤字。日本财政面临困顿之时，第一次世界大战爆发了。第一次世界大战使日本经济"渔翁得利"，日本资本主义在"战争景气"刺激下获得空前发展，各企业获得空前扩张。但随着战争景气的消退，1920 年以后日本经济很快就陷入经济危机。随着战争结束，国外订货减少，国内市场狭小与第一次世界大战中不断扩张的生产力的矛盾过早地暴露出来，日本资本主义开始长期处于萧条状态。

经过第一次世界大战，日本垄断资本逐渐强化，金融寡头支配地位得以确立。而经济危机频发，使众多企业处于破产边缘。为避免这些企业破产，政府采取了救济政策，使政府财政支出不断膨胀，银行呆账、坏账增多，更为重要的是对日本经济结构的根本调整被大大推迟。这使日本物价远高于国际水平，黄金储备大量流失，汇率动荡不安。

为重振经济，日本政府把税制改革视为重要的财政政策。但税制改革不可能从根本上解决经济长期萧条、企业不景气的状况。因此，各界人士都希望通过"金解禁"，一举完成"金融界整顿"，使经济回归"世界经济的正常轨道"、"国民经济得以重建"。金解禁成为 20 世纪 20 年代历届内阁所面临的最重要的经济问题，但要实施金解禁必然要采取财政紧缩政策。由于各界对财政紧缩的恐惧，加之银行本身的弊端，导致昭和金融危机的发生，政友会的积极政策与"金解禁"具有结构性矛盾，使"金解禁"不可能通过政友会之手实现。

① 牧野辉智：《明治大正史Ⅲ经济篇》，朝日新闻社 1931 年版，第 389 页。

第二章　昭和金融危机

　　面对长期的经济萧条局面，对过去的财政政策进行必要的财政改革已经势不可免。若槻内阁开始着手财政紧缩，确立减债基金转入制度，促进国债偿还。并以金解禁为目的，开始以震灾票据为中心整顿金融界，从而引发昭和金融危机。也引发政党内阁更替，在藏相高桥是清指挥下，通过日本银行对处于危机的银行进行救济，最终渡过金融危机。但政友会田中内阁内外政策结构，决定了其不可能进行根本性的财政改革。

第一节　昭和金融危机的连发

一　若槻内阁财政政策

　　1925 年 8 月 2 日，第二届加藤内阁成立，这是清一色的宪政会内阁。组阁之初，加藤高明内阁面临着几个紧迫课题，主要有关东大地震灾后处理及经济混乱造成的工人运动、农民运动高涨等。灾后重建需要开支，不可避免地要进行大规模财政改革。为此，加藤高明任命与他意见相同的浜口雄幸担任藏相、若槻礼次郎担任内相。但 1926 年 1 月 26 日加藤高明首相病逝，若槻礼次郎接任首相。1926 年 12 月 25 日大正天皇驾崩，昭和天皇即位，日本历史进入昭和时代。

　　由于 1920 年经济危机、1922 年经济危机、1923 年关东大地震的接连爆发，第一次世界大战中积累的正币大量流出，日元汇率变动激烈，日本经济进入慢性萧条时期。由于海外正币减少，为安定汇率，日本政府开始外运正币。为应对长期的经济萧条，历任内阁采取了资

本救济政策，给日本企业和银行苟延残喘的机会，推迟了产业合理化
与银行的整顿合并。在慢性危机的情况下，物价高企，民众生活困
难。此时，高藤内阁为从根本上克服经济危机，采取了金解禁与财政
紧缩政策，希望通过行政和财政手段来克服膨胀的财政危机；通过税
制改革健全财政政策。但由于上述形势所限，宪政党内阁不可能进行
彻底的财政紧缩政策，只进行了消极的财政改革，1926 年度的预算也
没有触及财政改革内容。

　　进入 1927 年，若槻内阁所面临的问题是，"加藤内阁成立以来，
经过数年，政府极力进行行政改革与财政紧缩，并芟除财政祸根。且
上一年度进行第一次税制整顿，使帝国面目一新。然鉴于财政经济之
现状，尚与上一年度一样，以紧缩为宗旨，在促进财政恢复的同时，
以解决国防上历年积累下来的悬案为要。"[1] 所以，1927 年度财政预
算的编成要旨是以解决历年悬案为中心的，包括：追加海军舰艇制造
费，实施产业振兴措施、社会保障措施、北海道第二期拓殖计划等。
实施新的减债制度，进行第二次税制改革等。[2] 在此基础上，若槻内
阁编制了财政收入规模为 17.3 亿日元的预算，并提交第 52 届议会审
议。并且，为完成金解禁的经济政策目标，政府开始着手国内正币外
运，修改普通银行制度，处理震灾票据善后等问题。[3] 由于经济长期
萧条，企业经营极其不振，贷款偿还遥遥无期，使整个金融市场极其
梗塞，公债继续实行非公募方针。尽管力图压缩财政规模，但财政支
出预算仍达到 17.3 亿日元，比上一年度增加 9067 万日元。财政膨胀
主要是为减轻地方财政负担，增加对市町村义务教育费的国库拨款
500 万日元，追加 1927 年之后五年的补助舰艇制造费 2.613 亿日元。
计划建造巡洋舰 4 艘，驱逐舰 15 艘，潜水艇 4 艘，炮舰 2 艘，水上飞
机母舰 1 艘，共计 26 艘。其中，巡洋舰、驱逐舰、潜水艇是华盛顿
裁军会议以前八八舰队计划的一部分，但裁军会议缔结时，把其作为

---

　　[1]　鈴木憲久：《最近日本財政史》，東洋経済新報社 1929 年版，第 828—830 页。
　　[2]　大蔵省印刷局编：《大蔵大臣財政演説集》，大蔵省印刷局 1972 年版，第 238—239 页。
　　[3]　同上书，第 245—246 页。

条件补充，但由于关东大地震及行政、财政改革等原因，其提案被搁置。这是由于英美造舰计划的刺激，在行财政改革告一段落后，又纳入预算。此外，北海道拓殖第二期计划费 2510 万日元，其他为贸易振兴费、产业奖励费等。①

在公债政策方面，确立减债基金转入制度。由于经济萧条，国债增发使国债余额突破 50 亿日元，并有继续增加的趋势。为增加国债发行额，除规定上一年度国债总额的 1.6% 转入国债整顿基金特别会计外，还把上一年度一般会计财政收支盈余的 1/4 转入国债整顿基金，使国债偿还额近 1 亿日元。②

早在第 51 届议会上，加藤内阁就提出第一次税制改革方案。若槻内阁成立后虽实现了第一次税制改革，但还有一些改革没有完成，如关于修改砂糖关税定率法，修改登记税、印花税、砂糖消费税。在完成调查后，若槻内阁把提案提交第 52 届议会。若槻内阁税制改革的核心思想是减轻企业负担，把负担转嫁给普通消费者。

经济的不景气使众多中小银行倒闭，大量储户损失惨重。加强对银行监管，制定新的银行制度，从根本上改善日本金融制度成为政府所面临的突出问题。1926 年 9 月，大藏省设置金融制度调查会，10 月 12 日该调查会对现行银行制度进行了检讨，"我国金融制度体系内，各种金融机构并立，初看颇为齐备，然此等金融机构多是因需要临时设置，近来虽多少加以改善，但其间联络统制未必完善，而各机构的机能也未充分发挥出来，不利于我国民经济发展，并往往使其经营松散，进而给金融界酿成种种弊害，改善金融制度成为今日当务之急。"③ 由于第一次世界大战造成的"战争景气"，在企业大发展的同时，银行业也取得快速发展。但战后经济景气的消失，加之关东大震灾接连发生，政府通过银行向企业救济融资，使银行同企业一样在经

① 坂入長太郎：《大正昭和初期财政史（大正 4 年—昭和 6 年）》，酒井書店 1989 年版，第 188 页。

② 大藏省昭和财政史编集室编：《昭和财政史》第三卷歳計，東洋经济新報社 1954 年版，第 6 页。

③ 坂入長太郎：《日本金融制度史》，世界書院 1950 年版，第 123 页。

济萧条中经营恶化，不良资产增加。尤其是政府推出《震灾票据损失补偿法》进行救济性融资，把银行与企业紧紧绑在一起。如当时日本银行总裁井上准之助指出的那样，"以前，银行间竞争最激烈、最具损害性的是存款利息的竞争。即使现在各银行间签订了存款利息协定，但仍不能平息各银行间的竞争，各银行仍以高利率吸收存款。由存款竞争导致的直接弊端是各银行争相向外释出贷款，在贷款方面引起竞争。从前我国银行滥发的贷款，都是吸收高息贷款，作为发放之源，这绝不是夸大其词。"① 高息存款必然要高息贷出，否则银行业务就不能成立。第一次世界大战中设立的中小企业资金基础薄弱，接受银行高息融资，往往会造成不良债权，使银行经营困难。而银行为维持对外信用，往往动用其资本金充作股息分红，以伪装银行经营的正常性。金融制度调查会把改善金融机构作为研究对象，其中最关键的问题是改善普通银行制度。

1926 年 11 月，金融制度调查会为弥补普通银行制度的缺陷，防止不正当竞争，提出《普通银行业务改善案》。为此，若槻内阁制定《银行法案》，1927 年在第 52 届议会审议通过，1928 年 1 月 1 日实施。该银行法共计 47 条，其主要内容如下：

（1）银行的资本和组织。银行法中最具特色和影响力的条文是第三条，关于银行资本金及组织的规定，即"银行业如非资本金百万日元以上的股份公司不得营业。但以敕令在指定地域有总行和支行的银行资本金不得低于 200 万日元"。把银行资本金标准限定在 100 万日元，银行组织限定为股份公司。对于不符合规定的银行，在五年缓冲期间可增资、合并或解散。根据该法案第六条第二项及第十四条规定，无论采取何种方式，必须取得大藏大臣认可。

（2）关于营业范围的限制。第五条规定："除经营担保公司债，保障存款及其他银行业附属业务外，不得经营其他业务。"

（3）关于大藏大臣的认可权限。规定对商号、资本金、支行及其

---

① 《井上準之助論叢》编纂会：《井上準之助論叢》第三卷，原書房 1983 年版，第24—25 页。

他营业场所或代理行、总行及其他营业场所位置等的变更，及支行意外营业场所的变更，采取认可制度*。

以上是新银行法的主要特色，其他的规定基本沿袭了旧银行法条例。

二　若槻内阁国债政策

到 1926 年末，国债总额已达到前所未有的 51.7 亿日元，其中，内债 37.1 亿日元，占 71.8%；外债 14.6 亿日元，占 28.2%。[①] 在内债中，五分利息公债所占比重最大，约占内债总额的一半以上。这些国债偿还期限只有一年或二年，后来虽有所增长，但平均不过 5—6 年。所以，这些短期国债必须频繁借换。若槻内阁在财政上的当务之急是整顿国债。早在 1924 年加藤高明内阁成立后，就力图减少期债规模，以整顿国债、维持市价。若槻内阁继承了这一方针，在编制 1927 年度预算时就明确指出："财政收支上产生的国库收支盈余，必须确立把一部分盈余充当偿还国债财源的制度，以期抬高国债价格，缓和金融。"关于新债发行，若槻内阁声明："公债发行额和上一年度相同，通过一般会计、特别会计发行 1.5 亿日元，且不在一般市场公募。"[②]

为使国债发行、偿还政策建立在良性循环基础上，若槻内阁修改了国债整顿基金特别会计法，规定除缴纳上一年度国债总额的 1.6% 外，还把上一年度一般会计财政收支盈余的 25% 以上金额，纳入新的国债整顿基金特别会计。在第 52 届议会上，片冈藏相对此进行了说明："以前产生的财政收支盈余往往充当下一年度财政收入的财源，从而招致财政支出膨胀，必须尽量避免这一做法。……而其比例尽可能大是理所当然的，但把财政收支盈余充当下一年度财政支出的财源是我国多年的惯例，如效法英、美等国全额偿还固然是理想状态，但马上变更实为困难，缴纳三分之一较为适当，最低限度也要缴纳上一

---

① 大藏省昭和财政史编集室编：《昭和财政史》第六卷国债，東洋経済新報社 1954 年版，第 19 页。

② 同上书，第 28—29 页。

年度收支盈余的 25%。"①

国债整顿基金的运用也同时作了修改。以前国债整顿基金"以黄金、有价证券保有，以其他有利及确实方法运用之"，现修改为"国债整顿基金以国债保有，存入大藏省存款部并运用之"②。国债整顿资金的实际运用主要限定在国债保有量以及转入存款部资金数额。若槻内阁修改国债整顿基金制度，力图增进债务偿还，但结果事与愿违，公债发行越来越多。其中最为重要的是震灾票据补偿及善后处理公债。作为关东大地震后政府采取的紧急措施，由日本银行贴现的所谓"震灾票据"一直没有回收，经年积累，最终解决方案是发行交付公债。1926 年 12 月末，还未整顿的震灾票据约为 2.068 亿日元。1927年 3 月，若槻内阁向第 52 届议会提交《震灾票据损失补偿公债法》和《震灾票据善后处理法》两个法案。基于以上两个法案，政府对日本银行进行损失补偿，交付五分利公债 1.0974 亿日元。另外，从日本银行接受震灾票据贴现的银行，作为债务整顿的贷款，经震灾票据处理委员会审查交付五分利国库债券约 7830 万日元。以交付公债为手段的政府救济性融资，不能从根本上解决问题。以此为导火线，由片冈藏相失言所点燃，从而引发空前的金融危机。1927 年 4 月中旬，政府发布紧急敕令，希望通过日本银行融资 2 亿日元，但被枢密院否决，若槻内阁不得不总辞职。

在预算上各殖民地特别会计负担公债增加，这些主要为加强对殖民地控制而发行的公债，用于铺设铁路、扩充其他产业设备。这是日本历届内阁的一贯政策，民政党内阁也延续了这一政策。关于殖民地的各事业公债主要情况如下：

（1）朝鲜事业公债。为加速朝鲜境内铁路建设，日本政府计划从1928 年之后，经过 12 年建设 800 英里铁路网。为保证财源充足，《朝鲜事业公债法》把公债发行额从原来的 2.937 亿日元扩张到 6.037 亿

---

① 大藏省昭和财政史编集室编：《昭和财政史》第六卷国债，東洋经济新报社 1954 年版，第 29 页。

② 同上书，第 30 页。

日元。

（2）台湾事业公债。台湾事业公债在原来发行限度 1.338 亿日元基础上，又追加 1786 万日元。

（3）关东州事业公债。关东州事业公债发债规模从原来的 310 万日元扩大到 780 万日元。

（4）内地私设铁道收买交付公债。为推进国有铁道发展，购买私营铁路产权，第 52 届议会通过发行交付公债决议，该公债 1926 年发行额不足 100 万日元，1927 年则剧增到 737 万日元。①

随着《国债整顿基金特别会计法》修改，国债偿还额从 1927 年开始快速增长，减债基金使用额从 1926 年的 4500 万日元倍增至 9300 万日元。从 1927 年开始上年度收支盈余的 25% 转入减债基金，但财政收支盈余本身已经显著减少，所以转入减债基金数额也随之减少，使国债整顿效果大打折扣。1928 年财政收支盈余约 5000 万日元，缩减近一半。从 1930 年开始，财政收支盈余基本为零。若槻内阁虽修改了减债基金制度，力图促进国债偿还，但结果却虎头蛇尾。

三　昭和金融危机的连发

在第一次世界大战以后的经济危机状态下，对企业的彻底整顿是非常困难的，众多中小金融机构与这些企业息息相关，这些金融机构在没有确实担保情况下向这些处于危机状态的中小企业进行无节制贷款，而企业难以偿还借款，出现大量不良债权。这些不良债权像定时炸弹一样，随时可能对日本经济造成灾难。对不良债权的整顿是摆在民政党内阁面前的一个迫切任务，其重要手段就是实施金解禁政策。

若槻内阁为复归金本位制，在实施财政紧缩的同时，不断修改和加强关税保护政策。若槻内阁把金解禁时机预定在 1926 年夏秋之际，金解禁最核心的准备措施是拉升日元汇率，而要拉升汇率就必须出售海外黄金储备。1925 年 9 月，大藏省发表宣布向海外输送由政府保有的国内黄金储备，以充实海外黄金储备。政府一系列金解禁准备措

---

① 大藏省昭和财政史编集室编：《昭和财政史》第六卷国债，東洋经济新報社 1954 年版，第 37—39 页。

施，被视作即将金解禁的信号，全国掀起金融投机狂潮。在此刺激下，1926 年 1 月的日元汇率上升到 100 日元兑 44.25 美元。2 月 20 日，为了防止海内外资本投机日元，避免金融投机引起经济混乱，浜口藏相发表声明，表示把国内黄金储备输出海外不是要金解禁，之后政府中止了国内黄金储备外运海外的政策。23 日，浜口藏相在议会指出"关于金解禁，政府的方针如以前屡次声明一样，尽量避免人为手段。先促进财界的整顿、安定，通过均衡国外贸易，实质改善我国国际借贷环境，使汇率恢复接近平价，实施解禁不致带来汇率激烈变动，不致导致正币外流，对经济界不会产生激烈影响时才开始解禁。"[1] 明确了政府实施金解禁时机尚早的态度。

在金解禁问题上，浜口藏相之所以后退一步，主要是还没有整顿金融界，而且对外贸易失衡。作为金解禁的准备条件，浜口把经济政策的着眼点放在促进出口、遏制进口，平衡贸易上，而人为操纵汇率就成为辅助措施。作为财政政策的重要一环，浜口藏相开始整顿税制。为改善贸易收支不平衡的现状，完成关税改革，浜口辞去藏相转任内相。早速整尔继任藏相，但在任仅三个月就病死，9 月 14 日，片冈直温继任藏相。

片冈直温就任藏相后加速了金解禁准备工作，而世界各国这时纷纷恢复金本位制，特别是英国恢复金本位制带来的巨大心理冲击，给日本当政者带来了巨大压力。各国恢复金本位制情况，如下表所示。

表 2 - 1　　　　　　　　　　国际金本位制的恢复

年份	恢复金本位国
1919	7 月美国
1924	4 月瑞典，10 月德国*
1925	6 月阿根廷，7 月英国、澳大利亚、荷兰，9 月瑞士

① 日本银行调查局编：《日本金融史资料昭和篇》第二十一卷，大藏省印刷局 1961 年版，第 81 页。

续表

年份	恢复金本位国
1926	1 月芬兰*，7 月加拿大，10 月比利时*
1927	1 月丹麦，12 月意大利*
1928	5 月挪威，6 月法国*
1930	1 月日本

注：带 * 为新平价解禁国。

资料来源：安藤良雄编：《近代日本经济史要览》，東京大学出版会 1993 年版，第 115 页。

  对于金解禁问题，片冈直温认为，"金解禁应尽快实施，日本和欧美各国相比已经落后了"[1]，"……世界各国迟早会恢复黄金自由输出输入。如我国此时丧失良机，就落后于世界经济。"[2] 由于预见到金解禁准备必然会导致日元汇率上升，大量投机资金流入日本，而解禁后必然会大量外流，带走相应的黄金储备，因此片冈采取低利率政策，使日本银行先后两次降低利率，这样可以把国内利率水平控制在国际水平以下，把日元投机限定在一定范围之内。

  作为金解禁准备措施，片冈直温尽量使日元汇率接近平价。片冈认为，"目前，作为（财政）紧缩政策的成果，现在国际借贷关系好转。随着这一局面的强化，日元汇率接近平价，并使之具有永续性。"[3] 为稳定日元汇率，若槻政府重新恢复外运黄金，以充实海外黄金储备。这使日元汇率开始直线上升，1926 年 8 月以前，最高汇率也没有超过 47 美元，但 9 月以后达到 48 美元左右，1927 年 3 月达到最高的 49 美元。日元汇率的提高不是自然恢复的结果，而是国内外金融资本人为投机的结果。尽管日元汇率不是自然恢复，但日元汇率的恢复，使日本各界普遍乐观地认为金解禁时机已到。大藏省甚至为实施金解禁制定了方案，并开始事务性准备。

---

[1] 朝日新聞社编：《朝日经济年史》，大空社 1930 年版，第 353 页。

[2] 大藏省昭和财政史编集室编：《昭和财政史》第十卷金融上，東洋经济新報社 1954 年版，第 185 页。

[3] 片冈直温：《大正昭和政治史の一断面》，百子居文庫 1934 年版，第 464 页。

片冈直温实施金解禁准备的最基本措施是整顿财界。片冈在 11 月 27 日的关西银行大会上明确，"作为金解禁准备，政府所做最为重要的事情是整顿金融界。最近，我国汇率颇为强势，几乎接近平价。……原来的金输出禁止是基于世界大战，所采取的适应国际经济的临时措施。应尽快实施金解禁，恢复经济之常道，慎重选择金解禁的时期及方法。"[1] 整顿财界有两个手段，一个是修改普通银行法，另一个手段是整顿震灾票据善后问题。震灾票据善后问题异常棘手，被称为"财界之癌"，而处理震灾票据成为昭和金融危机爆发的导火索。震灾票据产生是 1923 年关东大地震后政府为维持金融系统信用稳定，发布《震灾票据赔偿令》，该法令规定震灾地区的票据由日本银行给予再贴现。而对于日本银行的亏损，政府可在 1 亿日元限度内给予赔偿。震灾票据的总贴现额高达 4.3 亿日元，震灾票据截止日期是 1925 年 9 月 30 日。但由于日本灾后经济长期不景气，政府没有能力处理这些票据，到 1926 年末还有大约 2 亿日元挂在账上无法还清。而政府补偿的 1 亿日元早已用光，这 2 亿日元已没有机构支付。为实现金融正常化，日本银行要求有关银行清账，如果不清理这些不良债权，就无法提高日本企业竞争力。鉴于清理不良债权给广大中小银行造成的沉重负担，片冈直温在第 52 届议会上提出新的《震灾票据善后处理法案》，该法案主要内容是以发行公债来取代不良债权，依靠分期贴现震灾票据来拯救银行。这个法案实际上是放纵了企业和银行的不良经营行为，所以，该法案激起了议会内外的强烈反对，这等于把作为通货膨胀救济性政策产物的"不良票据"，通过公债的形式转变为全体国民的负担。在议会辩论之时，片冈直温情急之下不慎脱口说出，"就在今天中午，渡边银行就要停业……"[2] 片冈直温的这句"失言"引起广大储户的不安，翌日，渡边银行发生挤兑，渡边银行尽管还在营业，也不得不宣布停业，片冈失言成为金融危机爆发的导

---

① 高橋亀吉：《大正昭和财界变动史》中卷，東洋经济新報社 1956 年版，第 615—616 页。

② ［日］有泽广巳主编：《日本的崛起——昭和经济史》，鲍显铭等译，黑龙江人民出版社 1985 年版，第 34 页。

火索。之后，银行挤兑风潮席卷全国，许多中小银行不得不宣布停业或破产。日本银行为救助这些中小银行，开始向这些银行发放特别贷款，最终议会批准《震灾票据补偿公债法案》和《震灾票据善后处理法案》，这两个法案的推出使银行界暂时恢复平静。昭和金融危机的第一阶段暂时告一段落。

但铃木商店破产与台湾银行停业使金融危机进一步深化。议会在审议《震灾票据善后处理法案》过程中，台湾银行作为最大震灾票据持有者浮出水面。台湾银行手里拥有一半无法清账的票据，台湾银行最大的贷款对象就是铃木商店。铃木商店以台湾为根据地，由于和先后担任台湾民政长官的后藤新平、浜口雄幸等宪政会首脑关系极为密切，所以当铃木商店在第一次世界大战后经营陷入困境时，台湾银行为维持其正常运营不断向铃木商店进行救济性贷款，铃木商店的借款总额到1926年已达3.5亿日元。以三井为首的大银行在台湾银行经营状况恶化后，开始撤回对台湾银行的短期贷款，台湾银行失去融资能力，不得不宣布3月28日以后停止向铃木商店贷款。4月1日，报纸报道了这一消息，引起股票市场大跌，4月5日负债达5亿日元的铃木商店宣布破产。受铃木商店破产影响，铃木商店最大股东神户六十五银行临时停业，之后受金融危机影响，本州西部地区共37家银行停业。昭和金融危机进入第二阶段。

随着铃木商店破产导致债权无法回收，各银行也开始强制收回台湾银行的认购证资金和贷款，台湾银行资金链条陷入断裂状态，濒于破产的台湾银行不得不向政府和日本银行求救。由于宪政会内阁与铃木商店关系密切，又不能不给作为台湾证券发行银行的台湾银行以援助。所以，片冈藏相希望日本银行出手援助台湾银行，但日本银行总裁市来乙彦却书面回复片冈藏相不对台湾银行进行融资。但如果日本银行不对台湾银行进行援助，台湾银行破产必然造成整个金融市场动荡。为此，4月13日若槻内阁与日本银行就救济融资的补偿办法召开台湾银行紧急调查会，商量对策。4月14日，政府发出紧急敕令，指出"由日本银行向台湾银行提供特别融资，日本银行的损失由政府补偿2亿日元"。但是枢密院17日否决了这个提案。为避免台湾银行停业，片冈仍进行了最后努力，"台湾银行关门的结果使人不寒而栗……作为本邦屈指可数的一大特殊银行，在内地、海外拥有众多支行，作为仅次于正金银行的汇兑银行，一年间处理 13 亿日元以上的汇兑，其处理的存款额高达约 1 亿日元。台湾银行作为接受 40 多家认购证资金的银行，其中就有三井这样的银行，三月初震灾票据问题在议会引起争议，很快发生剧烈的认购证资金回收问题，到三月中旬，各银行收回数千万日元认购证资金。也有不少银行相信政府，仍把认购证资金放在台湾银行。当时台湾银行手中资金仍有 2 亿日元左右。当然，其中多数是各银行通过经纪人之手，把民间小额资金作为认购证资金放出。一旦台湾银行停业，其影响必会波及整个金融业，陷一般民众于困厄。不仅如此，国家依据特别法设立的银行，国家不予救济，必失信于海外，损伤国家威信，同时，也会对台湾的统治带来妨碍。"[1] 17 日夜，大藏省、日本银行及各都市银行的首脑聚集日本银行总部，协商金融危机对策。日本银行对片冈救济台湾银行的意见置若罔闻，拒绝救援。兴业银行总裁结城丰太郎对于片冈藏相的提议回应道："日本银行当局对救济台湾银行一句话也不说，银行家也爱莫能助。"[2] 若槻内阁于当晚总辞职。4 月 18 日，台湾银行不得不宣布停业，台湾银行停业造成的恐慌使银行挤兑风潮迅速蔓延全国，短短几天就有近 20 家银行破产。昭和金融危机进入第三阶段。

第二节 田中内阁的财政政策

一 田中内阁金融危机善后政策

若槻内阁总辞职后，政友会总裁田中义一于 1927 年 4 月 20 日受命组阁，藏相由政、经两界德高望重的高桥是清担任。台湾银行宣布

---

[1] 片冈直温：《大正昭和政治史の一断面》，百子居文库 1934 年版，第 639—640 页。
[2] 结城丰太郎：《最近 10 年間における我財界の動く》，金融研究会 1931 年版，第 195 页。

停业后，4 月 21 日，大阪地区的大银行——近江银行宣布停业。另外，拥有资本金 1 亿日元，存款金额达 3.58 亿日元，号称宫内省金库的十五银行停业，致使挤兑风潮达到顶点。4 月 21 日东京银行和东京证券交易所理事会向政府建议，"根据各地情报，鉴于全国各银行一起遭挤兑状况，为安定局面，除通过日本银行救济这些银行外，没有其他对策。切望政府速召集临时议会，及时实施有效措施"①。

为克服经济危机，在高桥是清的指挥下，日本银行迅速向处于危机的银行增加特别贷款，"仅 21 日一天就增发 10 亿日元，以致库存纸币全部用光，不得不赶印了一批只有正面印刷、背面空白，面值为 200 日元的纸币。"② "四月二十一日以十五银行停业为标志，银行挤兑的洪水漫至全国，由于大规模贷出，日本银行金库空虚，即将销毁的旧币也拿来应急。而且，二十二日以后银行临时停业，因为如果二十二日开业，日本银行金库的现钞就会被搬空，民心就会陷入更加不稳的危险状态。"③ 4 月 21 日夜，田中内阁为应对金融危机发布支付延期令，为审计救济台湾银行及安定经济的各项法令，决定召开临时议会。22 日枢密院通过支付延期令，即日实施。其内容与 1923 年发布的紧急敕令大体相同，在 22 日之前发生到 5 月 12 日前应该支付的债务及票据等的权力保存行为，从支付日算起延期支付三周。但国府县及其他公共的债务、工资、报酬的支付，以及一天支取 500 日元以下的银行存款不在此限。23 日政府中止了向海外外运黄金。25 日，支付延期令实施范围扩大到朝鲜、关东州、桦太（库页岛南部）。在 22—24 日，全国银行临时停业期间，日本银行为应对 25 日即将出现的挤兑风潮，利用即将销毁的旧币救急，大藏省印刷局全力开动机器印刷纸币。这期间日本银行总行向各银行"紧急贷款"，25 日全国银

---

① 高橋龟吉：《大正昭和财界变动史》中卷，東洋经济新報社 1956 年版，第 672 页。

② ［日］有泽广巳主编：《日本的崛起——昭和经济史》，鲍显铭等译，黑龙江人民出版社 1985 年版，第 54 页。

③ 高橋龟吉：《大正昭和财界变动史》中卷，東洋经济新報社 1956 年版，第 664 页。

行开业，日本银行"紧急贷款"达到前所未有的 26.59 亿日元。① 由于支付充足，银行挤兑风潮暂告平息。4 月 25 日以后，历时两个月、日本金融史上前所未有的金融危机告一段落。

1927 年 5 月 3 日，第 53 届议会召开，就金融危机善后工作进行审议。这是议会中执政党——政友会占有议席 160 个，在野党占有 232 个议席。在金融危机善后问题上，在野党与政友会出现难得的合作局面。宪政会总裁若槻礼次郎对高桥藏相表示："为救济金融界，绝不反对（政友会）向议会提交的任何法案，一定使宪政会赞成。所以，不用考虑反对党的意图，这些都是必要之事，应尽快实施。"② 田中内阁为完成金融危机善后工作向议会提交两个法案，即《日本银行特别融通及损失补偿法》和《关于台湾金融机构资金融通的法律案》。《日本银行特别融通及损失补偿法》主要内容包括：（1）日本银行充当银行的支付准备，以票据贴现的方式进行特别融通；（2）特别融通的时间为该法案实施一年后（1928 年 5 月 8 日）；（3）特别融通回收期限为十年；（4）由特别融通导致的日本银行损失，由特别融通损失审查会审定，以五亿日元为限，政府以五分利国库证券补偿。③ 法案甫一出台，就遭到各方质疑。片冈直温指出："从其条文第一条来看，表面如此……但政府本意未必如表面上的单纯，根据五亿日元损失补偿法表明即使不支取，由日本银行进行资金特别融通，并依之进行银行的整顿，也具有颇复杂之意味。"④ 池田成彬也认为："我们最初确定 5 亿日元补偿额时毫无依据，只不过是胡乱决定。"⑤

而《关于台湾金融机构资金融通的法律案》出于统治台湾的政治需要，为维持台湾金融机构正常运转以及对外信用，日本银行向台湾金融机构以票据贴现的方式，通过政府命令融资 2 亿日元，其损失补

---

① ［日］有泽广巳主编：《日本的崛起——昭和经济史》，鲍显铭等译，黑龙江人民出版社 1985 年版，第 42 页。

② 若槻禮次郎：《古風庵回顧錄》，読壳新聞社 1975 年版，第 330 页。

③ 高橋亀吉：《大正昭和財界变动史》中卷，東洋经济新報社 1956 年版，第 769 页。

④ 片岡直溫：《大正昭和政治史の一断面》，百子居文庫 1934 年版，第 665 页。

⑤ 大阪朝日新聞经济部：《金融恐慌秘話》，朝日新聞社 1999 年版，第 23 页。

偿以 2 亿日元为限，由政府补偿给日本银行。

通过宪政会的协助，两法案在议会顺利通过审议，5 月 9 日开始实施。10 日接受特别融通的台湾银行重新开业。这一天，井上准之助代替市来乙彦就任日本银行总裁。藏相高桥是清在确立金融危机善后各项政策后辞职，6 月 20 日三土忠造就任藏相。

金融危机使日本各界都进行了深刻反思，日本银行调查局认为："这次银行倒闭的原因，各银行多少都有错误，但概括言之，是欧洲战争景气好的时代各种事业肆意扩张，银行随意贷出的结果。休战之后，受大正九年（1920 年）财界危机的打击，进而遭受 1923 年震灾，致资金大部分被套牢，财界渐入困境。"① 金融界代表人物深井英五指出："如宏观检讨这些银行崩溃的原因，源于战后经济危机期间不当的运作，经中间曲折修补，遂逐渐形成。然其直接原因是议会审议震灾票据善后处理法案，某些银行的内情传到社会，使存疑者感到危机的结果。"② 结城丰太郎认为："是企业家的虚伪和政府的放纵政策相互毒害，不断积累的结果。"③ 这些见解各界人士深许之，但高桥是清特别指出，要注意 "1925 年下半年以后，金融市场预见旧平价金解禁，日元汇率上升影响到财界，即日元汇率上涨使物价下降，给企业深刻的负面影响。由于企业和银行联系紧密，银行对企业的持续救济，对企业和银行来说，崩盘就在眼前。"④ 对此，日本金融史学家明石照男也指出："……不仅如此，去年（1926 年）十一月末，片冈藏相在关西银行大会上声明近期实施金解禁，所以，近年因整顿金融界逐渐提高的外汇汇率，因为此声明和正币现送海外逐渐接近平价，故物价自然下落。因为预测到物价必然下跌，企业和商业所受影响巨大，不仅毫无利润，还蒙受莫大损失，铃木商店破产的近因之一就是这个。可以说这个原因多年来就横亘于内部。最近困厄的原因在于汇

---

① 日本銀行調查局：《金融恐慌》，《日本銀行調查月報》1928 年 3 月號。

② 深井英五：《回顧七十年》，岩波書店 1948 年版，第 225 頁。

③ 結城豊太郎：《最近十年間に於ける我財界の動き》，金融研究会 1931 年版，第 190 頁。

④ 高橋亀吉：《大正昭和財界変動史》中卷，東洋経済新報社 1956 年版，第 754 頁。

兑升高，物价下落。"①

非常值得注意的一点是日本银行认识到无条件救济政策不可能长期维持下去，遂改变过去一贯救济做法，采取经济自主性恢复立场。各商业银行以各自银行利益为中心的行动，使政府、日本银行、商业银行三者缺乏有机联系，进而导致危机发生。围绕震灾救济法案，政党间的政治争斗也是导致危机的一个重要因素。英国媒体就注意到了这一点，"这次变故最初是因为财政、金融和政治混杂而产生的，局面复杂，难以解决。必须使政治斗争与财政脱离，牵制政客之跳梁。各政党要光明正大，并以冷静态度顾全大局"②。

当然，昭和经济危机的爆发并不是某一种因素所导致的，而是综合作用的结果。其主要原因是在战后经济景气消退的情况下，企业和银行仍肆意扩张，而政府进行救济性特别融资，使企业早已存在的弊端进一步扩大。加之政党间围绕财政问题激烈的权力斗争，导致了昭和金融危机的爆发。金融危机的解决不可能通过经济、市场的手段来完成，而是政府运用政治手段来解决的，其负担全部转嫁给了日本国民。

二　田中内阁时期"金解禁"问题

金融危机期间，政府采取的救济特别融资额约为8.8亿日元，加上关系到震灾票据的流动金额7600万日元，免除9980万日元债务，总额达到约100.55亿日元。当时日本银行券发行规模也不过约12亿日元，相当于其88%的数额在市场上流通。在危机过后，金融市场拥有庞大的游资。另外，大藏省存款部贷出中有2.83亿日元成为不良债权。对借款企业，政府采取延期还款、减轻利息等救济措施。③特别融通资金中有3亿至3.7亿日元的不良救济融通资金，这些巨额政府救济融资长期贷出，不能收回，长期滞留金融市场，使日本银行丧失调节货币机能，给经济埋下巨大通货膨胀隐患。4月22日，高桥是

---

① 明石照男：《金融恐慌と其教訓》，社会教育協会1927年版，第20页。
② 朝日新聞社経済部：《朝日経済年史》，大空社1928年版，第61页。
③ 高橋亀吉：《大正昭和財界変動史》中卷，東洋経済新報社1956年版，第769页。

清就金解禁发表声明，称"财界的事态既已如此，当前已无望实现金解禁"①。

金融危机后，田中内阁推行的银行政策可概括为：鼓励弱小银行的合并，限制支行、办事处数量。大藏省银行局在 1927 年 8 月所推行的银行合并政策主要措施是：（1）银行合并主要在地方进行；（2）向各地派遣银行检察官，促进当地经济团体的合作；（3）合并时进行资产评估，裁定合并条件；（4）积极劝告银行合并，依靠地方长官促进银行合并。② 在危机最严重时期公布的"银行法"中限制最低资金额的条款对中小银行来说是生死攸关，银行法的颁布促进了中小银行的合并。到 1928 年 1 月，在全国 1238 家银行中违反最低资金限制条款的银行就达 790 家，约占当时银行总数的 2/3。日本国内银行数量通过合并、破产、收买等手段，经过 1928 年一年就减少到 1028 家，到 1929 年更进一步减少为 878 家。③ 随着中小银行的存款集中到大银行，在金融市场最终确立了三井、三菱、住友、安田、第一等五大银行的垄断地位。到 1927 年末，五大银行的存款比上一年增加了约 5.85 亿日元，其他普通银行则减少 7.36 亿日元。④ 但五大银行手中的巨额存款由于经济萧条，缺乏适当的投资对象而成为游资。而此时，美国经济正处于繁荣期，银行利率也处于高位。这些大银行希望通过金解禁，把游资投向海外，以解决游资出路问题。

但由于田中内阁继续执行政友会传统的积极政策，对华进行积极的军事干涉。1928 年三次出兵中国山东，制造"济南事变"，从而掀起全中国的反日浪潮。中国各地的抵制日货运动，使日元汇率开始激烈动摇，日元汇率跌破 47 美元。1928 年 6 月法国恢复金本位制，在主要资本主义国家中，只有日本没有恢复金本位制。随着对日元投机

① 大藏省昭和财政史编集室编：《昭和财政史》第十卷金融，東洋经济新報社 1954 年版，第 184 页。

② 東洋经济新報社：《银行年鉴》，東洋经济新報社 1928 年版，第 35 页。

③ 高橋龟吉：《日本金融論》，日本图书センター 2002 年版，第 111—112 页。

④ ［日］有泽广巳主编：《日本的崛起——昭和经济史》，鲍显铭等译，黑龙江人民出版社 1985 年版，第 51 页。

的激化，日本海外黄金储备此时只有 1.75 亿日元。1928 年的汇率变化也更加频繁，正金银行对美元汇率变动达到前所未有的 90 多次。日本各界对金解禁态度开始积极起来，不仅以金融资本为首的日本财界希望实现金解禁，从事对外贸易的资本家也要求早日金解禁。他们认为"汇率变动所蒙受的损失，远远比因为大震灾被大火烧毁的生丝价格总额还要大"①。日元汇率长期处于低位，虽然对出口十分有利，但低汇率的好处不可能长久维持，如果日元汇率变动过于剧烈，对出口产业来说是不划算的。

这时除关西财界、学界、政界外，民间关于金解禁议论也开始沸腾起来。各种经济团体纷纷向政府建议立刻实施金解禁，尽管藏相三土忠造对金解禁态度暧昧，但在各方压力下，三土忠造藏相提出实施金解禁问题的前提是需要完成整顿财界、改善国际借贷关系、恢复银行机能。只有满足这三个前提条件，"在此基础上，如能解决中国问题，恢复汇率，我国就可以实现金解禁"②。但 1928 年 10 月末编成的 1929 年财政预算并没有压缩，相反却比上一年度增加了 4000 万日元，总额达到 17.52 亿日元的庞大规模。财政的膨胀令财界倍感失望，认为政府根本没有实行金解禁的诚意。财界为明确了解政府对金解禁的态度，1929 年 5 月 30 日，财界三巨头的团琢磨、乡诚之助、井上准之助拜会三土忠造，就金解禁问题询问三土："最近，由于公债、股票暴跌等原因，给广大财界带来不安。但现在最让人忧虑的是政府对金解禁的态度，政府如何处理目前财界的不安，希望藏相坦诚相告。"面对财界巨头的关切，三土回答："对于财界现状，政府深表忧虑，并思考对策。……社会各界对政府的金解禁方针存在很多误解，我已多次在公开场合声明过政府的方针，现在仍然没有丝毫改变。也就是要尽量在合理的状态下实施金解禁，为此要进行各项必需的准备。在

---

① 大藏省昭和财政史编集室编：《昭和财政史》金融上卷，東洋经济新報社 1954 年版，第 195 页。

② 隅谷三喜男编：《昭和恐慌》，有斐閣 1975 年版，第 204 页。

当前财界状态下，（金解禁）不能草率施行之。"① 尽管三土的回答明确了政府没有实行金解禁的打算，但要求政府实施金解禁的压力却越来越大。这些压力主要体现在三个方面，（1）社会各界要求金解禁的呼声越来越高；（2）向英国借的 2.3 亿日元外债马上到期，必须同英美交涉进行借换，但不实施金解禁，交涉将极其困难；（3）参加国联财政委员会的国家都是金本位制国家，只有日本例外。面对这些压力，作为藏相的三土忠造，其内心还是希望实行金解禁的。据青木一男回忆，三土认识到"使政友会内阁转向财政紧缩政策至难"②。对于金解禁时期，三土认为："由于责任重大，不能轻下决断。"③ 尽管金解禁困难重重，但 1929 年 4 月上旬，三土忠造还是要求田中首相把金解禁问题交给自己全权处理，并发电报给在巴黎参加杨格委员会会议的大藏省财务官津岛寿一，要求他"即刻归朝，有重大事项商议"④。津岛寿一把它理解为三土藏相实施金解禁，津岛寿一征询了英、美财界要人对于日本实施金解禁问题的意见。但就在津岛寿一回国之前，田中义一内阁倒台。

三 田中内阁财政政策的展开

田中内阁成立后，在国际问题上，推翻原来若槻内阁奉行的对华不干涉主义的"币原外交"政策，强调日本在中国东北即所谓"满蒙"地区具有政治、经济、军事特殊性。为确立今后对华政策基本方针，1927 年 6 月 27 日至 7 月 7 日，田中主持召开了加紧推行侵华政策的东方会议，田中发表《对华政策纲领》，提出内阁今后对华政策的具体方针，该纲领指出："帝国在华权益以及日侨生命财产如有受'不逞分子'非法侵害之虞时，将断然采取自卫措施，以维护之。……关于满蒙（中国东北和内蒙古地区），特别是东三省，由于

---

① 大藏省昭和财政史编集室编：《昭和财政史》第十卷金融，東洋经济新报社 1954 年版，第 210—211 页。

② 青木一男：《聖山随想》，日本经济新聞社 1959 年版，第 226 页。

③ 大石嘉一郎编：《日本帝国主義史 2 世界大恐慌期》，東京大学出版会 1987 年版，第 98 页。

④ 《大藏省百年史》编集室编集：《大藏省百年史》下卷，大藏财務協会 1969 年版，第 10 页。

在国防和国民的生存上有着重大的利害关系，我国不仅要予以特殊的考虑，而且要使该地维持和平与发展经济，成为国内外人士安居的地方。……万一动乱（指中国革命）波及满蒙，扰乱治安，使该地日本之特殊地位与权益有受侵害之虞时，不问来自何方，均将予以防护；而且为了保护这块国内外人士安居、发展之地，应当有不失时机地采取适当措施的思想准备。"① 于是，日本当局制造了旨在把中国东北和内蒙古地区分离出去的"满蒙特殊论"，成为后来日本侵略中国和亚洲的理论根据。

在国内政治上，随着田中内阁确立，各政党之间的聚散离合有了新的变化，政友会在议会的席位增加到190席。与此相对的是，宪政会和政友本党合并成立新的民政党，在议会拥有222个议席，政友会在议会成为少数党，民政党拥有了打倒田中内阁，组织下次内阁的能力。

金融危机之后，经过银行业的兼并、重组和淘汰，最终确立了金融寡头的垄断地位。存款大部分流向五大银行，这些银行处于拥有巨额资金而无处投放的状态。各负债企业由于资金链断裂，一般消费购买力降低，经营陷入困境，无意扩大投资。随着金融市场利率下降，有效需求低迷，国际贸易入超增加，日本资本主义在金融危机后更加萧条。但随着二三流企业、二三流银行经过一次次洗礼，先后被淘汰，以三井、三菱、住友等大企业为首的垄断财阀在不断的竞争中变得更加强大。长期的经济萧条使工人、农民、市民阶层都深受打击，农民、工人采取的自卫手段是组织和强化工会和农民协会，罢工、佃农争议频发。大学生就业困难也成为当时社会主要问题之一。

在如此经济背景下，田中内阁表示放弃政友会传统的积极财政政策。在编制1928年度预算时，其预算方针确定为"经济的萧条……金融危机的结果更加重了这一状况，现在为振兴产业，切实有必要推动国策进展。是以昭和三年度预算编成时，应极力节俭既定经费……政

---

① 王芸生编著：《六十年来中国与日本》第八卷，生活·读书·新知三联书店2005年版，第132—133页。

府推动的新的事业应努力实现之。"① 在此方针指导下，编成的 1928 年度预算规模为 17.7418 亿日元，却比上一年度增加 1500 万日元。该预算案提交第 54 届议会审议时，由于在野党提出内阁不信任案，身为议会少数党的政友会在 1928 年 2 月 21 日解散议会，重新选举。1928 年度预算不成立，仍沿用上年度预算。经过选举，政友会获得 217 个议席，民政党 216 个议席，实业同志会 4 个议席，无产政党 8 个议席，其他 21 个议席。日本两党政治格局大体形成，为确保议会多数议席，政友会和实业同志会联合以稳定政局。

三土忠造藏相重新编制的 1928 年度预算为 16.1654 亿日元，比原来预算减少 1.5764 亿日元，其后又提出第 1—5 号追加预算案，追加总额为 7786 万日元。由于 1928 年度预算财源不足，田中内阁又发行总额为 1.4256 亿日元的公债，作为 1928 年度预算的补充财源。其中，一般会计中震灾善后公债 6400 万日元，特别会计中帝国铁道 5158 万日元，其他与上一年度相同。② 1928 年度预算案及追加预算案经两院审议通过。

田中内阁奉行积极的对外扩张政策，尤其是对中国内政的干涉上，在两次出兵中国山东基础上，1928 年 5 月 9 日第三次出兵山东，占领济南，阻止北伐军北伐。6 月 4 日，从北京返回沈阳的张作霖被日本关东军中下级军官炸死于皇姑屯，是为"皇姑屯事件"，这也成为后来田中内阁下台的导火索。

这时日本国内政党形势也发生变化，民政党顾问床次竹二郎站在"满洲是日本生命线，要确保在中国的既得利益"立场上，批判民政党在中国问题上采取把外交问题变成国内政治的工具的做法，在 1928 年 8 月 1 日宣布脱离民政党，另组新党俱乐部。关于床次竹二郎脱离民政党的真实目的，马场恒吾的评论较为深刻，"他脱党的想法有两个前提，即西园寺公反对币原、田中二人的外交；以及他组建新党可

① 大藏省昭和财政史编集室编：《昭和财政史》第三卷岁计，東洋经济新报社 1954 年版，第 143 页。

② 大藏省印刷局编：《大藏大臣财政演說集》，大藏省印刷局 1972 年版，第 262—265 页。

以把百名以上议员招致麾下。如果运用得当，可成为他通向首相宝座
的捷径。脱离民政党的做法，未必是愚劣的。由此两个前提，加上他
周围政客的鼓噪形成的幻象，使他的第三党就连一年前的政友本党都
不如。"① 总之，床次组建第三党就是要在政友会和民政党之间寻找政
治平衡点，进行政治投机，这使日本国内政局愈发混乱。

尽管政局混乱，田中内阁仍然于1928年5月确立了1929年度预
算编制方针。在经济萧条的背景下，预算指望租税自然增收已不可
能，加上国库盈余减少等因素，经常收入处于停滞状态。政府应极力
节俭经费，只在财源允许范围内增加新经费预算，把以下内容纳入预
算：产业振兴；普及交通、通信机构；电信的扩充与改造；治水及港
湾修筑；促进北海道拓殖；改善陆海军士兵供给；新设拓务省。在税
收方面，确立地租、营业收益税委让地方的税制改革，但两税委让被
延期到1931年。为应对农村危机状况，政府虽提出维持自耕农、调
节肥料价格的政策，但从减轻财政负担立场出发，主张削减其规模。
关于公债政策，在1928年上半年金融缓和以及利率低迷的金融环境
下，为提高国债的市场价格，政府采取公募政策。到期偿还的国债借
换以有利条件进行，以减轻财政负担。1928年下半年，社会各界关于
金解禁问题的讨论非常热烈，公债市场国债价格低落，加之长期公债
需求减弱等原因，公募市场价格恶化。以存款部资金认购为中心，新
公债发行规模缩减1.98亿日元。根据这样的预算编成方针，1929年
度预算规模确定为17.528亿日元，比上一年度增加4360万日元。②

1929年2月9日，民政党向议会提出内阁不信任案，民政党总裁
滨口雄幸针对田中内阁的财政政策展开批判，"现在财政经济最紧迫
的问题，一言以蔽之，应归结于以公债政策为中心的财政整顿，以金
解禁为中心重建财界。这些主张并非只是我们的主张，而是全体财界
的一致定论。然观内阁的政策与国民期望相反，昭和四年度预算以及
与之相伴的财政计划几乎没有应该有的整顿紧缩，相反，却出现将来

① 馬場恒吾：《現代人物評論》，中央公論社1930年版，第90页。
② 衆議院、参議院編：《帝国議会史》下卷，大藏省印刷局1990年版，第246页。

财政膨胀之势，不仅不努力抑制，还发行新公债。为筹措原来普通财源支付的震灾恢复费，确立了新的公债发行计划。从昭和五年开始计划发行新电话事业公债，铁道建设也意图增发巨额公债。为本来就已经递增，不知增加到何种地步的公债火上浇油。可以断定，现内阁对公债整顿，财政整顿毫无诚意。"① 政友会与民政党在财政经济政策方面的分歧，虽越来越明显，但众、贵两院还是通过了 1929 年度预算案。

随着中央财政规模越来越大，地方财政规模也越来越大。第一次世界大战之后，经济的萧条使地方财政收入受到很大制约。地方财政要正常运转只能依靠发行地方债券。为使地方获得稳定财源，地租与营业税委让地方开始提上议程。1927 年 5 月，田中内阁着手税制改革。

1928 年 6 月 4 日，张作霖被关东军中下级军官炸死在皇姑屯，面对在野党要求公布真相的呼声，田中义一拜访了元老西园寺公望，西园寺劝告田中，"……如果明确是日本军队所为，应果断处罚，以维持我军纲纪"，"应速向陛下报告。"② 但田中态度暧昧，引起天皇不满，遭到天皇斥责，田中内阁于 1929 年 7 月 2 日总辞职。

四 田中内阁的国债政策

田中内阁成立后，为平息昭和金融危机，高桥藏相在 1927 年 5 月向第 53 届议会提交《日本银行特别融通及损失补偿法》以及《对台湾金融机构资金融通法》两个法案。根据这两个法案，到 1928 年 5 月，交付日本银行五分利息公债约 2.05 亿日元，使日本银行免于损失，台湾银行也得到救济。为救济金融危机而发行的交付公债，其中以下五种交付公债额度最大，即对中国借款三银行债务整顿公债、限制海军军备补偿公债、处理震灾票据善后公债、震灾票据损失补偿公债、台湾融资损失补偿公债。从 1926 年到 1928 年三年时间，这五种公债发行约 6 亿日元，约占交付公债发行总额的 90%。交付公债在财

---

① 小柳津五郎：《浜口雄幸伝》，浜口雄幸伝刊行会 1932 年版，第 613 页。

② 原田熊雄：《西園寺公と政局》第一卷，岩波书店 1950 年版，第 3—4 页。

政收支制度上不作为财政收入财源，不列入预算。发行交付公债的方法，不管市场的应募能力如何，只要印刷国库证券就可以了。不用考虑直接起债市场，不需要保证资金，发行交付公债往往不加节制，容易导致滥发。

作为金融危机对策交付的巨额公债虽不列入预算，但应该计入预算内的交付以外的公债也随之增加。田中内阁基于政友会传统，奉行积极政策，有意识地扩大以公债为财源的支付范围。在第 54 届议会上，田中内阁修改了以前普通财源支付震灾重建各项经费的计划，代之以公债支付。帝都复兴费 6250 万日元，震灾重建各项经费 5134 万日元，共计 1.134 亿日元中的大部分都是以公债支付的。但由于第 54 届议会解散，预算案没有成立。在第 55 届议会上，田中试图把公债扩张计划具体化，提出新的公债计划，但也没有成立。1929 年 1 月的第 56 届议会上，田中内阁提出的公债计划与第 54 届议会上提出的方案如出一辙。震灾善后费 1.222 亿日元中，公债支付的约 9100 万日元，其他事业预定发行公债 1.98 亿日元。[①]

田中内阁为扩张电话事业，意图从 1930 年发行电话事业公债，《电话事业公债法》规定该公债起债限度从原来的 3.28 亿日元增加到 5.313 亿日元。恢复关东大地震以后中止的公债支付电话事业费，以期财源确立 10 年扩张 5 万个电话计划，但反对这个法案的意见在议会占了上风。"既设的电话事业收入，15 年间估计有 2.71 亿日元，没有必要募集 2.033 亿日元的巨额公债，发行这些公债表面上是为扩张电话事业，实际是代替地租委让，作为普通国库财源。……具有一般会计补充公债的性质，是财政紊乱的象征。"[②] 田中内阁确立的公债十年计划，把起债额从上届内阁的每年 1.5 亿日元提高到每年 2 亿日元。大藏省认为："国债发行额应该在 2 亿日元以内，从本国财政金

① 衆議院、参議院编：《帝国議会史》下卷，大藏省印刷局 1990 年版，第 246 页。

② 大藏省昭和财政史编集室编：《昭和财政史》第六卷国债，東洋经济新報社 1954 年版，第 52 页。

融现状来看，不宜超过此起债限度。"[1]

在田中内阁财政政策中，以"整顿"为名的财政政策只有"借款整顿"，所谓"借款整顿"不是要减少借款，只不过是通过形式上的整顿，对普通会计与存款部资金特别会计进行转换而已。除国债以外，政府还以各种名目借款，其数额约为5.06亿日元，约占1927年12月末国债总额的10%。其借款主要类别如下表所示：

表 2 - 2 至 1927 年 12 月末借款明细 单位：千日元

类别	1927 年末数额
铁道事业借款	105726
朝鲜事业费借款	34471
旧韩国政府第二企业资金借款	12963
1914 年临时事件费借款	48000
临时军费借款	114500
朝鲜旱灾救济费借款	8750
桦太（库页岛）事业费借款	2678
桦太（库页岛）灾害费借款	700
台湾事业费借款	3200
关东州事业费借款	265
健康保险事业费借款	350
临时国库券整顿借款	70288
米谷借款	82887
治水事业费借款	21750
合计	506528

资料来源：大藏省财政史编集室编：《昭和财政史》第六卷《国债》，東洋经济新報社1954年版，第60页。

如果再加上纸币销毁借款和军票销毁借款，则借款数额高达5.28亿日元。这些借款在财政收支经理上，由于普通会计、特别会计相互

---

① 大藏省昭和财政史编集室编：《昭和财政史》第六卷《国债》，東洋经济新報社1954年版，第53页。

借贷，债权债务关系相互交叉，经理手续繁杂，从而导致财政收支膨胀，同时在国债整顿基金特别会计上，因为借款不被看作国债，所以借款常被置于偿还计划之外。

一般会计拥有帝国铁道、殖民地各特别会计6400万日元债权，另外由于治水事业费、1914年临时事件费、临时军费支出，一般会计对存款部特别会计有7975万日元的债务。债权债务并存往往使财政收支膨胀，而把一般会计拥有债权转让给存款部，与一般会计对存款部债务相抵消，这个方法在财政整顿上是最适当的。1929年3月，第55届议会通过《关于整顿借款法律案》，具体完成一般会计与其他会计的债权债务相抵消。

在田中内阁时期要特别关注的一个问题是米谷借款的有限扩张。1921年4月，日本政府颁布《米谷法》，以维持并调节受战后经济萧条影响米价的稳定，设"米谷需给调节特别会计"。为充实买入米谷资金，政府发行米谷证券，由日本银行进行贴现。同时以借款支付米谷买入经费。最初协定金额为2亿日元。政府通过贱买贵卖方式基本上维持了大正时代米价的平衡。

伴随着金融危机，日本进入昭和时代。日本米价持续低落，政府财政赤字也持续增加，为缓和农民困境，政府购买的米谷越来越多。随着政府储粮的增加，其保管费用、米价下降带来的损失、购买粮食资金的利息损失等都不同程度地上升。这些损失自《米谷法》实施以来的六年间达到3300万日元，平均每年达到560万日元。这些损失到1928年末有可能达到5600万日元，农林省给出的解决方案是由一般会计承担这些损失，当产生利润时再返还，使债务规模保持在一定规模。具体做法是发行由一般会计负担的交付公债，接替米谷会计损失，使借款更加充裕，并使金融市场大量游资能够投资国债，以达到"一石二鸟"效果。但当时的财政状态已无法负担这些巨额损失带来的国债增加，第56届议会是短期议会，对该方案没有进行充分讨论，该方案没有成立。结果，1929年米谷债务法定限额增加到7000万日元。

五 地方税委让问题

从大正末期开始，与中央财政相比，地方财政膨胀得更加剧烈。支撑地方财政急剧膨胀的财源是由国家下拨的国政委托事务费，由于其年年增加，在地方财政收入所占比例就越来越大。地方税收收入主要由地租、营业附加税、户口税以及户口税附加税、房产税、杂税等租税构成。但这些租税都是以农民、小生产者为对象的零细税收。户口税负担对地主、富农相对较轻，对贫农则相对较重。杂税包括不动产取得税、旅游税、雇佣税、牛马税、车船税等，其中车船税和农民生活息息相关，成为农民的沉重负担。为应付膨胀的地方财政支出，各地方政府不得不强化地方税征收，这成为激化税收负担不平衡的主要原因。

地方财政收入受到很大制约，地方财政固有经费的增加也直接由地方财政负担。地方财政的财源主要依靠地方发行债券，公债费也成为地方财政一大负担。随着地方债的不断增加，公债费也像滚雪球一样越来越大，使地方财政进一步恶化。总之，地方财政困难的一个重要原因，是其财源基础还没有确立。

早在 1920 年 5 月，原敬内阁设置的临时财政经济调查会就讨论过地租、营业税委让地方问题。临时财政经济调查会曾在税制整顿案中提出在直接税体系中，以一般所得税为中心，创立一般财产税，地租、营业税委让地方。[1] 同时，在道府县以地租、房产税、营业税为中心征收所得税附加税。市町村以地租、房产税、营业税附加税为中心，户口税为特别税。[2]

地方财政的恶化，使救济农村的呼声再起，在 1922 年的第 46 届议会上，宪政会主张地租减少 20%，而政友会的政治基础在农村，政友会主张地租委让论，为此，政友会向众议院提交了《关于整顿行政及税制的决议案》。藏相三土忠造做了说明："凡税制整顿均力图均衡

---

① 大藏省昭和财政史编集室编：《昭和财政史》第五卷租税，東洋经济新报社 1954 年版，第 45 页。

② 坂入长太郎：《大正昭和初期财政史（大正 4 年—昭和 6 年）》，酒井书店 1989 年版，第 233 页。

国民负担，特别要移让如地租等独立税种，巩固地方财政基础。"① 而重视减轻地租的宪政会坚决反对。在政党政治的时代背景下，以农村为地盘的政友会在政治上主张地方自治，在经济上主张地租、营业收益税委让地方。但由于宪政会的反对，政友会的主张在大正时代没有实现。

面对 1920 年经济危机之后长期的经济萧条，政府采取的救济融资政策使财政规模膨胀问题久拖不决。1926 年第 51 届议会上，加藤内阁正式开始税制改革。这次的税制改革，在国税方面要整备所得税、继承税和间接税，地租的课税标准从地价变为租赁价格，废止营业税，设营业收益税。政友会反对政府提出的税制改革法案，主张地租移让地方方案，但被否决，代之以增加义务教育国库负担金 2000 万日元。早在第 50 届议会上，政友会、宪政党、政友本党就达成妥协，约定从 1926 年度把总计 4000 万日元款项分配给实力薄弱乡镇，以维持其财政机能。为应对地方财政危机，道府县在税制上做了以下调整：（一）废止户口税，代之创设房产税，提高所得税附加税比率；（二）改革府县营业税以及杂税；（三）对地租免租点以下的土地新设特别地税。市町村税制改革如下：（一）废除负担不均衡的所得税附加税；（二）为增加市町村税源，创设户口税。② 这次税制改革是在地方制度上关于财政运用的重大改革。

1927 年 5 月，田中内阁设置税制调查会，以地租委让为中心着手税制改革，以期早日实现地租委让。8 月，首相田中义一发表声明，表示 1929 年度完成向地方财源的委让，并制定《地方税制要纲》。之后，内阁向第 54 届议会递交《地方税制改正案》，但由于议会解散，该案没有成立。议会总选举后，政友会与实业同志会占议会多数议席，两党共同决定地租、营业收益税都委让地方。1928 年 4 月，两党签订政策协定备忘录，规定从 1931 年起完全废除作为国税的地租和

---

① 大日本帝国議会誌刊行会编集：《大日本帝国議会誌》第十四卷，大日本帝国議会誌刊行会 1976 年版，第 536—537 页。
② 大藏省昭和财政史编集室编：《昭和财政史》第十四卷地方财政，東洋经济新報社 1954 年版，第 25—26 页。

营业收益税，以法律案形式提交议会审议。1929 年开始营业收益税免征点提高 1000 日元，1930 年进一步提高免征点。这期间减轻地租和营业收益税的免征点保持适当平衡。[①] 基于此方针，1928 年 12 月，日本政府制定《国税地方税整顿要纲》，1929 年 1 月，田中内阁向第 56 届议会提交《地租委让关系法案》，三土藏相对该法案做了简要说明："地方财政近年显著增大，地方税总额也急剧增加，地方居民苦于负担，特别是户口税、房产税、土地营业税等负担过重。为减轻其负担并加以补偿，需把作为国税的地租移让地方，给予确实之财源。同时，把营业收益税从国税转为地方税。要从根本上调整国税及地方税，就必须修改所得税、资本利息税，确立社会政策的租税政策，使负担公平并减轻负担。"[②] 该法案主要内容包括："（一）从 1931 年开始，地租移让市町村，营业收益税移让府县。（二）从 1929 年开始，作为过渡措施，把地租国税税率由田地地价的 4.5% 降为 4%，营业收益税的个人营业免税点从 400 日元提高到 1000 日元。（三）把一部分矿产税作为地方财源，税率减半。（四）为补充国税减少的财源，增收所得税。为此，提高年收入 10000 日元以上的第三种个人所得者的累进税率，增加同族公司税率，把除国债利息以外的资本利息税编入第二种所得，修改、增课资本利息税。（五）国税中的地租、营业收益税、矿产税、资本利息税减收合计 1.43 亿日元，所得税增收 0.63 亿日元，两者相抵国税减收 0.81 亿日元。府县、市町村通过地方税改革增加新财源 0.56 亿日元，通过房产税、户口税减轻地方税负担，使整个地方税总额保持在一定水平。（六）新设地籍法，税务署调查土地出租价格之后，作为市町村地租的课税标准。"[③]

对于政府提案，众议院虽以 15 票之差额通过，但争议很大，主要集中在以下三点：（1）因两税委让国税损失 1.29 亿日元，尽管通

① 大藏省昭和财政史编集室编：《昭和财政史》第十四卷地方财政，東洋经济新報社 1954 年版，第 73—74 页。
② 衆議院、参議院编：《帝国議会史》下卷，大藏省印刷局 1990 年版，第 243 页。
③ 大藏省昭和财政史编集室编：《昭和财政史》第十四卷地方财政，東洋经济新報社 1954 年第 80—87 页。

过所得税、资本利息税增收 0.48 亿日元，也将损失财源 0.81 亿日元。面临海军扩充军舰等财政支出，将来必带来国防、财政计划上的不安。（2）担心原来靠普通财源供给的事业转移到依靠公债。（3）通过税制改革不会减轻国民负担。

在贵族院审议时分歧也相当大，贵族院研究会也分为赞成、反对两派，议员对该法案的审议久拖不决，终因审议延迟使该法案流产。不过，政府再三申明，在下届议会再进行讨论。但由于经济长期萧条导致的税收减少、国库枯竭等原因，筹措两税委让的财源越来越困难，而且社会舆论对金解禁问题的讨论更为热烈，特别是 1929 年 7 月田中内阁总辞职，使两税委让地方问题不了了之。

大正末期到昭和初期的两税委让问题，是第一次世界大战后地方财政危机过程中，政友会主张向地方转让地租、营业收益税，给地方财政以独立财源。政友会的选民基础在农村，其主张是为救济农民的穷困与中小工商业者的没落，以此争取选民的支持。而以都市选民为选举基础的民政党，主张增加教育费等补助金，由国库负担，救济地方财政。当然，政友会与民政党围绕地方财政政策的争论的实质，是中央集权体制与地方分权体制之争，但由于长期的经济萧条，税源减少，地方分权论受到重挫。

小　结

日本进入昭和时代，日本政府所面临的危机是昭和金融危机的发生。若槻内阁成立后，面临长期的慢性危机，政府倾向于金解禁和财政紧缩。但财政规模并没有被压缩下来，公债政策方面，虽然确立减债基金转入制度，但国债总量仍突破 50 亿日元。在欧美各国纷纷回归金本位制的大背景下，若槻内阁开始金解禁准备。在整顿金融界过程中，由于片冈藏相失言，导致昭和金融危机爆发。若槻内阁总辞职。

随着金融改革不断深化，田中内阁藏相高桥是清通过日本银行增加特别贷款等手段救济处于危机中的银行，金融危机告一段落。当然，昭和经济危机的爆发并不是某一种因素所导致的，而是综合作用的结果。其主要原因是在战后经济景气消退的情况下，企业和银行仍肆意扩张，政府进行救济性特别融资，使企业早已存在的弊端进一步扩大。政党间围绕财政问题进行激烈的权力斗争。在以上这些因素共同作用下，导致了昭和金融危机的爆发。

金融危机告一段落后，金融市场五大银行手中拥有的巨额游资的出路及政府手中的不良债权，成为政府要解决的重要问题。金融资本都希望通过金解禁投资海外，以解决游资的出路问题。对于如何实现金解禁，日本各界展开热烈讨论。但田中内阁的积极政策限制了其在金解禁问题上有所作为。这时田中内阁的财政政策是其传统的积极财政政策，虽然在经济不景气情况下，田中表示放弃积极财政政策，但1928年度、1929年度财政预算仍有增无减。财政收入越来越依赖发行公债来解决。为解决地方财源不足问题，田中着手税制改革，希望通过两税委让来解决这一问题。

到1929年中期，日本金解禁的客观条件已经具备，只不过由于受政友会内阁政策制约，没有实行金解禁。但在这个时期，财界普遍认为除选择实施对外国际收支平衡的财政政策外，别无选择。所以，实施金解禁、进行财政紧缩是后来井上准之助必须采取的财政政策。这就决定了井上财政的特点，是为了将来的利益，进行政策性后退。

第三章　井上财政的功过

井上财政是民政党内阁藏相井上准之助推行的财政政策。为摆脱长期的经济萧条，实现均衡财政，只有进行根本性财政改革，其主要手段就是金解禁。经过财政紧缩、整顿国债、节约消费运动等不充分的准备，1930 年 1 月最终实施了金解禁。但这时世界性经济危机的影响也冲击到了日本，对日本经济冲击之大是前所未有的。而井上准之助却仍固执地坚守金本位制度，在某种程度上加深了经济危机的影响。最后因内阁不一致，民政党内阁倒台。井上财政被高桥财政取代。

第一节　井上财政的展开

一　井上准之助的经济思想

政友会的田中内阁在 1929 年 7 月 2 日总辞职后，民政党总裁浜口雄幸奉命组阁，由在财界具有巨大影响力的井上准之助担任藏相。鉴于日本经济 1920 年以来长期的经济萧条，国内物价居高不下，进口激增导致的贸易失衡，因此井上准之助的经济理念是，以"财政紧缩"为核心，实施"均衡财政"。他特别重视国家财政的预算收支平衡，早在 1921 年 11 月井上在关西银行大会上就发表了后来担任藏相所推行一系列政策的看法，"基于国民精神涣散所造成的浪费恶习，既然是造成物价上涨的主要原因，那么在这种涣散状态未得到改变之前，采取任何具体方法都将收效甚微。散漫于全体国民的这种涣散状态，以个别的、具体的方法和对策进行抑制是困难的，必须以全体国民为对象，一举采取断然的举措方能奏效。……为了达成这一目标，必须上至政府财政，下至个人厨房，彻底落实紧缩精神，厉行节俭消费，除此之外别无良策。作为一国最大消费者之政府，当首先进行事业之整顿、紧缩并节省经费。民间的各种工厂、银行、公司均应节俭开支。全体国民亦应采取厉行节约，勤俭度日之态度。……总之，当今为了整顿财界，降低物价，安定生活，均衡贸易，唯官民一致厉行紧缩一途，舍此别无其他选择。"① 井上准之助"试图通过遵循国际经济规则而使日本国内经济得以重建"。② 但这种重建不是要通过人为提升汇率、提高关税、紧缩通货来实现的，而是通过复归金本位制"自然天然"地使日本经济恢复常态。构成井上财政思想核心的是对金本位制和其自动调节作用的绝对信赖，即金解禁政策。对于金解禁问题，井上准之助认为："在这些经济上的难题中，最重大且构成所有经济问题核心的是解决金解禁问题，我深信这是安定陷于困境中的我国经济的绝对必需的最大要素。要问为什么，这是因为金本位制在一国经济上的作用，犹如人身体上的心脏器官，如果在这个地方产生些缺陷，就会给经济造成非常巨大的打击。然而，日本暂停金本位制，走上了与国际经济背道而驰的道路。这是造成我国现在经济不稳定的最深刻、最大的原因。如我国能很快恢复金本位制常态，对外就可以调节日本的通货。伴随着通货的调节，物价也自然降低，势必实现国际借贷平衡。金本位制的本质就是这种自然、天然的调节作用。"③

作为金融资本的代表人物，井上在其著作《战后我国的经济及金融》中认为金融资本是支撑日本经济的支柱，"银行是现在经济组织的基础，如果银行健康，别的经济机构即使不健康，也不会对整体经济造成破坏。但如果相反，作为基础机构的银行疲敝，银行停止营

---

① 《井上準之助論叢》编纂会：《井上準之助論叢》第二卷，原書房 1983 年版，第 287 页。

② 杉山伸也编著：《"帝国"日本の学知》第二卷《"帝国"の経済学》，岩波書店 2006 年版，第 7 页。

③ 井上準之助：《金解禁：全日本に叫ぶ》，先進社 1929 年版，第 67 页。

业，恐怕会破坏整个经济。"① 井上的观点在当时就被对手攻击为
"从银行的狭窄窗口，看整个经济"②。关于金解禁问题，虽然井上准
之助曾经批评三土忠造"如果现在实行金解禁，就好像让肺病患者去
参加马拉松比赛一样"③，但那只不过是井上准之助根据国内客观经济
情况，在不同时期提出的不同见解而已，他对日本复归金本位制的理
念是一贯的。井上准之助对金本位制一直坚持古典经济学的自动调节
论，认为通过遵循国际经济规则，复归金本位制就能自动安定日元汇
率，恢复国际收支平衡。从井上观点来看，由于政府不负责任的财政
政策和国民浪费的消费习惯，造成通货膨胀、物价升高、进口激增等
情况。井上准之助认为要实施金解禁，复归金本位制，其前提就要实
行财政紧缩和国民消费节约运动，从而削弱购买力，购买力减少不仅
可以直接防止进口增长，还可降低国内物价，使生产成本降低，促进
出口，防止进口，从而改善贸易收支。贸易收支的改善，必然提升日
元汇率，促进出口，降低物价。在此基础上，实施金解禁，振兴国内
各项产业以及出口，实现国际收支平衡，给日本经济带来好景气，进
而使国家财政收支平衡。井上认为："如果个人收入减少还可以生活，
如果政府财政收入减少，自然要以实际的财政收入支付财政开支，这
是天下之公理。……财政收入减少，相应减少财政支出是理所当然
的。"④ 井上准之助的金解禁构想可如图 3-1 所示。

对于金解禁可能带来的消极后果，井上准之助预计实施金解禁可
能会带来经济不景气，但这不过是日本经济一时的苦恼，只要金本位
制能充分发挥其自动调节作用，日本经济终会迎来"真正好景气"。
长幸男认为："井上理论的核心……是通过货币数量论者信奉的金

① 《井上準之助論叢》編纂会：《井上準之助論叢》第一卷，原書房 1982 年版，第
176 页。
② 衆議院：《第 59 回帝国議会衆議院議事速紀錄第四號》，内阁印刷局 1931 年 1 月
24 日。
③ 《井上準之助論叢》編纂会：《井上準之助論叢》第三卷，原書房 1983 年版，第
214 页。
④ 《井上準之助論叢》編纂会：《井上準之助論叢》第一卷，原書房 1982 年版，第
556—557 页。

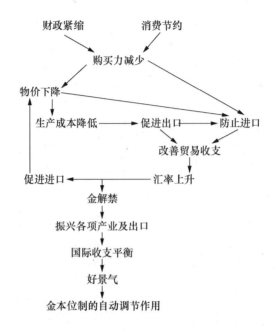

图 3 –1　井上准之助的金解禁构想

资料来源：安藤良雄：《日本经济政策史論》，東京大学出版会 1973 年版，第 321 页。

本位制的自动调节作用，实现国际收支的均衡化，进而实现汇率的均衡化。"[1] 这不仅是井上准之助实施金解禁的主观动机，其经济理论与政策思想也与民政党经济政策主张不谋而合。井上的财政思想是国际收支平衡优先于国内收支平衡，在进行国内平衡时，日本金融资本同世界资本主义接轨，通过牺牲中小企业、工人、农民利益，确立金融资本的统治地位，强化日本金融资本的国际竞争力。

　　二　井上紧缩财政的展开

　　1928 年 7 月 9 日，民政党浜口雄幸内阁发表十大政纲，其主要内容是：（1）政治之公明；（2）国民精神之振兴；（3）纲纪之肃正；（4）刷新对"支"外交；（5）促进军缩；（6）财政整顿紧缩；（7）非募债与减额；（8）断行金解禁；（9）确立社会政策；（10）教育之更新。其中，金解禁政策是浜口内阁财政经济政策的核心，民政

————————

　　① 中村政则：《昭和恐慌》，岩波书店 1989 年版，第 81—82 页。

党政务调查会建议内阁，在"进行各种准备后，在不远的将来实施金解禁"①。在金解禁的各项准备中，浜口内阁希望先通过进行财政紧缩、整顿国债，在彻底整顿财界基础上，进而推进国民勤俭节约运动。浜口雄幸对于财政紧缩的重要性有深刻认识，"战时好景气时代带来的浮华风气，经历经济萧条、极大震灾之后，没有大的消减，近时却愈演愈烈。社会的领导者应率先厉行节俭，以警醒世人之觉悟。政府要对中央、地方财政进行紧缩，以此促进整顿金融界和国民的消费节约，财政……整顿紧缩的全貌……遂希望在编制昭和五年度预算时实现，但在现行年度也极力希望实现之"。另外，裁减军备也"在财政整顿实现之时，尽管关乎陆海军军费，在不妨碍国防的范围内，也要进行深刻的整顿、节约"。作为财政紧缩的一环，把握裁军问题"金解禁作为重建国家财政及民间经济绝对必要的基本要件，而实现'军缩'刻不容缓，上述有关财政经济各项，不仅在匡救财政经济上"，而且"也是实现金解禁不可或缺的要件，政府进行如此诸般准备，期望在不久的将来实现金解禁，相信这些政策是安定我财界唯一方策"。关于国债，"我国国债总额自世界大战开始以来，以非常之势增加，现在已达 60 亿之巨，而现在的财政计划，其增加不知其所止，削弱财政之基础，威胁财界之安定，毁损公债之信用……政府自昭和五年度以后，在一般会计上应停止新的募债，特别会计要把一年的募债总额控制在既定募债计划的一般以内……并执行增加……国债偿还……的方针，把从德国接受的赔偿金充当偿还国债的方针，使国债总额和昭和四年度末比不增加，进而使总额递减。但属于法律义务上的既定交付公债以及公债借换等不在上述之列，至于地方债也要以国债为准，极力抑制之。……虽是昭和五年以后之事，但现行年度预算执行，要努力减少募债额。"② 从上述立场出发，浜口内阁确立了财政紧缩方针，修改昭和四年度预算和编制五年度预算都体现了这一

---

① 《大藏省百年史》编集室编集：《大藏省百年史》下卷，大藏财务协会 1969 年版，第 14 页。

② 小柳津五郎：《浜口雄幸传》，浜口雄幸传刊行会 1932 年版，第 161 页。

方针。

井上就任藏相后，为了实施金解禁就必须进行彻底的财政紧缩，首先就要缩减预算，经过 1929 年 7 月 5 日内阁会议决定修改上届内阁的 1929 年度预算，决定编制 1930 年度预算方针。1929 年度预算执行方针修改为：（1）1929 年度预算执行采取极力紧缩之方针；（2）1929年度预算中的新的事项，尚未实行的，由执行预算着手实施；（3）公债支付的事业，一般会计、特别会计都要中止或顺延，极力缩减公债发行额；（4）预算执行由大藏省编制，内阁会议讨论通过。① 1930 年度预算编成方针是：（1）不要求一切新规事业；（2）一般会计下不发行公债，特别会计下，公债发行额修改为各预定发行额的一半；（3）既有经费的节约金额及方法，由大藏省形成方案，经阁议决定。

在 1929 年度预算执行中，依靠公债为财源的事业在一般会计、特别会计中都停止或顺延，其主要项目都是田中内阁时期计划实施的，包括治水、改造港口、震灾重建、扩张电话电报事业等经费。结果，1929 年度一般会计年财政支出最初预算从 17.73 亿日元被压缩到 16.81 亿日元，大约削减 5%，特别会计节约 5714 万日元，预算执行实际节约合计约 1.46 亿日元。而且，新债发行额从 9120 万日元缩减到 5196 万日元，7 月 9 日经内阁会议讨论决定。

基于 1930 年度预算编成方针，由于公债发行额与上一年度财政收支盈余的减少，一般会计年财政支出规模的目标控制在 15 亿日元左右。为压缩财政支出，日本政府推出官吏减俸计划，1929 年 10 月 16 日的《东京朝日新闻》记录了井上在会见记者时的谈话："作为官吏有必要率先减俸，向国民示范，民间企业要效法政府，实行高级职员减俸计划，协助政府。"② 但政府制定的减俸方案却遭到各级行政管理的集体抵制，为避免发展成严重政治问题，政府于 10 月 20 日撤回

---

① 大藏省昭和财政史编集室编：《昭和财政史》第三卷岁计，東洋经济新报社 1954 年版，第 608 页。

② 長幸男：《昭和恐慌》，岩波书店 1994 年版，第 63 页。

减俸方案。虽然政府极力采取紧缩措施，年财政支出比上一年度执行预算缩减 7228 万日元，但其规模仍达到 16.087 亿日元。

1930 年 1 月，政府向议会提交 1930 年度总预算案，由于重新进行整顿，预算又减少约 600 万日元，约为 16.02 亿日元。但由于第 57 届议会被解散，1930 年度预算没有成立，仍实行上一年度预算，1930 年度执行预算规模达 15.6334 亿日元。1930 年度追加预算案提交第 58 届议会审议，该追加预算案规模为 16.086 亿日元。对于各方对该紧缩方案的异议，井上强调紧缩预算的意义："现在，如不从根本上重塑财界，我国民经济将更生无望，为重塑财界……首要是整顿中央及地方财政。"① 对此，三土忠造进行了猛烈批判："现在经济不景气，世界经济不景气，不是金解禁后开始出现的现象……所以，如果说因世界经济的不景气带来今日深刻的不景气，断行金解禁时机不适宜，可以说是政府之失误。……若如政府所言，我国经济不景气主要是外部原因所致，但现内阁成立至现在，我国主要股票行情下降一半以上，仅归咎于世界经济不景气不能说明问题……这主要是被政府的财政紧缩、节约消费、萎缩的经济计划所累。生产、交易、消费互为因果，顺次减退，才带来此不景气。"② 为回应政友会方面的质疑，浜口雄幸进行了答辩："金解禁问题是在本内阁成立之前就必须解决的问题，可到去年 7 月仍未解决，成为国民经济之癌。当时的状态……在外正币由于禁止黄金输出，完全失去通货的自然调节作用。失去调节物价的自然作用，使内地物价腾贵、贸易入超，作为决算资金的海外正币呈现贫弱状态。如果放任不管，又怎样补充入超的决算资金呢？我们为了国家，不能漠然置之，应全力进行金解禁。"③

由于经济危机的影响，1930 年度执行预算经常收入大幅减少，财政支出被压缩，在决算中，财政收入 15.9697 亿日元，被压缩 1714 万日元；年财政支出 15.9786 亿日元，被压缩 3.759 亿日元。虽然财

---

① 大藏省印刷局编：《大藏大臣财政演说集》，大藏省印刷局 1972 年版，第 291 页。

② 日本银行调查局编：《日本金融史资料昭和篇》第二十二卷，大藏省印刷局 1961 年版，第 104—107 页。

③ 同上书，第 107—108 页。

政收入超过财政支出 3910 万日元，但其中 3300 万日元被结转到下一年度，财政收支盈余约 600 万日元。为填补财政收入不足，政府发行 3800 万日元震灾善后公债，虽然井上准之助在编制 1930 年度预算时声称是"无借款的预算"，但在世界经济危机影响下的日本经济现实面前不得不低头。

1930 年 7 月 18 日，1931 年度预算编成方针在内阁会上确定。由于政府估计各种事业经费增加会造成 8000 万到 9000 万日元的财源不足，如果各省通过压缩既定经费仍不能填补财源不足问题，政府就要下决心采取增税、发行公债、中止缴纳减债基金等非常手段。但由于签署 1930 年《伦敦海军条约》，使日本海军扩军费用得到削减，到 1936 年约有 1.34 亿日元可作为减税财源。基于此，1931 年度预算编成方针是：（1）昭和六年度要极力压缩既定经费；（2）完全不要求新的事业；（3）公债计划依据既定方针；（4）压缩既定经费，在大藏省立案，经阁议决定。在此方针指导下，1931 年度预算最初概算规模财政收入 14.58 亿日元，年财政支出 14.48 亿日元，和上一年度执行预算相比，被压缩 1.6 亿日元。[①] 对于年财政支出概算，各省及军部普遍反对彻底整顿节约，主张积极募债，以补充财源不足。通过一般会计、特别会计的公债发行预定额为 1.3194 亿日元，井上彻底放弃了非募债主义。1931 年 3 月 14 日，第 59 届议会通过 1931 年度预算，1931 年度追加预算于 3 月 19 日通过。在 1931 年度预算执行国政中，由于预测 1931 年度税收减少约 6000 万日元，必须着手编制执行预算。5 月 12 日，大藏省决议通过压缩人工费用、统合工商省与农林省、削减物品费用，可以挤出约 1 亿日元。[②] 7 月 3 日，内阁会议提出《六年度预算节约要纲》，提出节约 5442 万日元，节约的重点放在陆海军和内务省。但陆海军和内务省都坚决反对，经过一个多月反复

---

① 大藏省昭和财政史编集室编：《昭和财政史》第三卷歳計，東洋经济新报社 1954 年版，第 610—611 页。

② 《井上準之助論叢》编纂会编：《井上準之助伝》，井上準之助論叢编纂会 1935 年版，第 735—736 页。

协商，一般会计节约额约为 3500 万日元。[①] 但节约的经费远不及财政收入减少的数额，加之九一八事变的爆发，政府开支巨大，财源更加不足，只能依靠发行公债。

三　井上财政时期的国债政策

田中内阁瓦解后上台的浜口内阁面临的最紧迫任务是实施金解禁准备政策，恢复日本金融信用至关重要，而恢复金融信用最重要的是要维护公债信用。井上藏相恢复金融信用的手段是整顿国债和实行非募债主义。其具体措施大致如下：

其一，政府停止 1930 年以后一般会计新的募债计划，在特别会计内的年募债额度，要限制在既定募债计划事项之内。

其二，执行增加国债偿还利息的方针，把德国赔款用来偿还国债。

其三，编制的 1929 年度执行预算要尽量减少募债额。

浜口首相在 8 月 5 日的演说中指出："增发国债会压迫金融市场，阻碍产业发展，不仅会加重国民负担，同时也是形成通货膨胀的因素，致使物价上涨，影响国民生计。所以，政府在编制本年度执行预算时，要中止或延后支付公债，极力减少公债发行额。编制下一年度预算时，一般会计要完全不发行国债，特别会计国债发行额要减少到预定发行额的一半以下，使国债总额不增加，并逐渐递减……抑制地方债增加是理所当然的，地方债增加进来极为显著……今后更存在激增的可能，因此，政府采取地方债许可方针，由主管大臣把此方针训示给各地方长官。"[②] 可见，浜口内阁在抑制国债扩张的同时，也极力抑制地方债的扩张。在浜口内阁非募债主义和促进国债偿还政策主导下，国债总额从 1929 年的 59.59 亿日元降到 1930 年的 59.55 亿日元，虽然只是降了一点点儿，但至少遏制了国债累增的势头。

浜口内阁于 1930 年 1 月实施金解禁，从 1930 年下半年开始日本

---

① 大藏省昭和财政史编集室编：《昭和财政史》第三卷岁计，東洋经济新报社 1954 年版，第 37 页。

② 大藏省昭和财政史编集室编：《昭和财政史》第六卷国债，東洋经济新报社 1954 年版，第 82—83 页。

经济完全陷入经济危机之中，虽然标榜"非募债主义"，但经济形势所需又不得不发行国债，国债发行额在 1929 年为 1.61 亿日元，1930 年为 6400 万日元，经济危机最严重时期的 1931 年为 1.91 亿日元。这些国债全部由存款部资金认购，上届内阁实行的市场公募方针在 1928 年只实行了两次就停止了，但公债的借换发行仍然是市场公募。

此外，借换公债的偿还期限越来越呈现短期化，公募公债偿还期限 1928 年为 22 年，1929 年为 25 年，1930 年偿还年限下降到 12 年，1931 年更降到 9 年。对于政府来说，长期的公债借换最为有利，但对于拥有巨额游资、苦于投资难的大银行来说，把短期公债作为最确实有利的支付准备加以利用的决心是极其强硬的。由于金融市场的抵触，使政府难以实现偿还期限的长期化。

在金解禁前后，金融市场的国债分布出现很大变化。首先，1929 年下半年实施金解禁准备之后，国债主要集中在大藏省存款部。在昭和金融危机过程中，国债主要集中于大银行，在金解禁国政中，国债主要集中于存款部。在国债总额中，政府金融机构保有量，在 1928 年末为 7.65 亿日元，占 13.2%；1929 年末占 15.3%，1930 年末占 18%，1931 年末达到 20.1%。在政府金融机构中，国债绝大部分为存款部资金特别会计所有，1928 年末为 79.6%，1929 年末为 80.9%，1930 年末为 84.1%，1931 年末为 83.9%。[1] 从 1929 年到 1931 年的三年间，以存款部为中心的政府金融机构保有的国债增加 4.35 亿日元，而这时期国债总额只增加 0.97 亿日元，所以有约 3.38 亿日元从其他所有者转入存款部。本来存款部资金是为农村、中小工商业者等地方民众服务的资金，但现在却作为银行资本的牟利手段，以维持国债的收益率。与存款部所有国债的增加不同，普通银行所占比例却逐年减少，1928 年末为 26.8%，1929 年末为 24.3%，1930 年末为 21.5%，1931 年末则减少到 20.3%。[2]

----

① 大藏省昭和财政史编集室编：《昭和财政史》第六卷国债，東洋经济新报社 1954 年版，第 154 页。

② 同上书，第 155 页。

　　尽管 1931 年日本各项经济指标都已跌入谷底，但政府在编制 1931 年度预算方针时，该年度的募债政策仍执行以前政府方针，一般会计执行非募债主义方针，特别会计执行募债数额减半方针。如帝国铁道建设及改良费 4200 万日元，朝鲜公债支付事业费 1350 万日元，台湾公债支付事业费 50 万日元，关东州公债支付事业费 60 万日元，合计 5660 万日元。[①] 在既定公债发行额 5660 万日元之外，政府又以失业救济为名，通过一般会计及特别会计发行公债 3550 万日元。失业公债是井上财政为应对空前的经济危机所采取的临时应对措施，时间以一年为限，由于公债发行不是依赖一般财源，而是由属于一般会计的道路维修费、属于特别会计的铁道改良费和桦太事业费支付，在政府看来这不违反政府一贯的公债政策。

　　在减债方面，最引人注目的是中止 1931 年德国赔偿金 630 万日元纳入国债偿还基金。民政党还是在野党时就主张德国战败赔偿金要纳入减债基金，在组阁时所发表的十大政纲也清楚地表明了这一点，在 1930 年也实行了。政府的解释是由于经济危机的深化，财政收入减少，一般经费的节俭造成行政运行上的困难，为筹措财源不得已而为之。本来井上藏相是极力避免中止赔偿金纳入国债偿还基金的，但由于陆军省及海军省强硬增加军费的要求，使井上很难拒绝中止赔偿金纳入国债偿还基金。1931 年度中止德国赔偿金纳入国债偿还基金，往年度财政收支盈余一点没有，所以纳入 1931 年度国债偿还基金的数额只有 7594 万日元。

　　总之，国债市场在 1929 年下半年以后陷入停滞状态，以大银行为首的商业银行虽然拥有巨额游资，却不愿购买。所以，商业银行所有的比例减少，大银行的国债保有量没有增加。与此相反，政府动用财政资金购买国债，一方面维持国债市场价格，另一方面缓和由于财政紧缩不断深化而导致的金融市场紧张局面。

　　从 1931 年下半年开始，金融市场利率水平不断下调，深受游资困扰的五大银行再次投资国债和大藏省国库证券，以期重振国债市

---

① 朝日新闻社：《朝日经济年史》，大空社 1931 年版，第 24 页。

场繁荣。但由于九一八事变爆发，英国再次放弃金本位制，特别是民政党内阁被政友会犬养内阁取代，再次禁止黄金输出，国内、国际局势急剧变化，政府的公债政策、公债市场动向发生了根本性转变。

四　井上财政时期租税政策

1929 年 7 月，田中内阁总辞职，浜口内阁成立。十大政纲中的第九项是"确立社会政策、改善国际借贷、修改关税，为当下最紧要之要务，政府在各领域设专门委员会，委托他们进行调查审议，但调查不能超过 6 个月，在此期间完成调查工作"[1]。在这一方针指导下，7月 19 日代替常设的关税调查委员会，临时的关税审议会成立。通过20 世纪 20 年代的关税改革，平均关税比最初提高两倍以上。从关税方面来看，强化了对国内产业的保护。作为实施金解禁的重要一环的关税政策，浜口首相认为，"我国现行关税有相当部分是基于产业保护政策而设立的，此产业保护是否适当？对国民生活是否带来有害影响？……有必要进行根本性调查研究……换言之，以适当整顿旧产业保护政策的方针，首先应重新慎重评估现行关税制度。""保护关税政策只不过徒增国民对政府依赖之心，应速匡正之。""金解禁应在周到的准备之后实行，虽给经济界带来激烈影响，但为保证安全，实施关税政策的具体措施要进行审议。"[2] 对此，关税审议会主张对棉花、生丝实行减税，为保护重化工业发展，对钢铁、硫氨等重化工业产品课以附加关税。另外，为保护国内产业，建议给予政府实行附加关税的权限，但政府没有采纳。

修改现行地租条例是民政党多年来的一贯主张，民政党主张把地租的课税标准由法定地价改为以土地出租价格为准。1926 年，民政党内阁发布土地出租价格调查法，以总额 1000 万日元预算，调查全国土地出租价格。经过 1926、1927 年两个年度完成调查，预计到 1929年实施地租改革，但由于政权更迭，被政友会提出的地租委让方案取

---

[1]　朝日新聞社：《朝日经济年史》，大空社 1930 年版，第 27 页。
[2]　同上书，第 35 页。

代。政友会内阁解体后，重新上台的民政党浜口内阁计划在1930年实施地租改革。为审议具体事项，浜口内阁设立地租改正委员会。1929年10月26日，地租改正委员会召开第一次会议，井上藏相申明审议要点："地租课税标准改为出租价格，是我国地租制度上的一大变革，故关于其实行方法，故调查研究事项甚多。……有慎重考究之必要。"①

12月7日，地租改正委员会确立国税的地租改革要纲，其主要内容为：（1）地租课税标准，从现在的以地价为准改为土地出租价格，出租价格采用1926年出租价格调查法的调查结果；（2）废止现在的地租条例，制定新的地租法；（3）地租的税率，各地地租通常确定为4.5%；（4）为缓和课税标准及税率改变带来的负担增加，对于新地租额超过现在地租额4.5倍的土地，限制出租价格不超过4.5倍。

1930年1月16日，地租改正委员会确立地方税制改正要纲，其主要内容为：（1）地租附加税的限制率为道府县地租总额的70%；（2）特别地税限制率为道府县出租价格总额的3.1%，特别地税附加税限制率为其82%；（3）对于城市计划特别税，地租限制率为道府县地租的12.5%。

1930年4月22日，由华盛顿海军条约的缔约国——英国、美国、日本、意大利、法国召开伦敦海军军备会议签订《限制和削减海军军备条约》（即《伦敦海军条约》）。在1930年春召开的特别会议上，浜口首相、井上藏相明确提出根据该条约节省的海军造舰费用，用于减轻国民负担。从1931年到1936年海军造舰保留财源约为5.08亿日元，经过海军省、大藏省多次交涉，决定以1.34亿日元充当减税财源，这相当于减税1.34亿日元，对于减税方法，社会讨论非常热烈。井上藏相认为，由于世界经济危机影响，物价水平极其低落，下调间接税对降低物价已无意义，不能大幅减轻国民负担，莫如以下调直接税为主。直接税主要以下调地租、营业收益税为主，间接税主要以下调纺织品、砂糖消费税为主。

---

① 朝日新闻社：《朝日经济年史》，大空社1930年版，第26页。

1931 年 1 月，第 57 届议会通过新地租法案，并在该年度开始实施。这次地租改革的要点如下：（1）地主课税标准由地价改为出租价格；（2）关于税率，各地统一确定为 3.8%；（3）自耕农土地免税点确定为出租价格 200 日元；（4）为缓和因修改课税标准及税率而导致的负担增加，对新地租额超过现在地租额 3.8 倍的土地，限制出租价格不超过 3.8 倍；（5）1931 年度税率定为 4%。

经过地租改革，以 1931 年土地出租价格 4% 的税率，相当于减税 677 万日元，1932 年以后一般年度以 3.8% 的税率，每年可减税 1081 万日元。1931 年海军造舰保留财源有 900 万日元用于减税，1932 年以后的一般年度每年减税约 2560 万日元。如下表所示。

表 3－1	减税明细表	单位：千日元
	1931 年	一般年度（平均）
地租	6770	10810
营业收益税	1214	4615
砂糖消费税	217	6059
纺织品消费税	911	4136
合计	9112	25620

资料来源：朝日新闻社：《朝日经济年史》，大空社 1931 年版，第 28 页。

但是一个不可改变的现实是在井上财政紧缩时期，世界经济危机、金解禁的双重打击使日本经济各项指标都跌入谷底。租税收入方面，从 1929 年开始租税收入逐年减少，至 1931 年税收减少近 20%。其中，1929 年所得税比上一年度减少约 689 万日元，1930 年仅增加 70 万日元，1931 年又减 5600 万日元。1929 年营业收益税减少 182 万日元，1930 年减少 176 万日元，1931 年减少 1638 万日元。从 1930 年开始，酒税、砂糖消费税、纺织品消费税显著减少，反映了消费需求的减少。租税之外，印花税也反映了交易状况减少的情况，与上一年度相比，1929 年印花税收入减少 732 万日元，1930 年减少 955 万日元，1931 年减少 427 万日元。① 这给大藏省的财政运营带来严重危机，即使大藏省采取节约财政支出、官员减薪等措施也不能抵消财政收入的持续减少。在经济环境极其恶劣的环境下，为弥补持续的税收减少，1931 年 11 月井上藏相命令大藏省制定税制改革及增税方案。其主要内容是，经过三年临时措施，增加以所得税为主的税收。预计 1932 年度增收 3093 万日元，一般年度增收 4121 万日元。② 但由于 12 月若槻内阁总辞职，就任犬养内阁藏相的高桥是清撤回了增税方案。

第二节　金解禁政策的实施

一　旧平价金解禁准备政策的完成

这时民政党内阁对金解禁还持非常慎重态度，井上准之助认为，"一部分人预想在经济好转、金解禁准备完成后立即进行金解禁，也有人主张立即实施金解禁，这是不当之希望。虽然金解禁准备稳步推进，但国际借贷还没改善，汇率还没恢复，物价也没下落，今后是金解禁准备最重要的时期"③。所以，民政党政府不直接实施金解禁政策，提出金解禁准备期，大致有以下三点原因：

（1）如果先实施财政紧缩，等贸易好转、汇率恢复后再实行金解禁政策，需要相当长的时间，浜口内阁成立时的形势不允许这样漫长的施政周期。浜口内阁实施财政紧缩、金融紧缩，如果不打出"金解禁准备"口号，就很难把施政转入金解禁轨道。提出金解禁准备声明，可以使国民在心理上有紧迫感，促进汇率恢复，加快金解禁进程。

---

① 大藏省昭和财政史编集室编：《昭和财政史》第五卷租税，東洋经济新报社 1954 年版，第 276 页。

② 同上书，第 277 页。

③ 《大藏省百年史》编集室编集：《大藏省百年史》下卷，大藏财务协会 1969 年版，第 14 页。

（2）井上准之助追求的金解禁是旧平价金解禁，即日元汇率要恢复到 100 日元兑换 50 美元。而民政党内阁组阁时日元汇率是 43 到 44 美元，如果日元汇率一下子恢复到 50 美元的平价，将给日本财界带来巨大打击。如果渐进恢复汇率，那么与之相伴的物价降低给企业的打击就会分散到各个方面，金解禁的消极影响就会小得多。

（3）提出金解禁准备期，而不确定在什么时间或符合什么指标解禁，到了"谁都认为金解禁已经水到渠成，即使实行金解禁也没有危险"[1] 时实行，将会收到事半功倍效果。

井上准之助认为，"金解禁准备要完成紧缩财政、整顿国债、节约国民消费等三项完全不相同的工作"[2]。但井上准之助却没有实施作为金解禁准备最核心的金融紧缩政策，令人十分不解。井上准之助之所以这样做，大概是由当时日本国内金融状态决定的。早在昭和金融危机爆发时，日本银行为救济中小银行放出巨额特融资金，现在这些资金仍无法收回。而且，民间存在五大银行的数亿日元存款由于缺乏投资渠道而成为游资。已完全丧失金融调节能力的日本银行，不可能采取金融紧缩政策。财政紧缩和金融紧缩可以比作金解禁政策的两个车轮，在金解禁的道路上，金融紧缩已不可行，政府就只能用财政紧缩这一只车轮艰难前行了。为替代金融紧缩，井上准之助发起国民消费节约运动。井上自己也知道这是无奈之举，"现在，都市银行在日本银行存有巨额无息资金，如果这些存款有相当利息的话，能够做到不使用这些存款，但这种人为的通货收缩是无论如何也不可能办到的。所以，必须发动和通货紧缩具有相同作用的消费节约运动。节约消费可以使需求减少、降低物价，这恰好和收缩通货产生的需求减少、物价降低的作用相同。"[3] 在此背景下，国民消费节约宣传运动开

① 《井上準之助論叢》编纂会：《井上準之助論叢》第三卷，原書房 1983 年版，第 178 页。

② 同上书，第 315 页。

③ 大藏省昭和财政史编集室编：《昭和财政史》第十卷金融（上），東洋经济新报社 1954 年版，第 224 页。

始大张旗鼓地在全国推广，井上希望通过人为控制消费，达到同通货紧缩一样的目的。内务省还在 1929 年 7 月上旬以后制定了公私经济紧缩运动的办法，以推动国民消费节约运动。

在金融紧缩政策行不通的情况下，金解禁准备最有力的支撑点只能是财政紧缩。在 1930 年 1 月 21 日召开的第 57 次帝国会议上，井上准之助提出，"政府在实行昭和四年（1929 年）度预算之际，要极力节约经费及缓办事业……通过一般会计及特别会计压缩 1 亿 4700 万日元，新发行公债额比预定额减少 5900 余万日元，达 1 亿 3800 余万日元。即使昭和五年预算编成，也要极力采取紧缩方针……这样编成的预算年财政支出、财政收入各是 16 亿 260 余万日元，把它和前年度预算比较减少 1 亿 7080 余万日元"①。在压缩预算和公债规模之外，作为财政紧缩的重要一环，浜口内阁还决定实施官吏减俸计划。其目的在于"向国民表示政府身体力行，以期对打开经济困境有所贡献"②。不过，各省官吏大多反对减俸，掀起反对减俸运动，并且民政党内反对官吏减俸的势力也不小，这种态势下，政府只好搁置减俸计划。

金解禁准备政策中汇兑急升对日本经济界影响是最基本的、最深远的。政府发表声明的用意是希望日元汇率自然升高，从而减轻对财界的压力。但是政府宣布金解禁准备后，日元汇率由于国内、国外投机而快速升高。为抑制汇率快速升高，正金银行开始大量抛售日元，据 9 月 21 日的《东洋经济新报》报道，正金银行抛售金额达 1 亿数千万日元。③ 尽管如此，政府还是不能阻止日元汇率急速升高。如下页表所示。

① 《井上準之助論叢》编纂会：《井上準之助論叢》第三卷，原書房 1983 年版，第331—332 页。

② 大藏省昭和财政史编集室编：《昭和财政史》第三卷岁计，東洋经济新报社 1954 年版，第 231 页。

③ 《東洋经济新报》1929 年 9 月 21 日。转引自高橋亀吉《大正昭和财界变动史》中卷，東洋经济新报社 1956 年版，第 919 页。

表 3 - 2　　　　　　　金解禁准备期日元汇率变动　　　　　　单位：美元

月别	银行电信（正金）			国际市场行情（纽约行情）		
	最高	最低	平均	最高	最低	平均
1929 年 1 月	46	45	45.608	45	45	45.435
2	45.5	45	45.423	45	44	45.188
3	45.25	44	44.670	44	44	44.484
4	44	44	44.614	44	44	44.563
5	44	44	44.754	44	44	44.606
6	44.5	43.25	44	44	43	43.852
7	46	43	45.215	46	44	45.514
8	46	46	46.453	46	46	46.699
9	47	46	46.918	47	46	47.216
10	48	47	47.630	48	47	47.760
11	48	48	48.535	48	48	48.705
12	49	48	48.971	49	48	48.983

资料来源：高桥龟吉：《大正昭和财界变动史》中卷，東洋经济新報社 1956 年版，第 920 页。

上表非常清楚地表明正金银行指数与国际市场行情的互动关系。在 1929 年 6 月之前，正金银行从防范日元汇率急升的立场出发，国际市场日元汇率还在低位徘徊，但 7 月以后，政府立场转为压制日元汇率急升，从而使国际市场行情高于正金银行指数。汇率的投机性上升，是井上准之助决定实施金解禁的重大原因。

金解禁准备阶段，股票市场非常敏锐地反映了国民对金解禁准备政策的认可程度。股票市场从 1929 年 4 月以后一直处于危机状态，7 月份东京股价从最高的 136.70 日元跌到 112.20 日元，暴跌约 18%。可见，尽管政府宣传金解禁对经济的好处，但老百姓并不买账，股票市场人气已跌入谷底，股票市场被一种悲观气氛笼罩着。

金解禁准备阶段对物价的影响。首先，期货商品市场商品价格波动幅度不大。以生丝价格为例，由于美国经济繁荣，海外物价较高，

加之预计日本金解禁会提升日元汇率，9 月份期货市场商品价格小有
升高。这主要是国际市场要在日本金解禁前大量进口日本产品造成
的。但井上准之助 8 月在关西财界的一次演讲中却乐观地表示，"日
元汇率升高了 3 美元，生丝以及其他出口商品价格并没有降低，如所
预期那样，即使在此基础上返回旧平价点，也不会对出口产品的价格
产生什么影响。"① 但日元汇率从 10 月份以后已升至 48 美元左右，且
这时影响世界的经济大危机在美国爆发，国际市场急于买进日本产品
的吸引力骤减。日本主要出口商品价格下跌。1929 年 6 月到 11 月，
棉纱最低价格从 216.30 日元降到 189.50 日元，价格一路走低。从
1930 年 3 月份以后，价格开始暴跌。生丝价格变化与棉纱大体相同。
日本批发物价指数与英美两国相比，以 1929 年为 100，1929 年、
1930 年日本批发物价水平下降幅度远高于英美，这被井上看做金解禁
必要条件之一。

　　存在日本银行的巨额民间存款已经成为游资，为了防止金解禁后
国内资金流向海外，日本政府必须努力吸收游资，但由于日本战后经
济萧条，国库资金匮乏，政府总共发行大藏省证券 7500 万日元，但
只卖出 3500 万日元。为补充外汇储备，稳定汇率行情，政府下令横
滨正金银行购买出口票据，由政府和日本银行再将出口票据秘密认购
下来，到 1929 年底，外汇储备增加约 2.3 亿日元，使外汇储备总额
达 13.34 亿日元。外汇增加大部分是政府挪用一般会计、存款部资金
购买美元的结果。

　　要实现旧平价金解禁，就要选择一个最合适时机，也就是要选择
在国际物价上升、利率下降的时机。当纽约股市于 10 月 24 日暴跌
时，空前的世界资本主义经济大危机爆发。经济危机的直接影响，表
现为英美等主要资本主义国家银行利率下降、物价暴跌，如图 3-2
所示。纽约联邦储备银行利率 10 月 31 日从六分降到五分，11 月 14
日又降到四分半。对于欧美各国利率的下降，日本政府非常重视。井
上准之助认为："最近以英美为首的世界主要国家异常的高利率明显

---

① 高橋龟吉：《大正昭和财界变动史》中卷，東洋经济新報社 1956 年版，第 923 页。

缓和……内外诸般形势有利于实行金解禁。"浜口首相也认为："与外国财界变动相联系，内外各种准备已经完成，现可确信，实行金解禁，经济上也不会出现令人忧虑之事。"① 日本政界的关注点只集中在海外利率降低这一点上，最应该引起重视的国际物价水平暴跌，却没有引起足够的重视。

1929 年 11 月，井上准之助就实施金解禁的必要性进行了说明，"随着汇率不断走低，只有向国外借款加以补充，但如果不实施金解禁，外国就不愿意贷款，就不能阻止日元持续走低，照此下去就会严重破坏日本经济。由于国民的无序消费和政府的积极财政政策，入超并没有减少。不实施金解禁就无法得到贷款，从这个意义上说，对金解禁不能置之不顾。而当前之所以急于金解禁，就是因为明年政府必须借换 2.3 亿日元外债。"② 因此，向英美金融界借款既有准备应对紧急事态，也有稳定人心的作用。1929 年 10 月 17 日，大藏省财务官津岛寿一受命秘密离开东京前往纽约，就借款问题进行交涉。到纽约后，津岛拜会了摩根商会的汤姆斯·拉蒙特等人。但以拉蒙特为首的摩根商会首脑们对日本旧平价金解禁态度十分谨慎，希望日本以新平价实行金解禁，经过讨价还价，美国财团同意对日借款。11 月 20 日，日本与英、美财团正式签约，规定"由美、英向日本提供总额为 1 亿日元的贷款，英、美银行各占一半，美国银行团承担 2500 万美元，英国银行团为 500 万英镑，有效期为 1 年"③。

英美贷款消息传来，井上异常兴奋，认为英美财团的支持来得正是时候。11 月 21 日井上发表声明，指出"现在已经完成金解禁准备，我宣布明年 1 月 11 日实行金解禁"。促使井上下定实行金解禁决心的除上述原因外，还有其他因素。美国经济危机后，美国财界乐观情绪对井上准之助的影响至关重要。虽然股市暴跌，但美国财界仍存乐观情绪。如工业领域，汽车大王福特乐观地认为："所有事态，现

---

① 小柳津五郎：《浜口雄幸伝》，浜口雄幸伝刊行会 1932 年版，第 178 页。
② 朝倉孝吉编： 《日本経済の貨幣的分析：1868—1970》，創文社 1984 年版，第 751 页。
③ 中村政则：《昭和の歴史 2 昭和恐慌》，小学館 1982 年版，第 76 页。

在（1929年11月4日）比以前更好。"在金融方面，纽约城市银行副总经理罗伯茨也认为："对实业界来说，没有大失败之说……各种条件说明，与过去一年相比这种状况有利于持续景气。"美国财政部长门罗更加乐观，"以现在情形来看，一个也没看到证明是威胁或是悲观论的事例"。时任日本银行副总裁池田成彬把美国财界的乐观空气传达给井上，加强了其金解禁决心。池田成彬还向井上准之助传达了英国财界的意见，英国前财政大臣麦肯纳认为："政府买卖外汇，可以安定汇率，不一定会使政府受到损失，自己任财政大臣时，一周买卖600万英镑……日本应在汇率稳定在49美元时实施金解禁，否则，日本将付出巨大代价。"[1] 英美财界首脑对金解禁的支持意见，坚定了井上准之助以旧平价实现金解禁的决心。

二 旧平价金解禁的实行及其破产

日本政府1930年1月11日正式解除禁止黄金输出的大藏省令。金解禁当天，日本金融市场非常平静，没有井上准之助所担心的异常变动。井上对记者发表谈话："从早晨开始，股价稳定，公债、利率都保持良好势头，丝毫不用担心。"[2] 日本国民希望能够利用金解禁打破经济沉闷气氛，在2月份大选中民政党以压倒优势获胜，成为议会第一大党。

民政党实施金解禁后，世界经济危机开始波及日本。在这双重打击下，从1月21日向美国国家都市银行外运黄金1200万日元开始，到1930年末，日本金币外流总共达2.8亿日元。日本股价、物价也猛烈下跌，据东京股票交易所的数据统计，股票、公司债券等有价证券价格比浜口内阁成立时贬值达48.8亿元之多。[3] 对于贬值的影响，有报纸报道，"由于股票贬值，股票持有者受到莫大损失，以前有100万日元的人，现在只剩30万—50万日元，有10万日元的人只剩

---

① 参见长幸男《昭和恐慌》，岩波书店1994年版，第93页。
② 有沢広巳：《昭和经济史》上卷，東洋经济新报社1973年版，第62页。
③ 大岛清：《日本恐慌史論》，東京大学出版会1975年版，第334—335页。

四五万日元。简直像做梦一样，财产瞬间就消失了。"① 批发物价指数同浜口内阁成立前的 1929 年 6 月比较，下降 27%，1931 年平均下跌达 36.3%。虽然日本批发物价指数下降幅度比英美大，但日本的物价指数仍高于英美，如图 3 - 2 所示。井上所设想的 "如果纠正日本物价在国际上比较高的情况，日本就会开辟通往真正繁荣的道路"② 的美梦落空了。

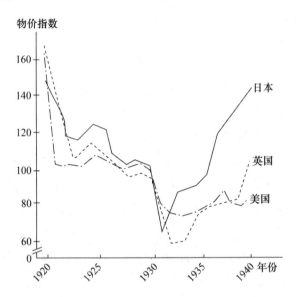

图 3 - 2　各国批发物价指数（1929 年为 100）

资料来源：根据日本銀行《明治以降本邦主要經濟統計》（昭和四十一年）。转引自中村隆英《昭和经济史》，岩波书店 1994 年版，第 42 页。

1930 年 5 月，世界经济危机的影响开始波及农村，茧价跌到历史最低水平，日本棉布出口价格也下跌了 40% 左右，作为日本经济两个支柱的生丝和棉布开始动摇，日本经济全面恶化，"昭和经济危机"时代真正开始了。经济危机使日本工业生产严重减退，"1931 年国民

---

① 《国民新闻》1930 年 10 月 6 日。转引自中村政则《昭和恐慌》，岩波书店 1989 年版，第 33 页。
② ［日］有泽广巳主编：《日本的崛起——昭和经济史》，鲍显铭等译，黑龙江人民出版社 1985 年版，第 96 页。

生产总值（GNP）与 1929 年相比较下降 18%，出口、个人消费支出以及设备投资也分别下降 47%、17% 和 31%。危机对农业的打击最为严重，不仅茧价暴跌，米价也跌到很低水平，加之粮食严重歉收，农林水产业的纯生产额，1931 年下降到 1929 年的 57%。"[1] 农户收入在 1931 年降到最低点，如图 3-3 所示。

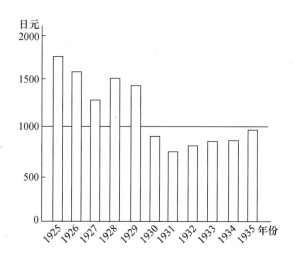

图 3-3　1925—1935 年日本农户收入

资料来源：根据農林省《農户經濟調查》，转引自中村隆英《昭和经济史》，岩波书店 1994 年版，第 42 页。

经济危机的深化使劳资矛盾激化，劳资纠纷剧增。如图 3-4 所示，劳资纠纷的次数，参加人数在 1931 年达到顶峰。

随着农业危机的深化，粮食价格、茧价的进一步低落，使地主对佃农、半自耕农的压榨和剥削越发苛酷。农民和地主围绕土地租佃纠纷次数越来越多，农民的反抗斗争在 1931 年达到一个高峰。如图 3-5所示。

---

[1]　以上数据引自吴廷璆《日本史》，南开大学出版社 1994 年版，第 666 页。

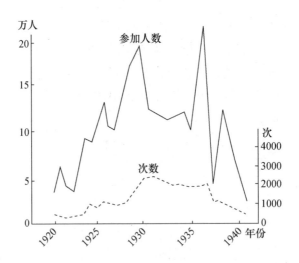

图 3 - 4　工人运动次数及人数

资料来源：根据《日本工人運動資料》第 10 卷，東京大学出版会 1959 年版。转引自中村隆英《昭和经济史》，岩波書店 1994 年版，第 42 页。

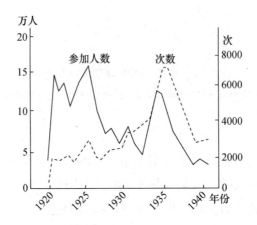

图 3 - 5　农民运动次数及人数

资料来源：根据農林省《佃農年報》及《耕地年報》，转引自中村隆英《昭和经济史》，岩波書店 1994 年版，第 42 页。

随着经济危机的不断加深，日本又开始出现反对金解禁的声音。在 1930 年 4 月第 58 届特别议会上，政友会代表三土忠造主张追究浜口内阁金解禁失败的责任。实业界代表人物钟纺社长武山藤治认为，"井上藏相轻率地、没有准备地实施旧平价金解禁，造成我产业经营上的困难，这恰是在暴风雨来临之时，特意打开自家的窗户把整个房间都弄湿了。暴风雨来了，弄湿房间的责任在于打开窗户的人。"石桥湛山也批评井上金解禁政策，"不管谁做出什么辩解，毕竟是浜口内阁无计划的旧平价金解禁造成的"①。井上并不为这些批评所动，他相信财政紧缩和金解禁政策的效果不久就会显现出来。只有进一步加强紧缩政策，才能脱离经济危机。为弥补日本企业竞争力低下的不足，井上希望通过"斯巴达"式的产业合理化，降低生产成本，加强企业的国际竞争能力。浜口内阁设立了临时产业合理局，作为指导产业合理化的机构。不过，在金解禁与世界经济危机双重打击下，对各产业进行斯巴达式的训练，对各产业造成了严重打击。

1931 年 9 月 18 日，日本关东军发动九一八事变。9 月 21 日，英国再次禁止黄金出口，脱离金本位制，该月还有北欧的瑞典、挪威、丹麦三国禁止黄金出口。10 月，加拿大、芬兰也脱离金本位制。如下表所示。

表 3 - 3　　　　　　　　金本位制的崩溃

1929 年	12 月，阿根廷、澳大利亚
1931 年	7 月，德国（外汇管制），9 月，英国、瑞典、挪威、丹麦，10 月，加拿大、芬兰
1932 年	12 月，日本
1933 年	4 月，美国

资料来源：安藤良雄编：《近代日本経済史要覧》，東京大学出版会 1993 年版，第 115 页。

九一八事变后，东京、大阪股价暴跌，在一片混乱中，股票交易所不得不停止交易。由于预测政府可能再次禁止黄金出口，外汇市场出现抢购美元风潮。抢购的美元期货，如果在日本脱离金本位制，日

---

① 中村政則：《昭和の歴史 2　昭和恐慌》，小学館 1982 年版，第 227 页。

元汇率下降后抛售，就会获得极大的利润。这种巨大利益，不仅是个人，各大企业也绝不会放弃这一发财机会。对于抢购美元风潮，井上始终不为所动，仍坚持金本位制，继续支持正金银行抛售美元，井上坚信"如果向抢购美元者敞开出售，使购买者资金匮乏，它们自然就会向正金银行提出和解谈判要求"[1]。为进一步使购买美元者难以筹措资金，浜口政府决定实行高利率政策，10月，日本银行将法定利率提高二厘。到11月，日本银行又将法定利率提高二厘。

井上准之助还加强同财阀首脑的沟通，希望财阀支持政府财政政策。虽然财阀发表了"拥护金本位制声明书"，但抢购美元行为并没有停止下来。到1931年10月，被正金银行统制抛售的美元已达约5.1亿日元。如果将黄金运到国外支付抛售的美元期贷，日本银行的黄金储备必将低于维持金本位制标准的5亿日元。在这样的背景下，政府与资金筹措越来越困难的一些外国银行开始出现和解的空气。为使抢购美元者尽快和政府和解，政府发出最后通牒：12月15日后不再接受和解谈判。日本银行抛售的美元期货都是在年底结算，抢购美元者要想获利，就必须使日本在12月15日前脱离金本位制，降低日元汇率。在政府和抢购美元者较量的关键时刻，内相安达谦藏提出同政友会成立联合内阁，造成若槻礼次郎内阁意见不一致，12月11日若槻内阁总辞职。内相安达谦藏和军部、右翼势力接触密切，主张和政友会建立"一党一国"的联合内阁。井上准之助坚决反对联合内阁，认为与政友会建立联合内阁，将使民政党内阁的内政、外交政策发生根本性改变。据《木户幸一日记》记载，"井上藏相概要地说明了他的意见，他对今日政情的意见是，昨今所倡导的所谓'举国一致'内阁或政友会、民政党联合内阁都不是能够牵制军部的强力内阁，倒不如说是向军部献媚。为国家前途考虑，这样做我始终不会同意。如此讨好军部，无视国际关系地推进其计划，将会置国家于灭亡

---

① 《五千万円融资问题大藏当局準備に着手》，《東京朝日新聞》1931年9月2日。http://www.lib.kobe-u.ac.jp/das/jsp/ja/ContentViewM.jsp? METAID=00800995&TYPE=IMAGE_FILE&POS=1。

边缘。政府虽力量微弱，但也会以一切手段制衡军部活动，故对军部
不做出评价。现不可想象能实现强力内阁，我此时最希望看到的是成
立可以统制军部的强力内阁，我会全力支持它。"①

安达谦藏发起的建立联合组阁运动，使若槻内阁倒台，抢购美元
最多的财阀受益最大。《东京朝日新闻》对这次政变进行了猛烈抨击，
"那是巨大的投机，预见到日元汇率下跌，美元汇率上升，有 3 亿日
元卖出购买美元。再次禁止黄金输出后，如果日元汇率降低二成，将
赚 6000 万日元……为确保获利，就必须使政府再次禁止黄金输出，
但民政党内阁却不实行禁止黄金输出政策。为使政府再次禁止黄金输
出，有必要发动政变。结果，发生了政变。作为政变后出现的政友会
内阁，在组阁当天就实行了再次禁止黄金输出政策。那一天，某财阀
首脑甚至向自己大厦的勤杂工发放了庆贺的小费。被出卖的日元，被
收买的美元，被出卖的内阁，被收买的内阁，那是被出卖的日本，被
收买的美国。而且，平生以最忧国忧民面孔出现的，就是这个家
伙……大家都痛苦地受着煎熬，而财阀却赚了至少 6000 万日元。那
是民众的牺牲，国家的牺牲。"②

对于旧平价金解禁政策为何会失败，日本各界基于各自立场都进
行了探讨。其中，财界主要代表人物、日本银行副总裁深井英五的分
析具有一定代表性，他认为"金解禁失败的直接原因是国内资金外
流。因外来的游资不是很多，资金的移动主要来自国内。如果要探寻
更深层次原因，则是人们对货币制度理解的不彻底。很多人没有为建
立坚实的货币制度，进行必要的克制。只是把金解禁作为景气好转的
捷径，而赞成金解禁。为反击反对金解禁派强调的金解禁不利影响，
金解禁的作用被宣传夸大，致使漏洞百出。故在当时新的情况下，如
果有可以利用的机会，就不加斟酌地实行了。"对于影响金解禁成败
的关键因素，他特别关注金解禁的时机，他认为"……金解禁一开始
就不是立足于全国舆论一致的立场，在此国民心理下，黄金自由输出

① 长幸男：《昭和恐慌》，岩波书店 1994 年版，第 145 页。
② 同上书，第 148 页。

输入的货币制度是不能圆满施行的。但要深究金解禁失败原因，就是恢复金本位制不适合时势发展需要……由于第一次世界大战后企业生产力大量闲置，而国民消费水平并没有随之降低，在经济发展低迷时实行通货收缩的货币制度是极其困难的。为了制定适合国家发展的政策或提高国民生活水平，其制定经济政策的规律是，如无节制消费，就要控制消费；但若生产力闲置，则必须增加国民消费能力。而反其道而行之的各项政策，不免从某一点露出破绽。"① 深井英五对金解禁失败原因的分析虽较为客观，但也是站在金融界立场，不免更重视货币制度对经济的影响。

井上准之助旧平价金解禁政策失败的技术性原因有以下几点：首先，在金解禁准备阶段，最根本的准备政策应该是金融紧缩，但日本历届政府对企业的救济性融资，大量游资的出现，使日本银行完全失去了金融统制力。为避免解禁后资金外流，政府只能寄希望于消费节约运动。但解禁后，对巨额黄金外流，使国民从心理上失去对金解禁的信任，要维持金解禁的心理基础开始瓦解。另外，在 1930 年 7 月—10 月经济危机最严重时刻，井上准之助又放出巨额的救济性融资，这是完全与金解禁政策相背而行的政策，为日后财阀资本的逃避提供了大量资金。这种进退失据的政策，是金解禁政策与应对世界性经济危机的经济政策存在结构性矛盾的必然结果。当然，金解禁后井上准之助最大的技术性失误是在英国停止金本位制后的抢购美元时期，仍让正金银行无限制地抛售美元期货，为资本外流制造了机会，造成了约 5 亿日元黄金外流。如果井上准之助仍坚持金解禁政策的话，正确的做法是立刻停止抛售美元。而另一个重大失误是金解禁时机的选择，1929 年 7 月，浜口内阁成立时美国经济正处于繁荣的鼎盛期，正是解禁的最好时机，但浜口内阁没有立即解禁，只是发表了金解禁准备说明。10 月份世界性经济危机在美国发生后，除国际物价水平外，各种经济指标都显示对金解禁有利。当 1930 年 1 月 1 日金解禁正式实施后，世界性经济危机的影响开始波及日本，这时实行金解禁，可谓是

---

① 高橋亀吉：《大正昭和財界変動史》下卷，東洋経済新報社 1956 年版，第 1408 页。

对日本经济的双重打击。在日本经济极度恶化情况下，维持金解禁政策与应对"昭和危机"政策存在结构性矛盾，继续坚持金解禁是不可能的。但井上却固执地坚持金解禁，使日本成为世界上受经济危机打击最重的国家。最为关键的是，在世界性经济危机打击下，世界金本位制解体是大势所趋，日本不可能单独支撑金解禁。英国1931年9月脱离金本位制标志着世界金本位制的崩溃，这是放弃金本位制的又一次绝好机会，就连反对井上金解禁的人都认为"井上运气好"，英国停止金本位制救了井上。这时井上再次禁止黄金自由输出，停止金本位制是完全可以避免民政党内阁倒台并把日本经济损失降到最低限度的。但井上准之助却仍然继续利用一切可以利用的手段坚持金本位制，阻止日本经济要求停止金本位制的大潮，犹如螳臂当车。

小　结

那么，如何评价井上准之助所热衷的旧平价金解禁政策呢？旧平价金解禁虽然失败了，但我们不能全盘否定它，要一分为二地评价旧平价金解禁。旧平价金解禁对日本经济的影响除了大家关注的消极面之外，还有一定的积极影响。

首先，是旧平价金解禁对日本财界的挽救作用。日本财界自1928年下半年以来就已感觉到了旧平价金解禁的压力，企业再生产很早就在低水准状态下运行。1929年7月，浜口内阁推出金解禁准备政策，为了规避日元汇率上升可能对经济造成的冲击，日本财界开始限制进口，促进出口。当1929年10月世界经济危机爆发，国际物价开始暴跌后，日本企业手中的存货数量较少，故受到的打击也就有限。除商社破产较多外，企业破产很少的原因就在于此。所以，日本企业在世界经济危机冲击下所受的影响相对于欧美各国是较轻的。

其次，旧平价金解禁提高了日本企业竞争力。在第一次世界大战中，日本重化工业、棉纺织业获得快速发展。但第一次世界大战后，重化学工业由于欧美企业竞争，依靠日本工人廉价工资水平迅速发展起来的棉纺业，都失去对外竞争能力，处于破产边缘。在停止金本位制下，日本政府对处于危机状态下的广大企业进行救济性融资和财政膨胀政策，进一步造成日本物价指数高于国际物价水平，从而动摇了财阀获得产业利润的基础。为加强日本企业竞争力，浜口内阁通过以旧平价解除黄金出口禁令的方式，恢复金本位制。设置临时产业合理局，推行产业合理化运动，希望在实行技术合理化的同时，降低物价，特别是降低工人工资，经过这种斯巴达式的训练来加强企业竞争力。旧平价金解禁效果在高桥是清再次禁止黄金出口、停止金本位制后开始显现出来，日本经济成为列强最早摆脱危机的国家。

如何评价旧平价金解禁对日本经济的消极影响是一个难题，因为旧平价金解禁与世界性经济危机在时间上重合，我们不可能具体分清日本经济所遭受的损失哪些是由世界经济危机造成的，哪些是由金解禁造成的？但可以肯定的是在世界经济危机中，井上准之助仍固执于旧平价金解禁，限制了应对世界经济危机的各项政策，使日本经济雪上加霜。在世界经济危机不断深化过程中，要刺激日本经济增长，就必须放弃通货紧缩政策，但井上准之助仍坚持通货紧缩政策，致使日本国内消费市场不断缩小，造成企业产品积压、生产下降、工人大量失业。

旧平价金解禁对日本经济另一个具体损害是巨额黄金的外流。为维持日元汇率稳定，对付金融市场的日元投机风潮，从 1930 年 7 月到 1931 年 12 月 12 日，日本国内黄金开始外运海外，正金银行抛售的美元总金额达到 7.6 亿日元。黄金流出总计约 5.1 亿日元，占当时日本商品输出总额 13 亿日元的近 40%。[①] 如果井上准之助能及时停止金本位制，再次禁止黄金输出，到高桥财政实施时，日本不仅拥有更丰富的黄金储备，而且经济恢复将可以更顺利、更充分地进行。

最后，井上准之助旧平价金解禁的失误，加之世界性经济危机影响，造成深刻的"昭和恐慌"，使日本国内阶级矛盾日益激烈，成为孕育民间及军事法西斯的温床。深刻的经济危机使资本家与劳动者之间的劳动纠纷激增，1931 年的数量最多达到 2456 件。农村是受经济

---

① 大岛清：《日本恐慌史論》，東京大学出版会 1975 年版，第 387 页。

危机打击最为严重的领域，由于米价和茧价暴跌，农民收入锐减，尽管 1931 年粮食丰收，但还是出现所谓"丰收饥馑"。如粮食歉收则更是雪上加霜，在农村，"卖女儿"、"卖青苗"等现象大量出现。为了寻找日本的出路，对财阀深恶痛绝的年轻人，特别是出身农村的青年，有的参加了"青年将校运动"和右翼恐怖活动。这不仅是深刻的社会危机，也是严重的政治危机。

井上准之助成为藏相后所面临的主要经济问题，是摆脱 20 世纪 20 年代以来经济长期萧条局面。井上准之助的财政思想主要是"财政收支均衡理论"，在世界主要资本主义国家纷纷回归金本位制这一大趋势的压力下，苦于经济长期萧条的日本经济界呼吁尽快实现金解禁，这使金解禁政策的目标越来越明确。浜口雄幸内阁成功实现了历届内阁想实行而没能实行的金解禁，金本位制是作为再次繁荣日本经济的前提和手段而被采用的，但要想依赖金解禁来摆脱昭和经济危机的沉重打击，井上准之助未免太天真了。随着金解禁政策的失败，井上紧缩财政在世界经济危机冲击下最终失败。事实证明，银行不是国民经济的基础，国民经济的根本是被金融资本重压的广大农民和中小企业。

总之，在 20 世纪 20 年代回归金本位制这一世界资本主义发展趋势的大背景下，日本由于国内政治因素影响而迟迟没有实现金解禁，当井上准之助顺应这一趋势，排除困难实现了金解禁之时，日本已经错过了金解禁的最佳时机。我们应该看到，井上准之助实施金解禁政策是从日本实际经济状况以及自己的经济理念出发的，而不是为自己或所属政党图私利，"……浜口也罢，井上准之助也罢，都倒在了奋斗的道路上。他们都为实现一个国家应该有的姿态丢掉了性命"[1]。井上准之助的死固然悲壮，但也不能轻易推卸井上的责任。井上实施金解禁时，世界经济危机的影响虽然还没有真正冲击到日本，但世界各国已纷纷提高关税壁垒转向经济集团化。当世界经济危机真正冲击到日本的时候，极力主张金解禁政策的井上准之助却固执于金解禁，没有根据变化了的国际形势，适时停止金解禁。

---

[1]　城山三郎：《文藝春秋》三月特別號，文藝春秋株式会社 1996 年版，第 97 页。

第四章　前期高桥财政

1929 年的世界性经济危机席卷资本主义主要发达国家，给这些国家造成前所未有的冲击。为克服经济困局，各国在 30 年代初开始不同程度地"修正"资本主义体制，实行国家垄断资本主义。而分析高桥财政的来龙去脉，可以加深对日本"统制经济"形成的认识。当井上财政黯然收场后，高桥财政既要把日本资本主义从经济大危机中挽救出来，又要筹集"九·一八"事变后的军事行动带来的巨额军费。而自明治维新以来应对经济危机和筹集军费的政策已不能应对规模如此之大的世界性经济危机带来的混乱局面。这次的世界性经济危机呈现出不同于以往的新特点，日本资本主义也呈现出不同于以往的新特性。井上财政的失败就生动地证明旧的解决危机政策和军费筹集方法已经不能解决问题。所以执政者要采取的经济政策绝不能是权宜之计，必须是以整个社会经济能够存续为前提的。

第一节　高桥财政的历史背景

一　犬养内阁建立与高桥财政的起步

若槻的民政党内阁在"九·一八"事变发生后的 1931 年 12 月 11 日，以内阁不统一解散。这时元老也还有自由民主主义时代的惰性，仍想以政党内阁来挽回时局，推举田中义一死后继任政友会总裁的犬养毅组阁。犬养毅加入政友会任总裁不久即接受大命，以当时政友会新势力代表森恪为书记官长，开始组阁。鉴于陆军军部内青年将校的人望，邀请皇道派首领荒木将军为陆相，海相为大角大将。森恪是政友会里的激进派，具有相当的势力。田中内阁时期任外务次官，与军部联系紧密，主张积极政策。他对陆海军部的革新运动，不但赞同，而且鼓励，并具有实现独裁政治的野心，梦想扩大"满洲事变"，在东亚建立日本的霸权。政友会为了维持政权，只好强拉森恪参加内阁。

犬养毅与孙中山熟识，对中国国民革命也多有帮助。而且，他也是反对藩阀政治的政党领袖，这都引起军部强烈反感，而且他曾在议会上做长篇演说攻击军部。所以，他的对华政策，和以前田中义一有完全不同的看法，这也是西园寺公望推荐他组阁的重要理由。他想迅速消除"九·一八"事变给中日关系带来的影响，以恢复中日关系。为此犬养毅进行了准备，瞒着森恪派萱野长知秘密前往南京。在对华政策问题上，政府内部与政友会森恪一派及军部之间已经发生摩擦。

如何处理组阁后极其严重的经济问题，是犬养毅面临的一大难题，为此他请出德高望重的年近 80 高龄的高桥是清担任大藏大臣。根据高桥自述："犬养一接受大命，就来到我的住所，说'井上的金解禁善后问题严重，无论怎样也要阁下担当大藏大臣，一齐努力'。我认为犬养说的各种理由很合理，就说'你既然这样说，就接受吧。不过我身体行不行还不知道，但只要健康允许，就做吧'，接受了任命。"[1] 高桥是清担任大藏大臣后，开始实施与前任截然不同的经济政策，史称"高桥财政"。所谓"高桥财政"，就是高桥是清在 1931 年 12 月 13 日到 1936 年 2 月 26 日担任藏相时期所推行的一系列财政金融政策，其中包括藤井真信担任藏相期间的财政政策。

高桥是清上任藏相后所推行的高桥财政首先要解决两个当务难题：一是把日本资本主义从大危机中解救出来；一是筹集军部提出的巨额军费。而以往处理类似危机和军费的财政金融政策已经不适用。日本作为世界资本主义的组成部分，世界资本主义在克服经济大危机过程中形成的新局面，也必然影响到日本。所以，要了解高桥财政的历史背景就首先要了解当时世界资本主义的动向。

---

① 高橋是清：《随想録》，千倉書房 1936 年版，第 56—57 页。

在产业革命过程中，西方列强要向外扩展商品市场和原料产地，使后发展国家成为先进国家的商品市场、廉价原料和粮食的供应地。在这个贸易过程中，先进国家往往处于入超地位，后进国家往往处于出超地位。在它们之间债权债务关系不断积累和扩大，也就是说作为世界工厂和银行的西方先进国家向后进国家贷款，随着债权、债务关系的积累，国际贸易开始发展起来。为保证借贷关系成立，保证债权方权益，由于不存在统一的主权国家，各国货币制度迥异，能保证债权的只有黄金，采取金本位制成为欧美各国的一般选择。在国家的主导下，保证了投放到其他国家的外国资本回收的可能性。所以，同为金本位制，先进国家和后进国家是有很大差异的。作为后进国家采取金本位制往往受到先进国家的外部压力，在国际收支不均衡的情况下，对后进国家来说，金本位制既是导入外国资本的前提，也可保障外国资本不断导入。但这种国际金本位制是建立在不平等基础上的，金本位制是西方先进国家，尤其是英国要把其他国家变为债务奴隶，剥削其剩余价值的制度保障。在债权债务关系不断积累扩大的情况下，一直到第一次世界大战前这个内在矛盾仍没有解决，第一次世界大战之后这个矛盾仍旧存在。各个资本主义国家由于生产力的差距的扩大，国际收支不平衡的局面也在扩大，国际金本位制的内在矛盾更加激烈。

由于第一次世界大战的爆发，国际金本位制出现两种新的局面。第一，战前的世界资本主义是以英国为中心的，战后美国作为最具实力的垄断资本主义国家成为能够抗衡英国的国际金融中心。这意味着世界上有两个中央银行，围绕黄金的对立使两国往往容易采取紧缩政策。信用扩大的主张往往受到各方面的制约，信用的缩小必然波及物价水平和产业资本，造成结构性失业。第二，信用关系的不稳定加速了短期信用的增长。长期信用往往都是数额巨大的，第一次世界大战使巨额的对外债权丧失，比起对外长期投资，战后的债权国国民更偏好于短期投资。这些短期投资反映了在一般危机下不稳定的政治形势，接收这些短期资本的金融市场把其充作长期投资资金，导致资本主义世界信用关系极度不安定。

1929 年世界经济大危机的爆发，就是第一次世界大战后各国在这种状况下解决危机的必然结果。在处理经济危机的过程中，世界资本主义出现了新的局面，而产生这个局面的基础早就存在于第一次世界大战之后的世界资本主义。首先，后进国家在国际贸易中要维持贸易平衡和金本位制，就要采用通货紧缩政策。但是要在第一次世界大战后维持金本位制和通货紧缩政策，就会使国内产业陷入长期萧条当中，所以，各国在经济大危机一开始就放弃了金本位制，这样通过加大发行银行券数量，就使信用量从黄金准备量的枷锁中解放出来。尤其是英国和美国先后放弃金本位制使这一趋势达到了顶点。各国放弃金本位制的目的并不只是防止黄金流出，也在防止货币资本自由流出。这样就必然加强对汇兑和贸易管制，但各国放弃金本位制并不意味着黄金不再是世界货币，也不意味着国际金本位制本身的崩坏。美国作为最大的黄金保有国，政府和银行要保证其他国家黄金和美元的兑换。而且债权和债务关系的决算最终仍要通过黄金，所以退出世界舞台的是资金自由移动的国际金本位制，而不是国际金本位制本身。其次，信用关系的发展使商品价格远远高于其实际价值，这样，商品价值远远高于货币价值。1929 年经济大危机之后，商品和货币的价值关系开始纠正，商品价格下跌，货币（黄金）价格上涨。随着垄断组织的确立，进而形成垄断价格，这样就使纠正货币和商品价值关系不平衡状态成为不可能，从而延长了危机。

金本位制停止后的景气恢复政策、军需通货膨胀政策导致物价再次上涨，货币和商品的价值关系再次失衡，而从货币和商品价值方面纠正这种不平衡，就必须再次提高黄金价格。这样，慢性通货膨胀、慢性物价上涨和黄金产量的相对减少，导致黄金价格的周期性上涨。私人藏金的增加、政府和中央银行的黄金储备相对减少，这是现代世界资本主义的另一个特征。针对以上两种情况，各资本主义国家都实施了停止金本位制，提高黄金价格，实施汇兑和贸易管理的政策。

日本作为后进的资本主义国家，虽然摆脱了殖民地和附属国的命运，但也背负了后进国家特有的命运。日本作为后进国家从先进国家引进机械等工业制成品，来培育本国资本主义发展。日本资本主义从先进国家引进高价的工业机械，在此基础上形成的产业资本，需要国家财政和金融上的支持。靠这种方法发展起来的资本主义必然带来大量的贸易入超和外国资本的涌入，而且以国家作为信用担保，致使信用不断膨胀。

到第一次世界大战之前，日本资本主义主要经济特征表现为慢性入超；外国资本的慢性导入；信用的慢性膨胀；慢性不景气，而且具有帝国主义早熟倾向。但第一次世界大战的战争景气，使事态为之一变。第一次世界大战后，世界资本主义开始回归旧秩序，日本经济再次回归长期萧条。而在第一次世界大战期间形成的过度资本投资，以及战后对产业的过度救济政策导致了1920年和1927年的经济危机，这对产业资本来说是难以承受的。为了救济陷入困境的企业，日本政府通过日本银行进行救济融资，这就加剧了早就存在的资本过剩的问题，从而使危机长期化。为了彻底解决这一问题，无论日本政府一般官员，还是民间舆论都倾向于重新回归金本位制，这就产生了困扰整个20年代的金解禁问题。当欧美各国纷纷回归金本位之后，只有日本由于政治原因失去了这个机会。不是金本位制国家的日本国际信用下降，而1931年外债借还的条件就是金解禁。浜口在1929年9月的众议院预算说明会上声明："我国由于没有金解禁失信用于海外，借换外债困难……金解禁实乃恢复国家信用，解救日本经济孤立之根本。"[1] 而1929年秋开始的世界经济大危机加速了这一进程。在内外交困的情况下，浜口内阁于1930年1月实施了金解禁。但是随着世界经济大危机和日本资本主义经济危机的到来，1931年"九·一八"事变的爆发，英国停止金本位制，日本难以继续维持金本位制的预期导致投机美元盛行，到1931年12月日本就丧失了6亿日元的正币，加之政治斗争的因素，民政党内阁倒台，井上财政结束，代之以高桥财政，日本遂放弃了金本位制。

高桥财政的发展方向其实早就被规定了，在"富国强兵"的口号下，任何机器大工业的移植都和强化军备密不可分，为了实现日本资

---

[1] 朝日新闻社编：《朝日经济年史》，大空社1930年版，第20—21页。

本主义向外扩张的目标，军部担当了实现这些帝国主义政策尖兵的任务。通过甲午战争、日俄战争进一步加强了日本帝国主义的性质。

第一次世界大战后，导致日本帝国主义所面临的东亚形势，不再是简单的市场问题。一方面，俄国无产阶级革命如火如荼，大有向世界扩张之势；另一方面，中国民族主义革命也开始蓬勃发展，这不仅阻碍日本帝国主义的扩张，还从思想方面威胁日本天皇支配体制。特别是当中国革命力量开始北伐时，日本帝国主义者担心中国的革命力量同苏联势力在中国北方相结合，威胁日本的经济和政治利益。把"满洲"、"蒙古"视为日本生命线的日本统治阶级，认为必须遏制中国民族主义运动的北上。日本帝国主义对中国革命的干涉，是中国难以接受的。中国的民族主义者收回日本在华的特殊利益，使中日间的冲突不可避免。尤其张学良在东北"改旗易帜"后，使日本统治阶级感到了强烈的危机感，中日之间的冲突只是时间问题而已。在这样的背景下，高桥财政如何挽救日本资本主义危机，如何筹措"九·一八"事变后巨额军费，成为日本当政者面临的最大问题。

二　高桥是清的经济思想

关于高桥是清的经济思想，从高桥一系列关于经济政策的言论中可以找到很好的例证。和井上准之助收支均衡理论相比，高桥是清经济思想更重视通过国家财政创造有效需求。高桥在1929年11月针对井上准之助为推行紧缩财政发表预告解禁声明发表自己的看法："论及经济紧缩问题，必须明确国家经济与个人经济的区别。如这里有一年生活费五万日元的富裕的人，他可以通过节约，以每年三万日元生活，把剩余的二万日元储蓄起来，其个人经济每年都会理所当然增加。但从国家经济上看，把本应该个人消费的二万日元节省下来，也意味着减少了相应的物资需用，国家的生产力相应地减少。故从国家经济来看，过着五万日元富裕生活的人，还是过着原来的生活为好。如果更详细地说，你要是招待某人，又是招艺妓，又是食用奢侈的料理，花费二千日元。从道德风尚上讲，这样的做法不值得提倡，但如果这样做了，其花费的钱，料理费部分一部分作为厨师的工资，一部分作为料理使用的鱼、肉、蔬菜、调味品及其搬运费，支付给商人。

也就是这部分钱到了农业者、渔业者和其他生产业者手里。而得到这些钱的农业者、渔业者和商人等，把这些钱作为其各自衣食住行和其他费用。其次，支付给艺妓的费用，一部分经过艺妓的手作为食物、纳税、衣服、化妆品及其他费用支出。即如果此人不去消费，节约二千元，则此人个人能储蓄二千日元，银行的存款增加，但其二千日元资金的效果没有发挥出来。然此人如果进行了招待，其花费经层层流转，转移到农、工、商业者手中，这给各种产业带来二十倍乃至三十倍的利益。所以，从个人经济来说，节约二千日元，个人得利是理所应当的。但从国家经济来说，同一资金可发挥二十倍乃至三十倍的作用，所以，倒不如这种方法可取。这就是个人经济和国家经济不同的原因。"① 也就是说，通过国家财政投入刺激消费，人为创造有效需求，以此来带动生产。

针对金解禁带来的通货紧缩，各项建设工程纷纷取消或中止的情况，高桥批评道："虽说无论怎样节约都没有问题，但是现在采取使产业能力减退的手段，是不可取的。本来财政上实施紧缩，政府必须尽可能控制新的支出。即使已经开始的工作也要中止……首先，是工程负责人失去项目。随之而来的是，跟随他工作的事务员、技术员和工人，以及建筑材料的生产者、购买建筑材料的商人等都因为节约或工程延期而失去工作。这些人失去工作，进而会造成购买力的减少。如果这样的事情不断发生，和此无直接关系的生产者也会担心将来商品需求减少问题，进而解雇自己现在雇用的工人，减少生产量，其结果一定会招致经济不景气。如斯，从国家经济考虑，需细细思量为要。"虽然高桥是清也认为国际收支平衡很重要，但不能为了国际收支的平衡而影响到国内产业的发展，为了以后不出现国际收支失衡的现象，就要"确立国内产业、海运及其他事业的基础"，因为"把产业振兴寄托于和外国贸易，已为世界大势所不许，任何国家都要自给自足，保护本国产业以求振兴国民经济基础。我们政府的方针也要以

① 高桥是清：《緊縮政策と金解禁》，《随想録》，千倉書房 1936 年版，第 247—249 页。

振兴国内产业为主，把贸易放在第二位。"① 所以，必须培育本国产业，保护民族资本发展。高桥强调："产业政策上重视对外关系，轻视对内关系，是本末倒置。"②

总之，高桥认为井上财政导致的通货紧缩，必然会使国民减少消费和过分储蓄，导致社会购买力减少，即有效需求的减退必然导致生产力的减退，使工人失业。过度紧缩加剧了经济危机的深化，为挽救危机中的产业就必须唤起有效需求。高桥认为，市场价格机制已经丧失创造有效需求机能，只有通过财政资金手段来创造有效需求。高桥采取了通过日本银行认购发行公债，以此为财源，通过政府开支扩大有效需求。在1933年4月21日的第28次全国股票交易所联合会上，高桥发表《国际经济情势和我国的非常时期对策》的演讲，关于国债政策、关于预算单年度主义下均衡预算问题，作了如下阐述："根据以前财政上的观念，每年度的财政支出、财政收入要保持一致，如要填补其不足，就采取发行公债的办法募集。如发行所谓赤字公债，在财政上往往被忌讳，但在战时或非常时期往往是不得不采用的方法。而当今世界经济危机实在是有史以来未曾有之现象，各国虽全力以赴克服危机，但仍不见效果。而为恢复经济，政府的财政政策就要发挥大的影响力。在最近英美各国的有识之士中，强烈主张要顾虑到一年度的预算流转平衡，消耗民力对经济界的影响。作为政府当局，莫如要经过数年，图谋财界之恢复，使得预算之均衡。特别是财界好转，政府收支产生剩余时，倾力偿还公债。财界危机、失业增加、产业不振时，政府自己依靠国债或借款投资产业，以调节经济界。特别是国家投入资本，作为土木、道路等经费。故把其经费作为损失计算等错误的议论抬头。"③ 对于多年度预算，高桥认为，"二三年前，由于经济萧条、世界范围内经济不景气以及其他政治原因，每年度预算不可能平衡。因此，美国经济学家们有这样议论，'虽然预算每年度保持

① 高橋是清：《緊縮政策と金解禁》，《随想録》，千倉書房1936年版，第250—251页。
② 上塚司编：《高橋是清経済論》，千倉書房1936年版，第251页。
③ 同上书，第258—259页。

财政收支平衡是习惯做法，但最近几年的情况，这么做已不合适。为保持每年度财政均衡，必须强行削减必要的财政支出或课以重税，这在事实上是不可能的。财政有必要每年保持均衡吗？没必要使每年度预算均衡，两三年时间实现平衡就可以了。如果每年保持财政收支平衡，就必须增税。另外，也要缩减必要财政开支，强制进行行政改革，人心愈发不安'，我国不必完全采纳，但将来不必把每年财政平衡放在第一位。""现在情况还不能把以前的'量入为出'经济原则放在第一位。'量入为出'在事实上已不可行。"①

为实现财政平衡，高桥认为，"政府要发起各项事业，助力民间事业发展，政府的资本不能光依靠国民缴纳的租税筹集……要依靠借款或公债等财源。如果不这样，没有借款，不依靠公债财源，所有政府的工作依靠租税，只能成为国家间经济竞争的落伍者。"② 可见，高桥是清的财政思想就是为创造有效需求、克服经济危机，而放弃财政政策中立性。认为只要景气恢复，财政收入自然会增加，财政也自然会均衡化。高桥放弃了预算单年度主义，主张以景气循环为周期实行多年度预算，以达到预算平衡。高桥的财政思想是和凯恩斯财政政策类似的理论。但没有资料证明高桥的经济思想借鉴或继承了凯恩斯经济理论。虽然高桥精通欧美经济理论，但高桥经济理论的形成应该是把政友会长期奉行的积极财政经济政策理论化的结果。

第二节　高桥财政时期的金融政策

一　再次停止金本位制

1931 年 12 月 13 日犬养毅内阁成立，高桥是清再度出山就任藏相。高桥是清就任藏相的当天下午三点，日本银行副总裁深井英五拜访高桥，关于金解禁问题向高桥提出两点建议："一、过去政策得失，

---

① 矢島裕紀彦新編：《高橋是清の日本改造論》，青春出版社 1998 年版，第 87—89 页。
② 同上书，第 90 页。

暂置之度外，人心至此，已无继续维持金本位制的可能性，故金输出禁止刻不容缓，可于组阁当夜发布命令；一、今日之形势，仅以金输出再禁止收拾局面，殊为困难，故如宪法上可能，可速发布紧急敕令，停止兑换。"① 组阁当晚，大藏省就推出大藏省令第三十六号，要求黄金输出需要大藏大臣许可。实际就是通过这种方式停止了金本位制度。

关于再次禁止金输出，高桥作了如下声明："我国自最近的金解禁以来，财政经济都极其停滞，招致财政收入激减，财政收支极不平衡，产业萎靡，以至不能看到前途好转之兆。正币不断外流，财界实蒙受深刻打击。特别是利率上涨，金融梗塞，如此推移，前途真令人寒心不已。所以，为匡救时局，实行金输出禁止政策乃必须之根本政策。这也是政府组阁之初就发布金输出禁止令之所以。"② 对于再次金禁止的理由，高桥后来作了进一步解释："我国 1930 年金解禁后正币外流超出预期，特别是 1931 年秋英国停止金本位后形势很严峻。但前内阁仍顽固坚持其既定方针，使我国利率居高不下、金融梗塞、产业不振更进一步。这些都加重了国民负担，为维持金本位制要国民忍受一切牺牲是本末倒置。内外大势明确要禁止黄金输出，故作为现内阁经济政策，在组阁之初就进行禁止黄金输出。"③

黄金对外输出虽然被禁止，但国内的黄金兑换还没有采取停止措施，12 月 14 日日本银行门口挤满了要求兑换黄金的民众。深井英五认为，高桥虽然禁止黄金输出，但并不是认为脱离金本位制，停止黄金兑换就断绝了通货和黄金的联系，也就意味着和金本位制完全脱离，停止黄金兑换仅局限于字句。高桥认为，"如果禁止黄金输出和贮藏，不能不停止黄金兑换"，金输出禁止需要政府的许可，高桥藏

---

① 深井英五：《回顧七十年》，岩波書店 1948 年版，第 259 页。

② 日本銀行調査局编：《日本金融史資料昭和篇》第二十一卷，大藏省印刷局 1978 年版，第 403 页。

③ 《正金建值は当分発表せぬか》，《大阪朝日新聞》1932 年 1 月 5 日。http：//www. lib. kobe－u. ac. jp/das/jsp/ja/ContentViewM. jsp？METAID = 00825350&TYPE = IMAGE_FILE&POS = 1。

相认为停止黄金兑换也一样需要许可制。但在权限上，停止黄金兑换需要枢密院审议，但很快枢密院就在 17 日审议结束，并发布紧急敕令批准黄金输出许可制，实质上就是停止了黄金输出和兑换。高桥以这种方式停止金本位制，为将来可能恢复保留余地。深井英五对此非常感慨："高桥虽推翻了金解禁政策，但他仍执着于黄金和通货的联系，这是我感到意外的地方。"①

这样，银行券的发行和黄金储备脱钩，这会带来银行券价值不稳定，为稳定银行券价值就需要停止黄金兑换，禁止黄金贮藏。结果就以兑换黄金"许可制"的方式，停止了黄金兑换。高桥是清实施这个政策目的，主要是为了防止迫在眉睫的正币流出的临时措施。所以，随着金本位制的停止，为了完善其金融政策就必须对外汇进行有效管理。如果不进行外汇管理，日元汇率大幅下跌就不可避免。但高桥是清明知这一点，却采取了放任主义。这是因为高桥一直对旧平价金解禁采取否定态度，认为按照这个比价将妨碍日本产品出口，进而影响经济景气。为恢复日本经济，必须使汇率下降，使汇率回归到"反映其国力"的水平上。1933 年 2 月 16 日，高桥在众议院会议上说："归根结底，如开始所言，一国的汇率是基于本国与其他国家生产力的比较。"② 如下表所示。

表 4 - 1　　　　　　　　　　1932 年的日元汇率表

单位：100 日元兑美元，1 日元兑先令

月份	最高		最低	
	美元	英镑	美元	英镑
1	37.50	2.111/16	34.50	2.01/8
2	36.50	2.15/16	31.0	1.61/4

---

① 坂入长太郎：《昭和前期财政史（昭和 7 年—20 年）》，酒井书店 1989 年版，第 4 页。

② 大口喜六编：《外国為替管理法の機能》，秀文阁书房 1933 年版，第 18 页。

续表

月份	最高		最低	
	美元	英镑	美元	英镑
3	33.37	1.101/2	30.75	1.8
4	33.25	1.91/8	32.125	1.85/8
5	33.12	1.95/8	31.25	1.87/16
6	32.87	1.91/4	26.50	1.53/4
7	28.0	1.7	27.0	1.6
8	27.9/16	1.63/4	22.0	1.33/16
9	24.3/4	1.415/16	22.25	1.33/8
10	24.1/8	1.43/4	22.50	1.35/8
11	24.1/4	1.37/16	19.75	1.25/8
12	21.50	1.311/16	20.0	1.23/4

资料来源：朝日新聞社：《朝日経済年史》，大空社 1933 年版，第 64—70 页。

1931 年 12 月 13 日，停止黄金输出后，100 日元兑美元汇率就暴跌至 41.35 美元，跌幅达到约 20%，导致外汇交易一度中断。月底 100 日元对美元汇率又下跌到 35 美元左右。进入 1932 年，受到 1 月份上海"一·二八"事变的影响，三月名古屋发生金融动荡，日元汇率又进一步下跌。到 3 月末日本国内情况暂告一段落，美国金融界情况又进一步恶化，导致日元汇率行情更加低落。随着"五·一五"事件的爆发，高桥财政真正进入赤字财政，对通货膨胀特别敏感的汇兑市场再一次下跌。进入 6 月份，日本银行再一次发布降低利率的消息，政友会提出"平价下调五分之一"，在全国通胀的氛围里，100 日元兑美元降低到 30 美元以下，达到 26.5 美元。到 11 月底，由于围绕东北问题国际关系恶化，及低利率政策的实施，日元兑美元汇率降到历史上的最低点的 19.75 美元。1932 年 8 月 25 日，高桥在众议院谈到汇率政策转换时说："别人都说我对汇率采取放任态度，但这里我要告诉大家，我一直在思考汇兑政策。"[1] 声明政府介入的必要性。汇

---

[1] 高橋亀吉：《大正昭和財界変動史》中卷，東洋経済新報社 1956 年版，第 1548 页。

率的波动，强化了市场投机的色彩，对汇率的放任政策破坏了汇率的均衡。而日本的投资者为了安全，大量增持以外币计价的有价证券达到了17亿日元，其中，外国国债8.81亿日元，外国证券3.50亿日元。

外币债务可以回避日元贬值带来的损失，公司债市场陷入萧条状态。外币国债的利率一般可达到10%以上，如果对外币的无限需求不加限制的话，必然导致货币资本的流出、汇率行情低落的危险。所以，高桥首先要控制这一局面，在1932年6月的第62次议会上提出《货币资本逃避防止法》，并获得通过，7月1日以后开始实施。根据这个法案规定，禁止外币证券的输入，拥有外币证券的人必须把交易明细在7月份报告给大藏大臣，此外，今后这种外币证券的买卖、拥有必须得到政府同意。这样规定外币证券的买入，货币资本仍继续外流。金本位制的停止，虽然阻止了黄金这样的货币资本外流，但通货之间的交换仍然使货币资本不断流出。《货币资本逃避防止法》有效防止了此类货币资本的外流，但货币资本外流的途径并没有完全堵死。如在日本国内购买商品出口，事先把出口货款送到出口对象国，这样的资本外流方式被称为无外汇出口，盛极一时。《货币资本逃避防止法》对此无能为力。尽管出口金额不断增加，但汇兑市场上外汇的量并没有达到这个数额，从而助长了汇率的下跌。1932年11月，日元汇率跌至20美元左右，高桥是清于是推出正式的汇兑政策，11月21日命令国内所有银行，在11月24日以后国内的外汇买卖、海外分行以银行为对象出售日元时，要在第二天把其交易内容经由日本银行向政府报告。1933年2月，又向议会提出《汇兑管理法案》，通过后，随着5月1日以后的正式实施，《货币资本逃避防止法》也就废止。该法案全文由八条构成，但没有具体阐述外汇管理的内容，只阐述了政府管理外汇权限的形式和范围，根据这个法案无外汇出口被禁止，对外汇的交易、拥有的控制更加严格，计算资本的外汇管理就此完成。

随着汇兑管理措施不断推出，汇率行情急剧下降。一般认为汇率行情可自然稳定在20至21美元的水平。但是1933年末随着美国经济状况急速恶化，3月5日新任总统罗斯福宣布全国银行停止营业。这时日元汇率开始回升，1933年末达到了30.7美元（如表4-2所示）。日元汇率上升本应该是受日本资本主义欢迎的事情，但事实恰恰相反。日本资本主义已经根据汇率的下跌，重新构造了价格体系。所以，汇率的上涨使日本汇兑政策来了一个 180 度的大转弯，从阻止汇率下降转为阻止汇率上升。在美国银行停业令宣布的三天后，日本把日元的汇兑基准由原来的美元转为英镑，1 日元相当于英镑 1 先令 2 便士，以达到安定汇率的目标。进入 1934 年后，世界资本主义与日本资本主义经济混乱局面告一段落，日元兑美元汇率也大致稳定在 28 至 29 美元的水平上。

表 4—2 　　　　　　　　　1932—1936 年日元汇率表

单位：英镑：1 英镑兑日元，美元：100 日元兑美元，%

年月	英镑		美元		对黄金平价下降率
	平均汇率	下降率	平均汇率	下降率	
1932.6	——	——	30.29	39.24	39.24
1932.12	15.645	37.60	20.73	58.41	58.41
1933.6	15.974	38.88	25.76	48.32	57.85
1933.12	16.570	41.18	30.74	38.33	60.53
1934.6	16.811	41.92	29.90	40.01	64.38
1934.12	17.128	43.00	28.82	42.18	65.66
1935.6	16.991	42.54	28.99	41.83	65.5
1935.12	17.126	42.99	28.74	42.37	65.8
1936.6	17.058	42.74	29.39	41.04	65.0

资料来源：根据金融研究会《金輸出再禁止後の我国金融事情》附録統計表，1936 年版制表。转引自高橋精之《高橋財政の歴史性格》，《社会労動研究》1966 年第 12 期，第 61 页。

高桥是清停止金本位之后汇兑政策的目的，是防止日本经济被欧美各国的经济动荡所搅乱。但阻止黄金外流仍不可能阻止货币资本的外流，于是高桥又出台《汇兑管理法》，限制货币资本外流。而且从资本计算方面限制对汇兑的需求，有效阻止了汇率的下跌。但这一措施是在停止金本位制一年半以后才出台的，这期间汇率暴跌了大约 40%，本来汇兑管理政策是为了阻止汇率下跌而出台的，虽然没有阻止汇率下跌，却起到了稳定汇率的作用。之所以放任汇率下跌，高桥财政是希望借此达到刺激经济景气的作用。所以，高桥财政的汇兑政策一方面是大幅降低汇率，另一方面要把下降幅度控制在一定范围内，以安定汇率，防止货币资本自由流动。管理汇兑成为适合当时日本资本主义构造的合理选择，而且汇兑政策的性质也从当初的防止外国动荡冲击日本经济的防守政策，转为向外倾销商品，刺激国内经济景气服务的进攻性政策。

二　低利率政策的推出

高桥财政采取的另一重要金融手段是降低利率。在 1932 年初，日本在上海发动"一·二八"事变，造成国际局势非常紧张。在国内，由于井上准之助于 2 月 9 日被刺杀，3 月 5 日三井合名理事长团琢磨被枪杀，接着在爆发的"五·一五"事件中犬养毅被杀，民间及军队右翼势力制造的白色恐怖笼罩全国。尽管日本政府再次禁止黄金输出，人们期盼的经济景气仍未出现，整个日本财界处于惶恐不安状态。为缓和财界不安情绪，民政党内阁为实现金解禁、维持金本位制而强力推行的高利率政策已不再合适。2 月份举行的众议院总选举政友会大胜，新内阁可以顺畅推行本党的政策。当时，英、美中央银行也普遍降低利率，世界进入低利率时代。进入 3 月，日本与中国国民党政府进行停战谈判，国际局势稍有缓和，高桥财政就正式推出低利率政策，日本银行于 3 月 12 日第一次下调法定利率 2 厘。关于高桥财政时期日本银行法定利率变动情况，如表 4 - 3 所示。

表 4 - 3　　　　　　　高桥财政时期日本银行法定利率

单位：日息：钱

年利:%

年月日	商业票据		国债担保贷款		国债意外担保贷款		透支贷款	
	日息	年利	日息	年利	日息	年利	日息	年利
1930. 10. 7	1.40	5.11	1.50	5.48	1.60	5.84	1.80	6.57
1931. 10. 6	1.60	5.84	1.70	6.21	1.80	6.57	2.00	7.30
1931. 11. 5	1.80	6.57	1.90	6.94	2.00	7.30	2.20	8.03

续表

年月日	商业票据		国债担保贷款		国债意外担保贷款		透支贷款	
	日息	年利	日息	年利	日息	年利	日息	年利
1932.3.12	1.60	5.84	1.70	6.21	1.80	6.57	2.00	7.30
1932.6.8	1.40	5.11	1.50	5.48	1.60	5.84	1.80	6.57
1932.8.18	1.20	4.38	1.30	4.75	1.40	5.11	1.60	5.84
1933.7.3	1.00	3.65	1.10	4.02	1.20	4.38	1.40	5.11
1936.4.7	0.90	3.29	1.00	3.65	1.10	4.02	1.30	4.75

资料来源：根据《本邦經濟統計》各表制成。转引自高橋精之《高橋財政の歴史性格》，《社会労動研究》1966 年第 12 期，第 91 页。

由于活期贷款利率是各金融机构间的短期利率，它最灵敏地反映出金融市场资金的过剩或不足。如下图所示。

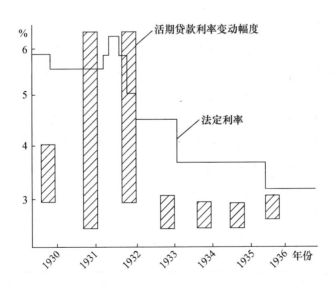

图 4 - 1　日本银行法定利率以及活期贷款利率年度变动幅度

资料来源：根据日本银行《日本经济统计》各表制成，转引自中村隆英《昭和经济史》，岩波書店 1994 年版，第 59 页。

降低贷款利率可以降低企业负担，有利于企业发展。而且，利率下降会抬高股票价格。如果一般利率为6%，公司股息也为6%，要是公司信誉良好、机制健全，那么，股票面值与股票市价是相等的。如果一般利率降至4%，而股息仍为6%，那么，在一般情况下，100日元存款利息为4日元，而所得股息仍可拿到6日元。所以，该股票市价提高到150日元才能平衡。股票价格提高，不仅有利于投资者，企业也较容易筹集所需资金。从财政角度看，财政支出增加，必然增加公债发行量。如果利率提高，公债利息负担也必然增加，从而增加政府财政负担，所以，降低利率较为有利。故，为减少发行公债费用，低利率政策是高桥财政必然的选择。低利率政策不仅能减轻发行公债的利息负担，在经济危机时期也能减轻产业资本的利息负担。这也是高桥财政通过金融政策刺激经济景气的金融手段之一。

第一次利率下调不可能缓和金融上的压力，"五·一五"事件后，斋藤内阁成立，日本银行在6月8日第二次下调日本银行法定利率2厘，由于这时"五·一五"事件后的政治混乱，日本银行制度改革导致的通货膨胀悬念，使日元汇率暴跌到30美元。从1932年开始，由于赤字财政规模的扩大和赤字公债难以消化问题，政府期待进一步降低利率。8月16日，邮政储蓄率先宣布下调利率，10月1日，邮政储蓄利率由年4.2%下调到3%。对此，政府发表声明，阐明邮政储蓄降低利率的意义，"在现在非常时期，为重建整体经济，最为紧要的是降低一般利率，以缓和金融紧迫局面。根据这个方针，降低邮政储蓄利率，进而降低大藏省存款部资金贷款利率，特别是作为各种地方资金，通过低利率融通，对农村及中小工商业者进行救济，诱导一般利率下降"[1]。8月18日，日本银行第三次下调法定利率2厘。经过日本银行连续两次下调利率，不到半年时间各种法定利率下降就达6厘。到1933年7月，日本银行第四次下调法定利率2厘，至此下调利率政策告一段落。这和以后马场财政降低利率政策性质完全不同。高桥财政政策虽然使日本走出经济危机，但远没有达到好景气的程度。经济的实际情况，也要求高桥采取低利率政策来刺激经济增长。

---

① 朝日新闻社经济部：《朝日经济年史》，大空社1937年版，第94页。

高桥龟吉认为："昭和七年至十年的低利率的性质，绝不是在外表上看到的，人为的政策，而是具有充分的经济基础的产物。"[①]

8月26日，随着日本银行的法定利率下调，民间金融机构的贷款利率也随之下调。如下表所示。

表 4－4　　　　　　1931—1935 年日本存款利率、贷款利率、

证券利率和利润率　　　　　　单位：%

年份	存款平均利率	经费率	存款成本合计	贷款平均利率	贷款利润	证券利率	证券利率利润
1931 年下半年	3.72	1.39	5.11	5.52	0.41	5.51	0.40
1932 年上半年	3.86	1.45	5.31	5.77	0.46	5.91	0.60
1932 年下半年	3.84	1.29	5.13	5.53	0.40	5.64	0.51
1933 年上半年	3.59	1.21	4.80	5.47	0.67	5.54	0.74
1933 年下半年	3.42	1.25	4.67	5.48	0.81	5.23	0.56
1934 年上半年	3.18	1.13	4.31	4.91	0.60	5.04	0.73
1934 年下半年	3.13	1.13	4.26	4.88	0.62	4.91	0.65
1935 年上半年	3.06	1.10	4.16	4.78	0.62	4.85	0.69
1935 年下半年	3.11	1.08	4.19	4.82	0.63	4.74	0.55

资料来源：日本銀行調查局編：《滿洲事變以後の財政金融史》附屬統計年第 14 表。转引自高橋精之《高橋財政の歷史性格》，《社会労動研究》1966 年第 12 期，第 92 页。

银行贷出利率下降，也意味着银行的收益率下降。为克服这个矛盾，有必要下调存款利率，以保障金融界的利益。以 1932 年 8 月日本政府首先下调邮政储蓄利率为开端，1933 年 7 月 1 日，日本关东、关西各银行重新修订利率，降低存款利率。如下页表所示，甲种银行定期存款年利率降到 3.7%，这样低的存款利率是空前未有的。从 1932 年上半年开始，尽管贷款利率不断下降，但由于存款利率降低幅度更大，银行的利润反而增大，如表 4－4 所示。当然，银行利润的扩大不仅是存款利率降低的贡献，也有银行通过经营合理化使银行办公成本降低的因素，但存款利率降低还是银行盈利的主要原因。我们必须认识到，银行利率的降低反而使银行收益率上升，这主要是高桥

---

① 高橋龟吉：《大正昭和財界變動史》中卷，東洋经济新報社 1956 年版，第 1522 页。

财政把国家、产业资本和金融资本的损失转嫁到了存款者头上的结果。存款利率的下调，国民的储蓄意愿必然降低，这是政府所担心的。进入 1934 年，高桥财政放弃了进一步降低利率的政策，转而采取稳定利率的政策。

表 4－5　　　　　关东地区、关西地区银行间存款协定利率

（1933 年 7 月 1 日修改）　　　　　单位:%、厘

	甲种		乙种	
	旧利率	新利率	旧利率	新利率
定期存款	年 4.2% 以下	3.7	4.7	3.2
活期存款	日息 2 厘以下	2	3	3
特别活期存款	日息 7 厘以下	6	9	8
通知存款	日息 8 厘以下	7	9	8

资料来源：根据金融研究会编《金輸出再禁止後の我国金融事情》附表制成。转引自高橋精之《高橋财政の歷史性格》，《社会劳動研究》1966 年第 12 期，第 93 页。

深井日银总裁在 1935 年 12 月 31 日召开的东京股票交易所新年宴会上做了一场经济演说，就低利率政策与各经济领域的关系进行了说明。他首先就国债的民间消化状况进行了总结，"年初以来到最近，日银卖掉了四分利公债是 1.4 亿多日元，与前一年同期相比多出约 5000 万日元，还有昭和七年（1932）以来日本银行承兑的四分半利及四分利公债 27.6 亿日元，市场上出售的金额是到今天为止 26.3 亿日元达到了，需要强调的是民间公债消化得很顺利，确保将来货币和公债的信用，对我们经济界的健全发展，要做到深谋远虑。"对于赤字公债政策，深井认为，"我国财政的现状是今后相当一段时间内每年不得不发行相当的巨额赤字公债。但是，我们财政始终做不到收支平衡，无限期发行巨额赤字公债的话，必然招致公债政策的失败，招来不可想象的后果。高桥藏相对此感到忧虑，为财政的健全化，理所当然要确立公债递减方针。然而即便如此，巨额赤字公债今后继续发行，公债民间消化如何，就不会如此乐观了。不用等到日银总裁的说明，昭和七年以来我们财政收入的一半左右，不仅仅依靠赤字公债来

支付。没发生恶性通货膨胀，物价也没到失调的程度，金融界发展比较平稳，完全是日银的市场操作政策，使新公债顺利被民间消化的缘故。但是，我们国债总额现在正突破100亿日元，公债是以信用为基础的，公债乃至货币政策一旦失去国民的信任，公债市价就会暴跌，其消化能力如何不是全部问题之所在。因此，为维持国民对公债的信任，单单采取公债递减方针是不够的，与今后的货币政策也有很大的关系。"在利率政策方面，深井认为"我们的金融市场形势，最近由于种种原因带来短期贷款资金供求关系变化，显示了日息的缩紧，但长期利率继续保持低位，地方银行的存款收益低落，而低利率普及全国，没有触及今后的货币政策，非常遗憾。最近民间银行的贷款额增加，短期资金减少，有时日息回升，另一方面银行存款增加，低利率从都市到各地方普遍化，总裁所说金融呆滞的基础没发生任何的变化。但是，我们的低利率已经达到限度，今后日本央行的利率和邮政储蓄的利息要进一步下调吗？除非发行三分利国债，否则进一步推进低利率非常困难。"①

第三节　赤字财政与赤字公债

一　"五·一五"事件与政党政治的终结

在日本经济危机不断深化的大背景下，围绕资本家和政客的勾结与腐败、贫富分化加剧、财政收入危机下对紧缩财政和削减军费问题，对外围绕对华不干涉主义、对英美的妥协外交等问题，资本主义内部各种矛盾不断激化。资本主义的各种矛盾导致民间、军内法西斯团体日益活跃，而且民间、军内法西斯团体开始合流。他们主张对内进行改革，以解决资本主义的各种矛盾；对外强调危机意识，积极对

① 《金利政策如何日銀総裁の演説》，《大阪毎日新聞》1936年2月2日，http://www.lib.kobe-u.ac.jp/das/jsp/ja/ContentViewM.jsp? METAID=00755214&TYPE=IMAGE_FILE&POS=1。

外扩张；打倒只满足自己私利私欲的政党和财阀。为实现政治体制和经济体制革新主张，他们策划和发动了一系列暗杀活动。

1932 年 2 月 9 日，前藏相兼立宪民政党党魁井上准之助，在选举活动中被血盟团成员小沼正暗杀。3 月 5 日，法西斯分子还刺杀了三井财阀的理事长团琢磨。团琢磨 1914 年接替益田孝就任三井合股公司理事长，成为三井财团的最高领导人。1922 年和井上准之助建立日本经济联盟会，1928 年担任会长，成为名副其实的日本经济界、金融界代表人物，同年被授予男爵爵位。1925 年至 1926 年率实业团出访欧美，鼓吹对外经济侵略。次年带领由资本家组成的各经济团体反对《劳动组合法案》。1931 年"九·一八"事变后，以其为首的三井财阀趁政府即将禁止黄金出口而抢购美元，引起风潮，若槻礼次郎内阁谴责抢购美元为卖国投机，但同年 12 月为犬养毅内阁上台后再度禁止黄金出口，财团转眼获得了巨额利润。为此国民对财阀、政府的不信任感倍增，血盟团则以其为目标，于 1932 年 3 月 5 日在三井公司的正楼门前犬养毅被血盟团团员菱沼五郎刺杀。

1932 年 5 月 15 日，以海军少壮军人为主的法西斯分子发动政变。政变者袭击首相官邸、警视厅、内政大臣牧野伸显邸宅、三菱银行、政友会总部以及东京周围变电所，首相犬养毅被杀，是为"五·一五"事件。关于这个政变爆发的直接原因，元老西园寺公望认为，"五·一五"事件的发生，是军人认为政党、财阀、特权阶级腐败堕落，轻视国防、阻碍国家发展，要求革新现状、明征建国本意。是站在这个立场的军人，不满现状直接行动的结果。[①]

"五·一五"事件是日本政治史上一个重大的历史事件。犬养毅与军部在对华政策上存在根本分歧，1931 年底就任内阁总理大臣之后，对于"九·一八"事变犬养始终希望采取和平途径解决；对于关东军所成立的"满洲国"，犬养也抱持着反对的立场。犬养毅拒绝了军部要求承认"满洲国"的指示，而是利用自己的管道与中国政府进行交涉。他的解决方案是承认中国对东北地区行使主权，但日本要在

----

① 原田熊雄：《西园寺公と政局》第三卷，岩波书店 1951 年版，第 156 页。

经济上实质性地支配东三省。犬养派萱野长知赴上海，担任与中国进行谈判的中间人。然而这样的方案遭到日本激进势力的大力反对。当时，任内阁书记官长的是属于对华强硬派的森恪，他对犬养的温和姿态十分不满，并以辞职相要挟。总之，"五·一五"事件之前的政治形势，是政府与军部越来越对立，政府首脑对军部在中国东北的任意行事越来越不能容忍，对军部采取批判态度。

杀害犬养首相的这11个凶手被以军法起诉，但日本社会大众却对这些人充满同情，在审判前，一份由35万人以鲜血署名的请愿书被送到法庭，请求法庭从宽发落。在审判过程中，凶手们反而利用法庭作为宣传舞台，"弘扬"他们对天皇的一片赤诚与耿耿忠心，激起大众更多的同情心，呼吁改革政府与经济。日本民间同情刺客，纷纷请愿，加上实行真正的"政党政治"十几年的结果不如人民预期，日本人的思想逐渐倾向军国主义的主张，军国主义时代来临。对于阴谋制造"五·一五"事件的日本军部来说，这样的重案却有这样无一人死刑的轻判就是对与军权对抗下的法制与民主政府更进一步的侵蚀。

"五·一五"事件的爆发导致犬养毅内阁解体，围绕如何组阁问题，各种政治势力展开了激烈斗争。政友会希望推选铃木喜三郎担任总裁，接任下届首相，由政友会单独组阁。元老西园寺公望也打算推举铃木组阁。但陆军中坚将校坚决反对政党内阁，认为如果这时再成立政党内阁，就有再次发生暴力事件的危险。陆军希望平沼骐一郎担任首相，组成举国一致内阁，但元老西园寺却丝毫没有推荐平沼骐一郎的意思。另外，民政党也策划海军大将斋藤实组成举国一致内阁。虽然，元老西园寺公望希望恢复宪政之常道，但同军方接触后，打消了推举铃木的念头，同时，西园寺得到了天皇关于下任首相人选的意见，几经权衡西园寺接受任内大臣秘书官长木户幸一的建议，推荐海军大将斋藤实为首相，组成举国一致内阁。根据《木户幸一日记》1932年5月19日的记载："……此时设法使政党和军部合作是理所当然的，军部在感情上已发展到否认政党的地步，所以看来两者很难提携。既然如此，莫如暂时让二者退出，请公平有力的第三者出马，把问题搁置起来待以后逐渐解决，亦为一种良策，而且我认为这是最切实可行的办法。也就是要让第三者监督政党的重建活动，而军部则要信任这个第三者，自身专心于改革军队的统制。而上述这样的第三者，我认为除斋藤子爵外别无他人，只是该子爵的健康状况是否允许还是个问题。"①

斋藤实能够就任首相，可以说是各方力量均衡的结果。作为各方都可以接受的人选，第一，斋藤不是政治家。斋藤不隶属任何政党，没有党派色彩，容易被军方和社会大众接受。第二，政权要得到军方认可，由一名熟悉军队体系的军人担任首相是再适合不过的了。由于陆军所牵扯的利益关系太多，所以由海军军人担任首相更稳妥一些。第三，斋藤在海军具有较高威望。从第一次西园寺内阁到第一次山本权兵卫内阁共有5届内阁，斋藤担任海相长达8年时间，在海军有较高的发言权。第四，斋藤与政界人士关系广泛。斋藤是第一、第二次西园寺内阁成员，与元老西园寺私交深厚，和宫内大臣牧野伸显也有旧交。第五，斋藤符合昭和天皇提出的用人条件。"五·一五"事件后，天皇认为下任首相应"具备出众的人格"、"绝对不能是接近法西斯主义者"、"外交以国际和平为基础，努力使对外关系圆满顺畅"② 等条件。斋藤曾作为全权代表出席维也纳裁军会议，被看作实现国际和平的代表。并且他与法西斯分子没有什么牵连，与各方关系良好。海军大将斋藤实作为各种势力的平衡点，5月26日组成所谓"举国一致"内阁，日本政党内阁时代结束。

军方的猖狂，使从政者或噤若寒蝉或转换立场。对此，重光葵有比较深刻的认识，"用恐怖手段，将站在反对军部势力立场上的政党及政党政治家打倒，以破坏国家对内对外的堤防。军部的这种行动，已无人能正面加以阻止了。然而，上层多数有识之士已经深刻地忧虑到，若不能阻止军部活动，至少也要将它缓和，使之不致破坏大局。元老或用海军的力量抑制陆军，或用外交的力量恢复对军部的钳制。

---

① ［日］升味准之辅：《日本政治史》第三卷，董果良译，商务印书馆1997年版，第723页。

② 原田熊雄：《西園寺公と政局》第二卷，岩波书店1950年版，第287页。

这就使得国内政治势力互相牵制，以防止政治的极端化。这种姑息手段，不仅不能挽回大势，而且一旦堤防崩溃，将如洪水一般的激流，加速度地向前冲。特别是对外政策的混乱，逐次发生了破坏作用，已不知何时能停止了。'满洲事变'发生时，币原外相曾用电话与金谷参谋总长商谈要事，因此中坚将校认为外相用电话来叫参谋总长，有损军部最高干部尊严，遂请闲院宫元帅担任参谋总长。军中中坚干部拥戴皇族作木偶，按自己的思想调动军队，利用皇族的威力，想威压政府及一般人。这种企图，和使天皇神化同出一辙。海军方面也加以仿效，请伏见宫担任军令部长。这样一来，由中坚将校推动的统帅部，对内阁更发挥了它的威力。"①

对于日本政党政治的命运，重光葵认为"反对藩阀的政党势力，最初在反藩阀势力中形成，以后随民权自由思想的普及，发展到有主张有主义的政党。政党的长足进步，是因为与继承藩阀势力的军部对立的结果，近代化政党的出现则是第一次世界大战以后的事。日本终于跟上了世界潮流，当然也使以国民为基础的政治机构得到发展，但还是发生了激烈的反动。有自由主义者与反动势力的斗争，有政党与军阀的斗争。但是，政党的斗争，由于政党本身的无力与过失，以及日本人一般缺乏政治训练，再加上反动势力的野蛮和直接行动，结果惨败。它的最后一幕，是犬养首相的被杀害，这也意味着政党政治的最后终结。"②

斋藤内阁的政治任务，是抑制今后陆军对中国东北问题强硬主张和海军极端派对将要成立的裁军问题的阻挠，以引导政治走上"中间道路"。陆相荒木留任，海相以大角大将代替冈田大将。而政友会的高桥是清任藏相，山本达雄任内大臣，他们的入阁表明了以"举国一致"来处理国家危机的态度。斋藤虽标榜"中间道路"，但由于军部的政治主导力越来越强，在现实的内政外交上日本政府扮演的只不过是为军部收拾残局的角色。

---

① 重光葵：《昭和の動乱》第一卷，原書房1978年版，第51页。
② 同上书，第63—64页。

关于日本对中国东北的侵略，国际联盟根据李顿报告，认定日本是侵略国。日本政府派遣松冈洋右为代表参加了这次会议，决议之后，松冈终于放弃同国联合作，1933 年 1 月 8 日退出会议。2 月 27 日，日本政府发出退出国联的通告。这就表明，日本退出了国际协调之外，在国际舞台上日益孤立。

总之，"五·一五"事件爆发的一个重要原因是井上准之助金解禁紧缩政策使农民生活状况异常困窘，陆海军青年军官从军人立场出发所采取的直接行动，以此事件为转机，高桥是清的财政金融政策出现重大转变。

二 赤字财政的展开

高桥就任藏相，召开第 60 届议会处理昭和七年度预算问题。七年度预算早在前任内阁的 1931 年 12 月 7 日就已完成了，其预算 14.76 亿日元，比昭和六年度预算略少。而政府的财源只有 13.7 亿日元，其 1.72 亿日元差额部分，依靠发行公债和增税填补。特别是加上各种特别会计发行的公债，到 1931 年 11 月末，包括"满洲事变"公债在内的七年度新规公债发行预定额大约为 2.5 亿日元。12 月 17 日，犬养毅召开内阁会议研究前任内阁政策，决定编成七年度预算方针。（一）行政财政整顿继续执行；（二）保留拓务省；（三）中止废直桦太（库页岛）厅特别会计；（四）中止印刷品特别会计设置，适当整顿印刷局特别会计预算；（五）继续实施俸给恩给及其他各项工资的削减；（六）中止一部分减债基金的编入；（七）加上失业救济、调查会等的经费追加预算；（八）中止税制整顿、增税；（九）新政策的经费列入追加预算。[①] 在这一方针指导下，高桥向第 60 届议会提出七年度预算约 13.97 亿日元。但由于众议院解散，导致该预算没有成立，仍沿用上年度预算。为应对"九·一八"事变以来新的事态，高桥以紧急敕令的形式三次发行"满洲事变"公债 6300 万日元，从日本银行借款 1500 万日元。

---

① 大藏省昭和财政史编集室编：《昭和财政史》第三卷歲計，東洋経済新報社 1954 年版，第 612—613 页。

在众议院重新选举期间，日本军部发动了对上海侵略的"一·二八"事件，在国内各法西斯恐怖团体和陆海军法西斯分子合流，制造了暗杀前藏相井上准之助和三井合名理事长团琢磨等事件，国内的政治气氛使政党越来越感到不安。第 18 届众议院议员总选举结束后，政友会获得议会多数席位。犬养毅编成的 1932 年度执行预算，财政收入 13.747 亿日元，财政支出 14.605 亿日元，赤字为 0.858 亿日元。1932 年 3 月 18 日第 61 届议会召开，这次议会的目的是承认"满洲事变"公债和日本银行借款；通过六年度、七年度的军费追加预算；追认"满洲国"建国的事实。由此，七年度实际预算财政支出14.6 亿日元，财政收入 13.74 亿日元，其赤字 8500 万日元不计入填补公债。在第 61 届议会还通过"关于为支付'满洲事件'经费发行公债法律案"，用以支付 6750 万事件费。①

高桥财政停止金本位制，放任汇率下跌，使日元汇率下跌约 40%的做法，刺激了产业资本的景气恢复。但高桥财政刺激经济的基本政策还是赤字财政，国家垄断资本主义阶段为刺激经济景气的基本政策，是动用国家信用创造购买力。但高桥财政开始之初把重点放在金融领域，高桥接任藏相后马上宣布停止金本位制，认为只要停止金本位制就能解决问题。就这个问题，高桥在 1933 年 2 月 2 日的议会上说："实施金再禁止是政友会的目的，但那时任何人都认为如果不立刻实行金再禁止，正币将荡然无存，公债及其他有海外支付义务的我国正币都将失去，那样日本就将破产，从这个目的来说，未必一定要实行'通货膨胀'，抬高物价。这是这个政策产生的主要原因。"②

在前所未有的经济危机状态下，出现的新局面需要新的方法来解决。但高桥开始应对危机的方法，还是根据第一次世界大战后利用日本银行进行救济融资的经验，认为克服经济危机必须借助日本银行的力量。高桥呼吁各金融机构向日本银行借款，然后向产业界进行融资。高桥在 1932 年 4 月 25 日日本经济联盟总会上说："民间大银行

---

① 坂入長太郎：《昭和前期財政史（昭和 7 年—20 年）》，酒井書店 1989 年版，第 8—9 页。
② 大口喜六編：《外国為替管理法の機能》，秀文閣書房 1933 年版，第 91—92 页。

以接受中央银行融通资金为耻……普通银行和中央银行间平时不能充分交流，一旦有资金需要时只能独力调配资金，往往会产生剧烈的催缴债权等弊端。每到这时，即便改革发券制度，加大通货供给也无法完全达到疏通金融的目的。"①

　　但单以金融手段来克服前所未有的世界性大经济危机是难以达到预期效果的，金融机构现在最需要的是信任，而不是资金。产业资本现在最需要的不仅仅是资金，还有买主。所以，民间金融机构尽管得到了日本银行的资金融通，但也不能以同样的宽松条件贷给产业界。产业界也一样，得到资金支持是要支付利息的，在经济前景低迷的情况下，企业毫无借款意愿。可见，刺激经济景气，金融政策的作用是有限的。摆脱经济不景气最重要的方法是增加购买力，但预期收益如果不好，只增加信用供给虽有一定促进作用，但解决不了根本问题。高桥作为金融垄断资本的代言人，虽认为有必要实施新的政策，但顾忌由此产生的风险，仍执着于以前的安全利益。所以，在这个动荡的历史时期，金融垄断资本和日本资本主义之间产生巨大矛盾，这个矛盾是日本资本主义通过"五·一五"事件这样的暴力手段来贯彻其诉求而解决的。军部的举动虽看似鲁莽，但却很好地反映了日本资本主义的要求。在动荡的历史时期，先天不足的日本资本主义要快速实现其要求，只能通过外在的强制力量（即武力）来贯彻自己的要求。在内外条件的作用下，高桥以"五·一五"事件为契机，开始从以金融手段进行危机救济，真正转为实施赤字财政。高桥采取的"量出为入"的财政原则，使日本财政支出规模逐年扩大。

　　"五·一五"事件后，斋藤实组成内阁，对军部的要求开始采取迎合的姿态。1932 年 6 月召开的第 62 届议会通过决议，宣布承认伪"满洲国"，并提出昭和七年度追加预算，昭和七年度预算规模达到17.804 亿日元。追加预算的财源主要依靠的是发行公债。发行新的公债是为了填补由于租税收入和其他经常财政收入组成的一般会计财政收入不足，这在日本财政史上还是第一次。对于发行年度财政收入

---

① 高橋亀吉：《大正昭和財界変動史》下卷，東洋経済新報社 1956 年版，第 1393 页。

填补公债的理由，高桥藏相认为："每年度财政收入未必都均衡，预计在一定年限内平衡就可以，现在不是增税的时机。"① 1932 年的公债发行中，一般会计电信事业公债、震灾善后公债、道路公债等事业债 4370 万日元，"满洲事件"公债 2.49 亿日元，财政收入填补公债 1.605 亿日元，共计 4.533 亿日元。特别会计公债包括朝鲜、中国台湾、关东州、桦太的事业公债 2380 万日元，朝鲜总督府、关东州厅的"满洲事件"关系费公债 330 万日元，帝国铁道公债及事业公债 7280 万日元，一般会计和特别会计合计发行公债额为 5.295 亿日元。在执行预算过程中，预算也不断增加。中央和地方的财政支出合计达到 8 亿日元。② 七年度追加预算获得两院通过，这届议会上还通过了《公债发行法案》《修改兑换银行券条例》《货币资本逃避防治法》《关于丝价安定法案》，这些法案的通过为推动高桥积极财政的展开准备了条件。在 1932 年以后，《关于为支付"满洲事件"经费发行公债法律案》经过逐年修改，起债规模不断扩大。在事件告一段落后，为维持在中国东北的兵力，"满洲事件"费仍没有被取消，财源主要还是依靠公债。到 1936 年"满洲事件"公债发行总额为 10.98 亿日元，各年发行额中，1931 年最少，为 0.85 亿日元，1932 年则猛增到 3.1 亿日元，从 1933 年到 1936 年每年平均发行 1.7 亿日元。从 1931 年到 1940 年，日本"满洲事件"经费预算总额为 19.3 亿日元，其中 18.9 亿日元依靠发行公债，占 94%。③

1932 年的财政赤字开始大规模膨胀，围绕 1933 年即昭和八年度预算，日本各政治力量又展开了新一轮争斗。第 63 届议会结束后，为编制昭和八年度预算，各省上报的预算额高达 29 亿日元，其中新增预算要求达 13.54 亿日元。④ 对于各省的要求，大藏省不可能完全

① 大藏省昭和财政史编集室编：《昭和财政史》第六卷国债，東洋经济新报社 1954 年版，第 179 页。
② 坂入长太郎：《昭和前期财政史（昭和 7 年—20 年）》，酒井书店 1989 年版，第 40 页。
③ 大藏省昭和财政史编集室编：《昭和财政史》第六卷国债，東洋经济新报社 1954 年版，第 176—178 页。
④ 大藏省昭和财政史编集室编：《昭和财政史》第三卷歳計，東洋经济新报社 1954 年版，第 148—151 页。

满足，和各省展开协商。1932 年 11 月 7 日，大藏省在内阁会议上提出预算总额为 21.5 亿日元，发行公债 7.68 亿日元的方案。经过各方角力，最后敲定新的预算要求额为 6.8 亿日元。其中包括"满洲事件"费、时局匡救费、装备改善费和汇率下跌经费等，但这些经费必须包含在 8 亿日元公债中，政府只同意 1.92 亿日元的复活要求。各省尤其是陆海军强硬要求复活经费，高桥从财政全局考虑，主张对军部的要求额度进行削减。内阁意见严重不统一，斋藤内阁陷入解体危机。最终，高桥与军部妥协，高桥复活军部预算陆军 5000 万日元，海军 4500 万日元，合计 0.95 亿日元。而其他各省的经费复活请求，大藏省确认了 2000 万日元。斋藤内阁把八年度预算案提交到第 64 届议会，其预算规模为 22.39 亿日元，其中财政收入的 9.879 亿日元依靠发行公债。作为非常时期的财政，昭和八年度预算虽经过缩减，但其预算规模仍是相当庞大的，引起各方质疑。面对质疑，高桥认为"满洲事变"费、装备改善费、时局匡救费大体在昭和九年结束，另外那时财界的景气也会好转，昭和十年的预算能做到收支平衡。[1] 这届议会还通过八年度追加预算，合计 7000 万日元，其中绝大部分还是依靠发行赤字公债。结果，一般会计总额达到 23.9 亿日元，比上年度预算膨胀近 3 亿日元。[2]

斋藤内阁不是政党内阁，在议会中占多数的政友会也一直找机会调整与斋藤内阁的关系。第 64 届议会结束后，被昭和八年度预算苦苦折磨的高桥是清在和政友会总裁铃木会谈后，以健康原因向斋藤内阁提出辞职请求。鉴于高桥在日本政坛的地位和声望，高桥的辞职一定会导致斋藤内阁的瓦解。斋藤要求高桥留任到"五·一五事件"处理结束，但到 1933 年 5 月 17 日"五·一五事件"处理完成后高桥却没有辞职意思。最后，斋藤虽通过拜访元老西园寺公望使高桥答应继续留任，但日本政局动荡局面越发激烈。

---

[1] 坂入長太郎：《昭和前期财政史（昭和 7 年—20 年）》，酒井書店 1989 年版，第 42 页。
[2] 大藏省昭和财政史编集室编：《昭和财政史》第三卷岁计，東洋经济新報社 1954 年版，第 152 页。

为了回避这样规模庞大的财政赤字，1933 年 6 月 16 日内阁会议通过昭和九年（1934）年度预算编成方针，规定要极力节减经费，限制新的经费要求。① 由于经济景气的恢复，租税及其他经常性收入增加，时局匡救费和其他支出的减少，公债渐减成为可能。高桥在 1934 年 1 月 23 日第 65 届议会发表的财政演说中指出，"我国经济状态渐次好转，1934 年度如收入继续呈自然增长势头，恢复 1928、1929 年财政收入状态为时不远。但现在财政收入不仅是巨额不足问题，也要为我国财政前途考虑，所以对公债发行额有必要极力减少。"② 但陆海军要求增加装备改善费的要求一定比上一年度更加积极，大藏省为抑制各省增加预算的要求，确定了预算编成基本准则，即预算总额、公债计划绝不超过八年度预算，把除装备改善费之外的新的预算要求限定在八年度的框架内。"满洲事件"费只作为直接的经费，时局匡救费以七年度预算的 1.6 亿日元为限度。但经过大藏省估算，各省的预算总额达到了 27.89 亿日元，其中新的要求额度为 13.99 亿日元。新的要求额度和上一年差额不算太大。

11 月 17 日的内阁会议上，高桥指出各省的要求都是应对时局的紧急要求，但财政的现状不适合增税，自然增收部分不足以满足新的预算要求，所以不足部分只能依靠公债作为财源。但为财政的前途考虑，现在的巨额公债发行必须要有限度，如果超过这个限度，财政经济就会混乱。而且，如实施这个预算，即使在时局匡救预算结束后，每年还有 4 亿日元的财源不足。在这样的状态下，从全局看国防必须充实，其要求也要在不得已的限度上予以确认，对其他各省的要求原则上不予确认。③ 在此次内阁会议上，确定九年度预算总额 20.17 亿日元，其中在 13.99 亿日元的新的预算要求中，只审核通过 6.25 亿

---

① 大藏省昭和财政史编集室编：《昭和财政史》第三卷歳計，東洋经济新報社 1954 年版，第 615 页。

② 大藏省昭和财政史编集室编：《昭和财政史》第六卷国债，東洋经济新報社 1954 年版，第 182 页。

③ 大藏省昭和财政史编集室编：《昭和财政史》第三卷歳計，東洋经济新報社 1954 年版，第 154 页。

日元。但对陆海军的军费要求审核比较宽松，尽管如此，海军当局还是认为完全超出预想，这个预算不能确保国防生命线，强硬主张复活预算要求。几经交涉，12 月 2 日内阁会议最终决定一般会计概算为21.1 亿日元，比最初增加 9400 万日元。这些增加额主要是海军省管辖的装备改善费 5900 万日元，陆军复活费 2000 万日元，内务和农林两省只增加 600 万日元。概算额度比上一年度减少 1.28 亿日元，这是 1934 年以后通信事业费转为特别会计的结果，如果考虑通信事业费 1.9 亿日元的话，九年度预算就会膨胀 6000 万日元以上①。

最终，九年度预算案及追加预算在第 65 届议会获得通过，一般会计规模达到 22.23 亿日元。公债发行额一般会计为 7.85 亿日元，特别会计 9590 万日元，合计 8.81 亿日元。军费开支占一般会计比例增大到 43.5％。如下表所示。

表 4 - 6　　　　1925—1935 年财政支出、军事费、时局匡救费、

国债费、汇兑亏损金　　　单位：百万日元,％

年度	年财政支出 a	军事费 b	b/a	军事费			时局匡救费 c	c/a	国债费 d	d/a	汇兑亏损金 e	e/a
				"满洲事件"费	武器改善费	一般经费						
1925	1524	443	29.1						221	14.5		
1930	1557	442	28.4						272	17.5		
1931	1476	454	30.8	88		366			213	14.5		
1932	1950	686	35.2	288		398	163	8.4	241	12.4	50	2.6
1933	2254	872	38.7	186	205	481	213	9.4	334	14.8	91	4.0
1934	2163	941	43.5	159	289	493	145	6.7	361	16.7	79	3.7
1935	2206	1032	46.8	180	305	547	(68)		371	16.9	74	3.4

资料来源：根据大藏省理财局编《金融事项参考书（昭和各年调）》，日本评论社；大藏财务协会编《财政经济统计年报》1948 年版各表制成。转引自高桥精之《高桥财政の歴史性格》，《社会劳动研究》1966 年第 12 期，第 67 页。

---

① 大藏省昭和财政史编集室编：《昭和财政史》第三卷岁计，东洋经济新报社 1954 年版，第 156 页。

从 1925 年到 1931 年"九·一八"事变之前，军费开支每年为
4.4 日元左右，占每年财政支出的 30% 左右。"九·一八"事变后，
财政支出大幅增长。财政支出大幅增加的原因主要有以下几个因素：

首先，军费的增加是财政开支增加的主要原因。"九·一八"事
变爆发后，军部要求在经常军费基础上追加特别经费 0.88 亿日元。
1932 年以"满洲事件"费的名义获得 2.88 亿日元的经费。1933 年伪
"满洲国"建立后，虽然"满洲独立"告一段落。但"满洲事件"费
没有取消，每年仍获得约 1.8 亿日元的经费。但是军部的活动绝不满
足于此，"九·一八"事变只不过是揭开了问题的序幕而已。军部极
力宣传 1935 年、1936 年的危机，迫使内阁承认"国防第一主义"，
在军部强大压力之下，以改善军事装备的名义，又获得预算 2.05 亿
日元，这个经费到 1935 年已增加到 3.05 亿日元。从而使军费支出占
整个财政支出的比重由 1931 年的 30.8%，上升到 46.8%。所以，需
要指出的是，赤字财政的出现首先是军费迅速扩张的结果。

其次，是时局匡救费，即对农业和中小企业的救济费。从 1932
年到 1934 年对农业及中小企业的救济融资，每年预算不到 2 亿日元，
大约占财政支出的 8%。到 1935 年以后，改为以灾害土木事业的形式
继续，但其规模却大大缩小。

再次，为日益庞大的国债利息支出。国债的发行额（包括未清偿
的国债）以每年增加 7 亿日元的速度增加，随之而来的是利息的支出
比例越来越大。到 1935 年利息支出占财政支出的 16.9%。

最后，日元汇率行情下跌导致的外汇损失。外债的利息支付、海
外机构的支出以日元计算，导致财政开支增大。

而在财政支出方面，高桥虽然沿袭了上一届内阁的 14.76 亿日元
预算案，但是加上军费和时局匡救费等费用，1932 年的预算膨胀了近
6 亿日元，达到了 19.50 亿日元，从 1933 年开始直到 1936 年，年度
预算基本维持在 22 亿日元左右。

支撑赤字财政的主要财源是发行公债和政府借款。而公债和借款
占政府财政年收入的比例在 1926 至 1930 年只为 4.1%，1931 年也只
是提高到 7.9%。但从 1932 年开始一直到 1936 年，公债和借款一直

占政府财政年收入的三成左右。如下表所示。

表4－7　1926—1936年财政收入总额、公债及借款、公债现有金额

单位：百万日元

年度	年财政收入总额(A)	公债及借款(B)	B/A (％)	公债发行				公债现有金额		
				年财政收入填补公债	"满洲事件"公债	其他	合计	内债	外债	合计
1926—1930 年均	1909	78	4.1							
1931	1531	120	7.9					4715	1472	6187
1932	2045	659	32.2	351	288	45	684	5663	1390	7053
1933	2331	783	33.6	683	186	35	904	6724	1414	8139
1934	2246	742	33.0	702	159	19	880	7687	1402	9089
1935	2259	678	30.0	588	171	13	772	8522	1331	9853
1936	2372	609	25.7	513	174	17	704	9257	1316	10573
1932—1936 年合计	11253	3471	30.8	2837	978	129	3944			

资料来源：根据大藏财务协会编《财政经济统计年报》1948年版各表制成。转引自高桥精之《高橋財政の歴史性格》，《社会劳动研究》1966年第12期，第70页。

三　日本银行认购公债政策

在空前的经济危机中，井上藏相不得不放弃非募债主义。经济危机带来税收减少，尽管政府尽量压缩财政支出，但财政收入仍不足，最后只能依靠发行赤字公债，这就是"租税国家"的危机。[①] 从1932年起，随着财政支出的激增，财政支出与财政收入之间，每年出现6亿至7亿日元的赤字。为摆脱财政危机，就要根本性转变公债政策。而平衡财政收支矛盾主要是依靠发行公债来补充。弥补财政收入不足的方法主要有增税和发行公债两种方法，但在经济危机深化的背景下，增税只能进一步加深危机。所以，统治者一般不会采用这个方法，即使为弥补财政收入不足必须增税，额度也不会很大。弥补财政

---

① 大藏省昭和财政史编集室编：《昭和财政史》第六卷国债，東洋经济新報社1954年版，第157页。

收入不足的办法只有靠发行公债这一途径。

自明治维新以来，日本政府虽然经常采用发行公债的办法来筹措资金，但根据以前的《起债法》，政府须以特定的经费支付，作为发行公债的条件。而以填补财政收入不足为目的发行公债，一般是不被允许的。虽然以特定的经费支付名义发行公债补充财政收入不足可行，但这样做补充额度过大，高桥没有采用，而是制定新的条例，发行公债。1932 年 6 月，日本政府发布《关于为补充昭和七年度一般会计财政支出财源发行公债法案》，根据新的法案，正式承认发行公债，以填补每年财政收入的不足。日本正式走上了发行赤字公债的道路。本来以发行公债的办法来填补通常财政收入不足是不适合的，只是为解决临时的花费而采取的一种临时措施。而公债补充财政收入的正式确认，打破了"公债发行临时性"原则，及其建立在该原则基础上的公债发行量的限制。[①] 使公债收入自 1932 年起急剧增加，由以前不足财政收入的 5%，一跃上升到 30% 的水平，和租税收入大体相当。可见发行公债对填补财政收入不足起了至关重要的作用。

但随之而来的一个问题是，随着公债发行量的不断增加，如何消化越来越庞大的公债成为政府面临的严峻问题。一般的公债消化途径首先应考虑由民间的金融机构和个人购买，但由于获利不多的公债很难指望民间个人大量购买。而数额巨大的公债如果先由金融机构认购，那么本应由一般银行向民间提供的资金就会被政府吸收，向民间提供的资金就会出现不足。由民间的金融机构认购国债必然带来金融流通不畅问题，为维持资产流动性，民间金融机构也不可能大量消化公债。所以，政府虽发行大量公债，却有可能陷入无法消化的窘境。为解决这个矛盾，高桥把它转嫁给了日本银行。高桥认为："……由于政府计划在财政上发行更多的公债，这将很快导致通货增发或诱导汇率低落，助长金融投机，这些经济因素必然导致物价上涨。但政府预想到了这些情况，对日本银行发券制度进行了修改，对通货进行合理的统制。换言之，就是通过日本银行向产业界供给必要的通货，同

---

① 高橋精之：《高橋財政の歴史性格》，《社会劳动研究》1966 年第 12 期，第 71 页。

时，可以防止通货膨胀之弊端。"① 其具体做法是，这些公债如果先由日本银行认购，向政府支付资金，政府先对各银行存款余额进行预测，然后再由日本银行向各金融机出售公债。这样，发行公债就不必从民间吸收资金了。在 1932 年 2 月 16 日银行团集会上，高桥提出公债非公募方针，高桥表示："公债的发行方法，应采取由日本银行、储蓄部及其他政府方面的资金认购发行，避免在一般公债市场贩卖。"② 这样的财政政策不仅可以筹集政府所需经费，还能保证再生产的顺利进行。基于这一方针，1932 年 11 月发行的 2 亿日元四分半利率国债，全部由日本银行认购发行，用这种方法发行的公债占总公债发行总额的八成至九成。③

通过日本银行认购发行公债方法是高桥采用日本银行副总裁深井英五的建议，深井英五回忆道："当时最苦恼的事是适当补充因金解禁过度缩小的通货，由日本银行向脆弱产业供给资金，是最直接的。但也会带来恶劣影响，健全的资金需求，如果不是在产业振兴之后，就不会发生。首先，为促进生产力发展，有必要放出日本银行资金，增加一般购买力。与之相关，直接进行商业票据融通始终存在问题，但打破多年存在于金融市场的习惯，考虑和一般银行竞争，难以在短时间内取得显著效果，莫如由日本银行买卖，和金融市场密切接触，相机处置。他日买卖并行固然是好，当前可达到买方放出资金目的。总之，购买国债能够补充必要货币，实际也有日本银行根据金融情况和交易地银行情况购买相应国债的例子。我提出供他（高桥是清）参考。高桥曾预言日本银行和金融市场密切联系的必要，我认为国债买卖即是接触市场，更进一步深入此想法，筹划日本银行认购国债发行的是高桥大藏大臣。我所说的买入国债，可以代替达到补充通货的效果。这样，除补充通货外，还可使'满洲事变'后的国债发行更加容

① 朝日新聞社经济部：《朝日经济年史》，大空社 1936 年版，第 95 页。
② 上塚司编：《高桥是清经济論》，千倉書房 1936 年版，第 549 页。
③ 大藏省昭和财政史编集室编：《昭和财政史》第六卷国债，東洋经济新報社 1954 年版，第 166 页。

易，也有降低利率的效果，即'一石三鸟'之妙策。"① 深井的意见是从金融市场买入现有国债，补充通货，达到目的后再出售。通过买卖国债，调节金融市场，深井认为这是所谓公开市场操作的方法。高桥把这一方案更推进一步，把新发行的国债由日本银行认购，这个办法是没有先例的。在大正时期虽也曾有过日本银行认购市场公募没有消化的公债，但数额很少，全面采用日本银行认购办法还是第一次。这个办法，虽可以达到"一石三鸟"效果，但一味依赖这种方法，就有可能使公债发行一发不可收拾，招致恶性通货膨胀。所以，高桥认为这个办法是"一时之便法"，达到目的后，便停止这种做法。对于这个制度，社会各界反应较为积极，就连长期反对政友会积极政策的宪政会议员小川乡太郎，也认为这个制度虽"是给患有痼疾的日本财界提供营养品的方法，但也是隔靴搔痒，有何效果"②，但也承认通过日本银行认购方法，为匡救时局发行财政收入填补公债是"今日符合适宜的做法"。在野党没有提出强烈的反对主张，只是提出"关于认购发行要有计划性，警惕恶性通货膨胀"，或"这个制度，日本银行会获得巨利。从这个意义来说，是资本财阀拥护的政策，莫如依靠日本银行贷款代替认购公债"③。

对于日本银行认购公债的做法，国际上的看法也莫衷一是。深井英五出席1933年6月在伦敦召开的国际经济会议时，就感受到了国际社会对这一制度的反应。"日本银行认购国债发行的方法，是我在外国游历时同各方谈的主要话题，大部分人都称赞该方法甚妙，只有莫雷不置可否，既无褒扬，也无非难，只是以'只要到现在取得好成绩就足够了'这样的言辞应对，颇含深意。"④ 莫雷是法国中央银行副总裁，之所以不看好这一制度，是因为法国在第一次世界大战后，政府从中央银行贷了巨额款项，引起通货膨胀。有了这种经验，莫雷

---

① 深井英五：《回顧七十年》，岩波书店1948年版，第268—270页。
② 大藏省昭和财政史编集室编：《昭和财政史》第六卷国债，東洋经济新報社1954年版，第170页。
③ 同上。
④ 深井英五：《回顧七十年》，岩波书店1948年版，第313页。

认为日本也会走上这条道路。

　　高桥刺激景气政策并不是使购买力普遍增加，而是增加了某个时期的购买力。所以，由民间消化公债的资金由国家支出，由国家代替民间行使购买力，换句话说就是购买力转移，也意味着购买力的提前使用。由日本银行认购发行公债也可带来同样的效果，但公债的市场消化方法却有一个很大弱点，就是受市场消化能力的制约。而现在发行公债最重要的不是看是否适应市场的消化能力，而是要适应战争和应对经济危机的需要而发行、消化公债。所以，公债的发行和消化就会变得无节制。而最好的解决办法就是由日本银行认购发行公债，以日本银行券作为资金，充当购买手段。这样的财政政策不仅可以筹集政府所需经费，还能保证再生产的顺利进行。基于这一方针，1932年11月发行的2亿日元四分半利率国债，全部由日本银行认购发行，用这种方法发行的公债占总公债发行总额的八成至九成。① 如下表所示。

表 4 - 8　　　　　　　　新规国债发行办法及发行额　　　单位：百万日元，%

年份	总额		日本银行认购		存款部认购		其他	
	金额	占比	金额	占比	金额	占比	金额	占比
1931	191	100	—	—	191	100	—	—
1932	772	100	682	88.3	67	8.7	23	3.0
1933	839	100	753	89.7	86	10.3	—	—
1934	830	100	678	81.7	152	18.3	—	—
1935	761	100	661	86.9	100	13.1	—	—
1936	685	100	565	82.5	120	17.5	—	—
1932—1936年合计	3887	100	3339	85.9	525	13.5	23	0.6

　　资料来源：根据大藏财务协会编《财政经济统计年报》1948年版各表制成。转引自高桥精之《高橋財政の歴史性格》，《社会劳働研究》1966年第12期，第74页。

――――――――――

　　① 大藏省昭和财政史编集室编：《昭和财政史》第六卷国债，東洋经济新报社1954年版，第166页。

政府自己不发行纸币，而是从日本银行得到作为公债认购资金的银行券，既然这个办法可以解决问题，就有必要相应地改革日本银行的机能，把日本银行变成唯政府之命是从的银行券发行所。因为，即使日本政府停止了黄金的自由兑换，但银行券的发行量仍和黄金保持一定联系，分为保证发行和限制外发行。在"五·一五"事件之前，希望通过金融手段挽救经济危机的大藏省就已经做成完整方案。其要点有以下四方面：（1）把保证准备发行限度从原来的1.2亿日元提高到10亿日元；（2）废止1.25%的保证准备发行税和政府2%的日本银行存款利息，成立缴纳金制度；（3）限制外发行税由原来的5%以上下调到3%以上，且在超过15天后，才课此税；（4）新设日本银行参与会制度。从中我们看到，虽然提高了保证准备发行限度，但银行券和黄金仍保持着联系。而下调限制外发行税，则减轻了发行银行券的束缚和负担。成立缴纳金制度，则把日本银行的收益收归政府。而设立日本银行参与会制度，则从法律层面否定了日本银行的私营性质，使日本银行成为政府的银行，成为政府的纸币发行所，按照政府的意志发行银行券。以此为目的的机构改革在1932年6月的议会上被批准，从7月1日开始实施。

高桥增发公债的目的之一是在产业正常交易中供给数量充足的货币，通过增加货币供给量创造购买力，高桥必然会走上赤字财政和赤字公债的道路。希望通过动用国家信用，使用财政手段来维持和推动社会再生产。政府得到从日本银行通过交换公债而来的日本银行券，把其作为购买手段，创造购买力。为使财政手段达到最大效果，必然要使日本银行政府机关化。所以，赤字财政、日本银行的政府机关化和停止金本位制，是创造购买力的三位一体的政策。

高桥把通货膨胀比作一部汽车，日本银行认购公债就是这部车的引擎，高桥藏相认为："我是这部车的司机、引航员，也许车的杂音比较高，但如果任我处置就没什么问题，即使有危险，只要有信号，经过共同努力就能停住。"① 高桥在实施这一制度时，自认为可以控制由发行军事公债和财政收入填补公债而引发的通货膨胀，却没有想到这一制度将日本经济送上通货膨胀的不归路。

公债由日本银行认购、发行，同时国库存款也增加相应数额，政府执行预算，开出由日本银行作为支付人的支票，这些存款流入民间，必然会引起通货膨胀。因为以传统的、现有的购买力消化公债，不能长期持续，而且还会带来通货膨胀的作用。而认购发行却可以创造新的购买力，但如果运用过度，必然会招致恶性通货膨胀。而这个危险信号就是日本银行认购的公债卖给民间金融机构时，民间金融机构消化能力的丧失。当公债出现消化难的问题时，就表明应该停止这一制度。这个制度作为根本的财政政策，不是正道，在适当的时机应该停止，高桥把终止这个制度的时机预定在 1935 年秋。②

汇率下降和赤字财政的刺激使日本产业资本的再生产过程得以维持，产业资本把回笼的货币，一部分留为再生产资金，一部分作为设备的折旧费，还有一部分作为储备金。这些暂时从流通领域回笼的资本，以货币的形式存在银行。这些货币可以成为银行对外贷款，也可以成为闲置的货币资本。

通过以上的数据我们可以看到，日本虽然摆脱了经济危机状态，但离真正意义上的好景气还很远。高桥财政的景气刺激政策使产业资本得到的货币资本，以储蓄的形式存在银行，大部分没有进行再投资。金融市场出现呆滞局面。如下页表所示，从 1932 年下半年开始经济危机开始好转，银行的存款开始回升，超过了贷款。产业资本在经济危机时产生的贷款压力，得以缓解。各企业在获得利润后，返还贷款。各银行也在危机好转后积极回收贷款，并减少向外借贷。因此银行的存贷比持续降低。

---

① 大藏省昭和财政史编集室编：《昭和财政史》第六卷国债，東洋经济新报社 1954 年版，第 171 页。

② 同上书，第 172 页。

表 4 - 9		全国银行、普通银行的存款与贷款				单位：百万日元
年月	全国银行			普通银行		
	存款 a	贷款 b	b/a	存款 a	贷款 b	b/a
1931.12 末	10965	11041	100.7	8174	6704	82.0
1932.6 末	10666	10718	100.5	7759	6525	84.1
12 末	11164	10435	93.5	8131	6494	79.9
1933.6 末	11642	10435	87.9	8614	6130	71.2
12 末	11883	10094	84.9	8727	6032	69.1
1934.6 末	12250	9621	78.5	9144	5816	63.6
12 末	12539	9821	78.3	9353	5871	62.8
1935.6 末	12846	9564	74.5	9545	5885	61.7
12 末	13909	10041	75.4	9873	6121	62.0
1936.6 末	13764	9989	72.6	10254	6244	60.2

　　资料来源：根据金融研究会《金輸出再禁止後の我国金融事情》附録統計表，1936 年版，第 2—14 页。转引自高橋精之《高橋財政の歴史性格》，《社会労動研究》1966 年第 12 期，第 88 页。

　　闲置货币资本的增多，必然导致金融呆滞，也使银行放贷困难，这不仅是金融资本面临的问题，也是高桥财政要解决的重要问题。高桥最为担心的问题，是日本银行认购赤字公债将可能引发严重的通货膨胀。货币资本的大量闲置，也意味着购买力不能释放。日本银行认购公债发行，当务之急是防止日本银行手持公债余额的增加。公债余额的增加将极大地影响日本金融的国际信用。这个问题是高桥财政通过日本银行把公债出售给民间金融机构而解决的。不仅消化了日本银行手持的公债，还吸收了民间闲置资金。为消化公债，高桥财政给予了极其优惠条件。1932 年 7 月，日本政府公布《关于计算国债价格方案》，规定金融机构的决算不是按照市场价格，而是根据标准发行价格，不受国债市场价格下降影响，不计算在金融机构损失之内。

　　高桥财政的国债消化政策是在低利率背景下推行的。随着利率的降低、公债的市场价格上升，公债的所有者为了更好的收益率，希望利率进一步降低，竞相购买四分半利公债。1933 年 6 月日本银行为了出售四分利公债，竟限制公债的出售。各金融机构为了补偿低利率带来的利益下降，大量购入公债，这大大超过了金融机构应该保持的资产流动性的限度，1934 年秋天以后拆借市场出现拆借困难。

通过日本银行认购发行公债，约 90% 的数量出售给银行等金融机构，如表 4 - 8 所示。通过发行公债，大量吸收民间资金给日本金融市场带来紧缩影响，但通过中央银行认购发行公债，吸收闲置货币资本，作为政府资金放出，给金融市场带来通货膨胀的影响。

第四节　时局匡救事业与地方财政

一　时局匡救计划

1930 年春夏之交，世界经济危机的影响开始波及日本农业。农业部门和广大中小企业历来是社会再生产中最脆弱的部门，这些部门一直处于金融垄断资本的结构性掠夺之中，当前所未有的经济危机到来时，凭借自身的力量是难以摆脱这样的危机的。农产品价格下降较工业品更为厉害，以生丝的价格为例，生丝是日本换取外汇最主要的商品，1927 年至 1929 年，生丝出口额占日本商品出口总额的 36.6%，而生丝输出额的 95% 投向美国，但由于 1929 年世界经济危机，美国进口量急剧减少，导致生丝价格暴跌，引起茧价猛烈下降。1930 年 9 月和上一年同一时期相比，茧价下跌近三分之一，占全国总农户 40% 的养蚕农户遭受致命打击。养蚕地区的地方银行有 17 家因此停营。蚕茧行情暴跌又立刻影响了其他农产品行情。10 月 2 日，农林省发表了第一季大米的估计产量，估计将比前五年平均产量增加 12.5%，而且又有大量粮食从朝鲜、中国台湾这些殖民地输往日本，粮价于是大跌，当时，每石大米的生产成本是 27 到 28 日元，但它的卖价又从 18 日元降为 16 日元。[①] 工业部门对农业原料的需求减少，占农民全部收入二成的"副业收入"也随之锐减。在这些不利的条件下，农民的经

---

① 吴廷璆主编：《日本史》，南开大学出版社 1997 年版，第 666 页。

济普遍处于破产的状态。1930 年对农村总收入的估计表明；养蚕收入 1930 年比 1925—1929 年平均减少 3.174 亿日元，大米收入减少 7.829 亿日元，其他农产品收入减少 5.608 亿日元，总计减少 16.604 亿日元，即减少 40% 以上。在经济危机的打击下，农村负债总额达到 60 亿日元，平均每户负债 1000 日元。[①]

各方舆论认为，对农业部门及中小企业的救助越早越好，但金融垄断资本对这个问题的态度，却比较冷淡。他们认为对一国生产力至关重要的骨干产业的救济暂且不论，这些弱小产业不值得救济。如高桥就曾说过："……不用采纳经济匡救通货膨胀政策，军事通货膨胀政策就能达到其目的。为筹措将来的军费，就要抑制当时的经济匡救通货政策，为军事通货膨胀保留必要的资金。"[②] 但是，作为后进国家，日本资本主义内部包含着众多矛盾。对于日本资本主义的政治统治体系来说，农村和广大的中小企业是不可或缺的社会支柱。所以，对这些阶层的救助即使是作为政治上的姿态也是必需的。日本的军人约 83% 出身农村，而农村由于物价水平低落的影响，是受经济危机打击最为严重的地方。

而日本资本主义的要求，又是通过军部以暴力的、迂回的方式实现的。为了在政治上争取民心，军部强烈要求匡救时局。在"五·一五"事件中，海军少壮派军人就是利用"匡救时局"的口号，使事件合法化。以"五·一五"事件为契机，军部的政治优势进一步扩大，时局匡救对策提到了议事日程。这时高桥也认为，"鉴于我国农村中小工商业者的状态，让他们恢复健康状态是第一位的"，[③] 1932 年 6 月的第 62 次议会做出了时局匡救决议，但高桥却高调提倡"自力更生"计划加以牵制。在 7 月 18 日的地方长官会议上，高桥作了如下阐述："不管中央或地方有没有其自力更生的意愿和准备，如果贸然应允，不仅不能开启永久更生之途，政府的作为却消磨国民的士

---

① ［日］藤原彰：《日本近现代史》第三卷，邹有恒等译，商务印刷馆 1992 年版，第 39 页。

② 高桥龟吉：《大正昭和财界变动史》下卷，东洋经济新报社 1956 年版，第 1470 页。

③ 山崎源太郎编：《国策运用の书》，斗南书院 1936 年版，第 37—38 页。

气，深为国家之前途担忧。"① 但迫于压力，高桥在8月的第63届临时议会（也称"救农议会"、"时局匡救议会"）上，提出以时局匡救事业和供给低息资金为支柱的时局匡救计划。高桥后来解释说："必须要振兴农村，增强农村购买力。我国和英国不同，农村人口占全国人口半数以上，农家经济消涨对国民经济影响极大。"② 那时的农村经济已经穷途末路，对于时局匡救事业，政府计划在三年内中央财政支出6亿日元，地方财政支出2亿日元，共计8亿日元。如下表所示，由于每年度具体计划的变化，最终，三年总计支出约8.65亿日元，其中中央财政约5.56亿日元，地方财政约3.09亿日元。

表 4 - 10　　　　　　　　时局匡救事业费　　　　　单位：万日元

	1932 年度	1933 年度	1934 年度	合计
中央财政	17642	22990	14998	55630
一般会计	16322	21378	14540	52240
内务省	6078	12066	6437	24581
大藏省	369	612	446	1427
陆军省	1850	0	0	1850
海军省	1844	0	0	1844
司法省	95	149	145	389
文部省	1252	1451	1458	4161
农林省	4272	5801	4979	15052
商工省	40	44	27	111
递信省	240	694	463	1397
拓务省	282	560	578	1420
特别会计	1320	1612	458	3390
朝鲜总督府	368	459	185	1012
台湾总督府	167	183	115	465

---

① 高橋亀吉：《大正昭和財界変動史》下卷，東洋経済新報社 1956 年版，第 1440 页。
② 高橋是清： 《経済難局に処する道》，《大阪朝日新聞》1935 年 1 月 3 日。
http://www.lib.kobe - u.ac.jp/das/jsp/ja/ContentViewM.jsp? METAID = 00484978&TYPE = IMAGE_ FILE&POS = 1。

续表

	1932 年度	1933 年度	1934 年度	合计
桦太厅	66	170	158	394
帝国铁道	700	800	0	1500
地方财政	8750	13596	8513	30859
合计	26392	36585	23510	86487

资料来源：大藏省主计局：《昭和九年予算提要》，大藏省昭和财政史编集室编：《昭和财政史》第六卷租税，第 264—266 页。

时局匡救事业的具体内容是以内务省和农林省所管辖的土木事业为中心，两省的土木费 1932 年约为 0.86 亿日元，1933 年约为 1.48 亿日元，1934 年约为 0.74 亿日元，三年合计约为 3.09 亿日元，中央财政支出约占 55.6%。[①]

两省土木费的大部分是地方自治体施行的土木事业补助费。地方承担部分主要是发行地方债券来筹措。对于地方发债，政府在 1932 年 9 月发布《地方债许可暂行特例》，提出"道府县起债 50 万日元以内，期限三年，不需要内务大臣、大藏大臣许可"的特别措施。[②]

对于 1932 至 1934 年救济农村所实施的土木事业经费，政府决定投放存款部低息贷款，对大藏省存款部所融通的资金进行利息补助，三年利息全额由国库负担。通过存款部的低息贷款，使已经固化的银行及产业组合的不动产资金重新流动起来，并补偿担任贷款任务的不动产银行和产业组合中央金库的损失。这样，政府补偿的不动产金融资金达 5 亿日元，产业组合疏通资金 1 亿日元，为偿还农村及中小工商业者债务本息资金、中小工商业者的产业资金 2 亿日元，政府三年资金融通额达到 8 亿日元，加之政府的一般会计年度预算，政府总共为匡正时局事业投放资金达 16 亿日元，这么多资金投放到农村是前所未有的。内务省涉及的土木费的 50%，农林省涉及的农林土木费的

---

① 大藏省昭和财政史编集室编：《昭和财政史》第六卷租税，東洋经济新報社 1954 年 267 页。
② 朝日新闻社：《朝日经济年史》，大空社 1933 年版，第 32 页。

75%用于劳动报酬支出。[①] 以福岛县为例，劳动报酬支出约占总事业费的50%至60%。假定一人劳动20天，1932、1933年度实际劳动人口达23万—24万人。[②]

根据日本银行调查局统计，1932、1933年的时局匡救费中央、地方总计为4.84亿日元，其中，劳动力费用占58%，材料费占20%，其他占22%。0.96亿日元的材料费支出，为水泥、木材、钢材等相关产业创造了需求。如下表所示。

表4-11　　　　　　　　时局匡救事业费内容　　　　单位：万日元

项目＼年份	1932	1933	1934	合计
总额	16500	31900	25800	74200
劳力费	9570	18502	14964	43036
材料费	3300	6380	5160	14840
水泥	707	1634	1240	3581
钢材	471	1159	862	2492
木材	170	386	294	850
其他	1952	3201	2764	7917
其他费用	3630	7018	5676	16324

资料来源：日本銀行調査局：《日本金融史資料》昭和篇第29卷，大藏省印刷局1971年版，第3页。

劳动力费用支出带来个人所得增加，新增加的个人所得，1932年的个人消费支出比上一年度的1931年增加192%，1933年个人消费支出比1931年增加17%。时局匡救事业为农村创造出短期的劳动力需求，带来追加所得，而且，进一步扩大了消费市场。

---

① 朝日新聞社：《朝日经济年史》，大空社1933年版，第20—21页。
② 東京大学社会科学研究所編：《ファシズム期の国家と社会 1 昭和恐慌》，東京大学出版会1980年版，第128页。

表 4－12　　　　　　　　时局匡救费中劳动力费用的影响　　　单位：百万日元

年份	个人消费支出（1）	增加部分（2）	劳力费（3）	比例（4）＝（3）/（2）
1931	9754			
1932	9804	50	96	1.92
1933	10850	1096	185	0.17
1934	12097	2343	150	0.06

资料来源：大川一司：《長期経済統計》，《長期経済統計（1）国民所得》，春秋社 1960 年版，第 178 页。

日本的时局匡救事业促进了农村潜在失业者就业，直接或间接救助了农村经济困窘。耕地的开垦与改良，提高了农业生产力。但我们也要看到，时局匡救事业是通过市町村组织的产业组合及农业实行组合等地主性组织进行的，匡救事业主要是给材料商、建筑商、地主带来利益，而负债最多的自耕农则没有得到救济。由于军费开支扩大，时局匡救土木事业在 1934 年度被大大压缩，1935 年被废止。

二　地方财政

在昭和初期，一般来说，地方财政的消长大体是与中央财政同步的，从 1926 年开始地方财政支出逐渐增长到 16 亿日元以上，1928 年达到 19 亿日元以上。由于井上财政时期的紧缩政策，使 1931 年地方财政支出又下降到 16 亿日元左右。民政党内阁下台后，高桥财政的推出使地方财政支出急剧增加，由于 1933 年是各种时局匡救事业高潮期，其数额超过 25 亿日元。但时局匡救事业告一段落后，1934 年、1935 年地方财政支出又降到 18 亿日元左右。如下表所示。

表 4－13　　　　　　　　历年地方年财政支出比较　　　单位：百万日元

年份 类别	1926	1928	1931	1933	1934	1935
教育费	420	478	375	411	428	453
土木费	276	353	262	406	256	259
卫生费	105	125	99	94	119	132

续表

年份 类别	1926	1928	1931	1933	1934	1935
劝业费	70	78	80	153	94	99
社会事业费	20	19	35	36	45	47
电气瓦斯事业费	103	123	94	96	106	110
警察费	77	84	81	84	85	88
行政费	115	118	101	109	104	108
公债费	253	326	335	980	419	386
其他总计	1,618	1,924	1,646	2,558	1,815	1,858

注：1933 年以前为决算，1934 年、1935 年为预算。

资料来源：朝日新闻社：《朝日经济年史》，大空社 1936 年版，第 73 页。

　　由上表可知，昭和初期以来地方财政一直凌驾于中央财政之上，这种状况一直延续到 1933 年。1934 年以后，相较于中央财政的饱和状态，地方财政急剧减少到 18 亿日元。这时地方债数额从 1926 年的约 15 亿日元，到 1934 年末累增到超过 31 亿日元。从地方财政变化的具体内容来看，1926 年与地方财政最为膨胀的 1933 年比较，属于时局匡救事业的经费膨胀最大，如土木费、根据农村更生计划劝业费增加约 0.5 倍，由于公债的低利借换增加，公债费增加约 5.5 倍。

　　在财政收入方面，最为显著特征是道府县、市町村租税收入比例减少，租税外收入比例增加。农村经济的凋敝使农村财政税收减少，租税滞纳现象普遍。福岛县租税滞纳情况就说明了这一情况，"县以下征收国税、县税和町村税，滞纳现象渐次增加。1933 年却一度出现小康状态，这主要是由于蚕茧产量增加和蚕茧价格上涨的结果"[1]。1926 年租税外收入占总收入的 66%，1933 年达到前所未有的 80%，这主要是地方公债发行增加以及地方事业经营发展的结果。从 1934 年开始，由于政府时局匡救事业经费减少并停止，地方财政税外收入所占比例又下降到 68%，1935 年则为 66%。如下页表所示，

———————

① 福島県编集：《福島県史》第 13 卷，临川书店 1968 年版，第 604 页。

表 4 - 14　　　　　　　　历年地方财政收入比较　　　　单位：百万日元

年份 类别	1926	1928	1931	1933	1934	1935
税收总额	664	668	583	566	593	628
地租附加税	115	117	108	109	113	115
营业附加税	74	51	40	44	44	51
所得附加税	28	46	35	41	40	49
户口税	——	164	107	115	130	136
房屋税附加税	30	94	92	96	100	104
税外收入	1277	1523	1312	2222	1222	1230
公债	376	453	388	1072	379	395
税外收入百分比	66	70	71	80	68	66
租税收入百分比	34	30	29	20	32	34

注：1933 年决算、1934、1935 年预算。

资料来源：朝日新闻社：《朝日经济年史》，大空社 1936 年版，第 73 页。

关于地方财政具体情况，本章从道府县财政、市财政、町村财政三个方面进行简要介绍。

关于道府县财政，从 1915 年的 1 亿日元逐渐膨胀到 1926 年的 4.5 亿日元，1928 年的 4.9 亿日元。1929 年、1930 年由于井上财政实施紧缩政策，道府县财政有所减少，但到 1931 年，由于各种匡救事业的实施以及农村更生计划推出，道府县财政规模超过 5 亿日元，1932 年超过 6 亿日元，1933 年又急进到 7 亿日元。这些财政支出中，教育费和土木费占一半。1935 年度道府县财政支出预算总额为 5.098 亿日元，与上一财年相比增加 1740 多万日元，主要是警察费、劝业费、教育费等增加的结果。土木费、教育费、警察费、劝业费、道府县债费等五项占道府县年财政支出的 87% 强。[1] 在财政收入方面，大体和财政支出一致，在 1932 年、1933 年膨胀期，国库补助金及公债

----

① 《地方财政の概况内务省で调查す》，《报知新闻》1936 年 1 月 14 日，http://www.lib. kobe - u. ac. jp/das/jsp/ja/ContentViewM. jsp？METAID = 10053760&TYPE = IMAGE_FILE&POS = 1。

收入从 1929 年的 0.4 亿日元猛增到 1933 年的 1.9 亿日元。租税收入中，地租附加税和特别地税占租税总额的 35%，表明农民土地负担的沉重。

在市财政支出方面，由于城市扩张计划以及瓦斯电气、下水道等特别会计的增加，1933 年土木费及公债费剧增到 12 亿日元。在财政收入方面，由于经济逐渐好转，租税外收入不断增加。在租税方面，居于首位的税种是房产税附加税，1934 年预算为 0.96 亿日元，其后依次是杂税、营业收益税、所得税各附加税。

町村财政支出方面，由 1926 年的 5 亿日元，增加到 1928 年的 5.6 亿日元。之后逐年减少，1933 年降为 5.4 亿日元，1935 年则降到 4.7 亿日元。教育费支出占总财政支出的 40%，处于压倒性地位。土木费支出由于时局匡救事业的进展，在 1933 年达到最高的 1 亿日元，之后逐渐降低，到 1935 年只有 0.3 亿日元。在税收方面，1926 年达到最高，为 2.79 亿日元，之后开始逐渐下降，1932 年只为 1.9 亿日元，这生动说明农村在经济危机影响下，经济疲敝、农民贫困的现实。之后，农村经济逐渐恢复，1935 年税收预算达 2.1 亿日元。在各税种中户口税占租税总额的 50% 以上。而租税外收入中，国库补助金所占比例最高，1935 年为 0.7 亿日元。

明治时代以来，国家向地方委任国政事务时，一般要给予一定比例或一定数额的补助金，而且，府县委任给市町村的事务，也要由府县给市町村一定补助金。地方团体经费中关于教育、土木、卫生等国政事务经费一直占主导地位。昭和经济危机后，尤其是 1931 年农村经济跌到谷底时，各种时局匡救事业的展开使国政事务经费在地方经费中所占比例进一步扩大，造成地方财政负担沉重。1934 年地方财政支出中，国政事务费占道府县经费总额的 74%，占市町村的 42%。[①] 关于国政事务费，地方不能任意增减，必须遵照政府命令指示。国政事务费的财源是国库负担金、国库补助金等特定收入，国库补助金在

---

① 大藏省昭和财政史编集室编：《昭和财政史》第十四卷地方财政，東洋经济新報社 1954 年版，第 158 页。

地方财政收入中地位越来越重要，但补助金总额却往往不能满足地方
财政需要。

相对于财政支出不断增加，税收及税收外收入的不足，只能依靠
发行公债来填补。1932 年后，由于地方救济政策的实施，以及政府简
化地方起债手续，并进行利息补助，导致地方债务膨胀。但由于利率
逐渐降低，政府采取鼓励地方以低利债券借换高利债券，1932 年之
后，八分利以上的高利息公债几乎绝迹，未满五分利债券占主要部
分。地方债券总额在 1934 年末约有 31.870 亿日元，具体如下：道府
县债券 8.87 亿日元、市债券 19.02 亿日元、町村债券 3.43 亿日元。
将近 32 亿日元地方债券，构成对地方财政的重压。[①]

表 4-15　　　　　　历年各利率地方债（各年度末）　　　　单位：千日元

年份 利率	1926	1928	1931	1932	1933	1934
0 利率	27063	25911	21591	20830	17326	16844
未满五分利	220389	264996	707489	1009063	1775474	2423963
五分利以上	448512	4936735	1060926	1052476	1025986	666707
六分利以上	628389	742667	710648	631121	135404	79168
八分利以上	186127	20603	1789	2238	785	297
十分利以上	2717	2542	2503	2517	2511	12
总计	153246	2050382	2535085	2728249	2728249	3186994

资料来源：朝日新闻社：《朝日经济年史》，大空社 1934 年版，第 75 页。

为救济地方财政困窘，形成政友会与民政党两种截然不同的主
张。政友会主张地租与营业收益税委让地方，给地方以确实财源。而
民政党主张由国库负担地方义务教育费，减轻地方财政负担。地方财
政的困窘根本原因在于农村整体经济疲敝以及各地域间发展的不平

[①]　《地方财政の概况内务省で调查す》，《报知新闻》1936 年 1 月 14 日。http：//
www. lib. kobe - u. ac. jp/das/jsp/ja/ContentViewM. jsp？ METAID = 10053760&TYPE = IMAGE_
FILE&POS = 1。

衡、城市与农村间的不平衡。1932 年 8 月，内务省发表《地方财政调整交付金制度要纲案》，指出"地方财源分配甚欠公平，其基因在于财富的不均衡，其成因在于现代经济组织乃至社会制度综合作用。要改变这一局面，不可能对每一个税源进行调整，现综合分配的税源，观察其整体结果，纠正这种不公平现象。所以，税源分配不公平的匡正方法，不在于改革地方税制的形式，在于国库补助金制度。"①力陈调整补助金的必然性。1934 年政友会、民政党和国民同盟联合向第 65 届议会提交该方案，并获得通过，但在贵族院被否决。该提案在第 67 届议会也遭到同样命运。贵族院否定的理由是在国政事务不断增加的情况下，补助金不可能救助贫弱町村。

1935 年 10 月，日本内阁审议会发表《关于改善地方财政的中间报告》，报告指出"……树立改善地方财政根本方针，刻不容缓。对于由于经济薄弱导致的财政窘迫的地方团体，鉴于我国国情，作为特别紧要措施，国库补助一定金额，补充其税源不足，以减轻相关地方百姓过重的负担。"②并发表《国库对贫困地方团体临时财政援助试案要纲》。冈田内阁基于该要纲，作为应急措施制定临时町村财政补助制度，并向第 68 届议会要求预算 2000 万日元。因议会解散、冈田内阁倒台，该预算没有成立。作为追加预算，新成立的广田弘毅向第 69 届议会提出，获得通过。1936 年 10 月 1 日，内务省公布并实施《临时町村财政补给金规则》，虽作为临时应急措施，但却是日本第一个关于调整地方财政的制度。12 月，内务省发表《临时町村财政补给金制度要纲》，进一步使町村财政补助金制度化。最初，补助金政策是政府为缓解地方财政危机而推出的减税财源，随着国家对地方委任事务增多，该制度成为国家政策贯彻实施的重要保障。

---

① 小西砂千夫：《地方财政改革論》，日本经济新聞社 2002 年版，第 206—207 页。
② 大藏省昭和财政史编集室编：《昭和财政史》第十四卷地方财政，東洋经济新報社 1954 年版，第 174 页。

小　结

高桥财政起步时所面临的经济困难局面，是前所未有的。要把日本从前所未有的经济危机中解脱出来，传统的经济手段事实证明已经失灵。政友会组阁后，高桥立即再次停止金本位制，使通货发行与黄金储备脱钩，为实施通货膨胀政策准备了条件。对于再次禁止黄金输出的得失，日本银行调查局的《调查月报》进行了分析："鉴于金解禁凄惨的结局，从昭和七年之后到昭和十一年作为所谓高桥财政基础而实施的金输出再禁止政策，存在着这样的见解，'难道就没给我国经济带来好的影响吗？'我认为这是非常大的错误。的确，金输出再禁止后的再通胀政策给我国经济带来表面上的景气。如果进一步加以检讨的话，尽管输出增长，那也是持续汇率下落期间增长的，而且被世界各国非难为'对外倾销'，仅以低工资为基础，只不过是一时得逞成为可能，而且这样的输出增加，在真正的意义上是不会给我国经济任何好处的'饥饿输出'的性质。特别是一时的输出增长，由于各国更进一步提高关税壁垒，在昭和十年左右几乎停滞。在国内即使物价上涨，工资却处于低水平，结果通货膨胀政策只不过是把问题一时拖延，并没有真正解决问题。"①

日本脱离金本位制，为高桥此后推出一系列财政金融政策扫清了障碍，如对日元汇率下降采取放任态度，促使日本企业向外倾销商品；降低银行利率，减轻企业负担，并利于国债发行。但单以金融手段是不可能克服世界性经济危机的，"五·一五"事件爆发后，迫于各种压力，高桥是清最后还是制定出通货再膨胀政策。庞大的财政赤字主要靠发行国债来填补，而国债发行由日本银行认购发行。日本银行认购发行方式，不仅有利于公债发行，还可以补充通货、降低利率，具有"一石三鸟"的效果。但一味依赖这种方法容易招致恶性通

---

① 日本银行调查統計局：《調査月報》1953 年 6 月号，第 86—87 页。

货膨胀，这只是"一时之便法"。财政刺激政策在短期内增加了购买力，1932 年日本经济开始好转，到 1934 年，日本经济各项指标远高于欧美各国。这就是前期高桥财政的基本内容。

第五章　后期高桥财政

1934年7月，冈田启介内阁建立，军部势力日益强势。冈田内阁藏相由藤井真信担任，在日本经济景气恢复的大背景下，藤井真信推行的财政政策被称为"藤井财政"。藤井财政奉行收支均衡财政方针，主要措施包括压缩预算、公债渐减方针和增收临时利得税。藤井卸任后，高桥是清继任藏相，为避免恶性通货膨胀，继续推进"健全财政"，主要措施就是压缩军费规模，引起军部势力忌恨，招来杀身之祸。高桥财政最终走向破产。

第一节　"均衡"财政政策

一　冈田内阁的建立

斋藤实内阁的解体与冈田启介内阁的建立，主要是"帝人事件"的政治化。在第65届议会上"帝人事件"开始政治化，成为反对派倒阁的重磅炸弹。引爆"帝人事件"的一个重要因素是"明糖事件"。"明糖事件"是指从1932年3月到1933年的有关砂糖消费税的事件。砂糖是进口粗糖进行加工之后的产品，在日本把粗糖是作为原料免税的，而对砂糖是课税的。自明治以来的惯例，粗糖100斤生产砂糖95斤，这个比例作为标准比例，政府根据这个标准比例征税。明治制糖公司为少纳税额而获利，把一部分搬入精制工厂的粗糖作为精糖暗地出售。这件事被曝光后，东京检察机关希望大藏省主计局以脱逃巨额税款指控、起诉明治制糖。但主计局只把这件事作为普通逃税事件，课以罚金了事，没有起诉。这件事在第63届议会上被提出，但大藏省和司法省之间作了政治性妥协，认为这是标准比例的制定问题，根据标准比例纳税不是逃税。东京地方检察机关对这个结果非常不满，在第64届议会上又再次提出这个问题。在东京地方检察机关和大藏省的对立过程中，又发生了"帝人事件"。

帝国人造绢丝株式会社（简称"帝人"）原来属于铃木商店系统下的一个子公司，在昭和金融危机的过程中，铃木商店倒闭后，由于台湾银行和铃木商店的紧密联系，铃木商店倒闭无法偿还3.8亿日元，濒临破产。在台湾总督府的介入下，台湾银行从日本银行接受大额资金融通才得以渡过危机。台湾银行通过收回铃木商店贷款，获得铃木商店持有的帝国人造绢丝株式会社股票22.5万股。其中的20.5万股作为台湾银行的债务担保提供给日本银行。由于从1932年底帝人股票价格开始上涨，原铃木商店总裁金子直吉为回购帝人股份，委托河合良成等"番町会"（由河合良成等人发起，由年轻金融界人士和官僚组成的团体）成员从中斡旋，通过活动文相鸠山一郎和大藏省次官黑田英雄，经过台湾银行董事长岛田茂，最后金子直吉以每股125日元回购10万股。不久，台湾银行决定增资，帝人股票价格每股上涨二三十日元，河合良成等人因此获得暴利。1934年1月，时事新报（武藤山治社长）在批判"番町会"的报道中，认为帝人股票买卖过程中存在贿赂问题。

东京地方检察机关抓住这个问题不放，经过检察官严厉追查，商相中岛久万吉、大藏省次官黑田英雄等6人因受贿，铁路相三土忠造因伪证罪，银行局长大久保侦次，台湾银行董事长岛田茂，帝人社长高木复亨等9人因渎职、行贿共计16人被起诉（1937年12月法院以没有事实依据为由，判决全体无罪）。文相鸠山一郎虽被免予起诉，但仍摆脱不了渎职嫌疑，在1934年3月宣布辞职。特别是陆相荒木贞夫也以病请辞，给斋藤实内阁致命打击。一般认为这是一场司法新官僚针对斋藤内阁的政治阴谋。7月3日，斋藤内阁被迫总辞职。

国家主义和国粹主义右翼团体"国本社"首领平沼骐一郎计划组成平沼内阁，另外，朝鲜总督宇垣一成也是陆军大力推举的组阁人选。但西园寺公望不希望右翼分子或陆军强硬人物控制政权，他曾说过："总之，右翼分子大体都是狂热者。那样的人要进入宫中或宫内省，绝对不行……我今后也没几年活头了，但希望近卫、木户和阁下绝对不要让狂热的气氛进入宫内省或宫中。"① 政友会总裁铃木喜三郎希望组成政友会单独内阁，但政友会内部的反铃木派与一部分民政党人展开政民联合运动，希望建立政党内阁。铃木派也非常强硬地提出："不是政友会内阁，就不出阁僚。"② 但政友会是没有单独组阁的可能性的。斋藤实内阁辞职之际，包括斋藤在内的所有前首相被召集到宫中，举行重臣会议。在会议之前，各方的意见就已打算推举冈田启介海军大将组阁。在会议上，斋藤推举冈田启介，其他人无异议，西园寺公望便奏请天皇由冈田启介组阁。

7 月 5 日冈田内阁成立，作为友党的民政党派出松田源治任文相、町田忠治任商工相，政友会的床次竹二郎为递信相、山崎达之辅为农林相、内田信也为铁道相。铃木喜三郎既然已经表示不派人入阁，就将入阁的三位阁僚和十几位任内阁政务官的党员开除出党。关于大藏大臣的人选，高桥是清向冈田启介建议："日本银行的土方作为后继人选，不能令人十分满意。虽然有点提前，但作为非常之提拔，想推荐大藏省次官藤井真信。"③ 在高桥是清的举荐下，藤井真信虽开始以健康为由坚决推辞，但在高桥的劝说下最后接受了任命。高桥是清之所以推荐藤井继任藏相，主要是因为藤井的经济主张与高桥经济思想基本一致，选择藤井作为后继人选可以延续自己的基本财政方针。

重光葵认为："冈田海军大将的新内阁虽然仅仅是斋藤内阁的延续，但随着时局的进展，他的使命越来越重大而且困难。""冈田内阁在性格上采取旁观的消极主义，这与斋藤内阁相似，但这两个内阁三年所做的事，成了把'满洲事变'推进到第二阶段的重要原因。这就是，第一，海军裁军问题出现了破裂；第二，进行华北工作与日中邦

---

① 原田熊雄：《西園寺公と政局》第三卷，岩波书店 1951 年版，第 85 页。

② ［日］升味准之辅：《日本政治史》第三卷，董果良译，商务印书馆 1997 年版，第728 页。

③ 原田熊雄：《西園寺公と政局》第三卷，岩波书店 1951 年版，第 3 页。

交的恶化；第三，国内激烈的倾轧。"①

　　在国内军部势力日益强势，军费开支越来越大的背景下，1935 年在伦敦召开的海军裁军会议是对冈田内阁的一大考验。日本海军内部自签订《伦敦条约》以后，为摆脱条约的束缚，海军开始大肆宣传 1936 年和 1937 年危机。而外务省主张维持华盛顿会议体制，双方意见严重对立。但冈田内阁迫于军部压力而压制外务省的主张，于 1934 年 12 月正式发出通告，废除《华盛顿海军军备条约》。在这样强硬的背景下，1935 年的伦敦裁军海军会议上，日本提议设各国共同平等的制舰限制，在这个范围内各国可以自由造舰。但遭到英美代表反对，日本代表退出会议。"到此，已经不可能成立新的海军条约约束日本，而且因日本通告废除《华盛顿海军军备条约》，全部海军裁军条约都已不能限制日本了。"② 日本之前已经退出国际联盟，现在又废除了作为华盛顿会议基础的裁军条约，已经不受任何国际条约的限制，这使日本在国际上更加孤立。

　　废除裁军条约对中国问题也产生直接影响。关于中国问题的《九国公约》虽然没有明文废除，但日本军部却完全忽视它的存在，可以不受任何条约约束，在中国本土展开自由行动。主要的表现就是日军在华北的侵略行动越来越无所顾忌。"这意味着，陆海军实力在国际上已脱离了制约，在国内有没有抑制他们的力量。在这种情况下，陆海军可以无限制地对内外政治采取自由行动了。"③ 另外，军部强烈要求对在"九·一八"事变中"有功"的人员论功行赏，冈田政府没有反对，终于执行。"对于违反敕命、反抗政府方针、谋叛式的'满洲事变'给以国家行赏，竟公然由冈田内阁大规模实行了。其结果是，要想立功，要想受国家的恩赏，只能发动第二、第三个'满洲事变'，这是最捷径的办法。"④

---

① 重光葵：《昭和の動乱》第一卷，原书房 1978 年版，第 56 页。
② 同上书，第 50 页。
③ 同上书，第 60 页。
④ 同上书，第 61 页。

二　藤井财政与公债渐减方针政策

到 1934 年中期，高桥财政的通货膨胀政策经过两年多实施，日本经济各项指标趋于好转，各产业景气指数较 1931 年都有大幅提高。所以，整顿作为高桥财政支柱的赤字财政，就提上议事议程。高桥一开始就把日本银行认购发行公债政策，定为"一时之便法"的临机处置措施。所以，"发行赤字公债是健全财政的手段"[1]。高桥指出："赤字公债不好，但 1931 年以来的经济形势，政府必须给予刺激。产业因金融梗塞得不到资金，即使资金雄厚的产业也挫伤了扩张事业的勇气，故赤字公债作为刺激剂产生了。"[2]

日本银行总裁土方久征对赤字公债深为担忧，"很担心现在的金融形势，股票市场要是这样我绝不担心。在两三年前自己对当时高桥前大藏大臣讲过，'现在实行的变态的财政政策，和所谓通货膨胀或通货紧缩全然没有关系。总之，发行公债即使资金外流，最后投资到正当的、生产性的贸易、产业，它将成为营养液，一定会以相当的数额的比例还给日本银行。但可以确定的是，这是非生产性的，回流到日本银行的资金渐渐减少，呈现非常危险的状态……但既然不是那样，自己就没必要担心'。高桥大臣也深有同感。但现在三井物产等企业千方百计地想频繁、顺利地进行贸易，但是我认为从现在开始各国由于国家主义因素，纷纷提高贸易关税壁垒，给日本出口贸易带来严重影响，所以从现在开始贸易绝不会顺利进行的。为此自己非常担心，作为个人不想不断地发行公债，必须渐渐把它削减下来。如果不削减下来，在国内必然有人对日本货币的价值产生怀疑，结果投资国外，即所说的资本逃避。即使制定多么复杂的法律也不能阻挡资金秘密流往国外。所以，对于国家前途，只依靠赤字公债不能维持日本资金的价值，必须早作打算。"[3] 虽然高桥在 1934 年的第 65 届议会提出"公债渐减"方针，但 1934 年日本各地风灾、水灾、旱灾等自然灾害

---

[1]　上塚司编：《高橋是清経済論》，千倉書房 1936 年版，第 640 页。
[2]　高橋亀吉：《大正昭和世界変動史》下卷，東洋経済新報社 1956 年版，第 1461 页。
[3]　原田熊雄：《西園寺公と政局》第四卷，岩波書店 1951 年版，第 87—88 页。

不断，为应对自然灾害，经过三次追加预算，1934 年财政收入填补公债发行额由 6.069 亿日元，增加到 7.02 亿日元。高桥的公债渐减政策，由于意外的自然灾害没有实施。高桥曾回忆，"关于财政根本重建的时期，我在 1933 年期待在编制 1935 年预算时着手进行。但内外形势变化了……与维持财政收支平衡相比，必须认可当前紧急支出……即使现在仍希望尽快维持财政收支均衡，但今后国际关系，内外形势如何变化呢？至少在经济上，国际关系的前途是黑暗的，难以预测。"①

在斋藤内阁总辞职前的 1934 年 6 月 25 日，内阁确定了 1935 年度预算编成方针，其主要内容是：（1）十年度预算编成要强化财政的内容，尽快奠定恢复财政收支均衡的基础，以努力减少公债发行额为其方针；（2）尽量减少各省新的经费要求额度；（3）节俭既定经费，充当新政策经费；（4）七年度以后开始的时局匡救费，九年度预算后停止。② 但是编制 1935 年度预算方针时，军部的态度愈发强硬，对军费预算的要求更加膨胀。高桥藏相为纠正财政不均衡，恢复财政均衡，提出抑制军费，减少发行公债，停止时局匡救费的预算编制方针。冈田启介内阁成立，藤井真信任藏相。冈田内阁发表的十大政纲中，其中之一是"恢复财政收支均衡，确立财政基础，做最善之处置"，确立了收支均衡财政方针。藤井真信为编成十年度预算，曾作过如下阐述，"在当下周围异常的情势下，为使财政基础恢复常态，前途上有很多困难，但要锐意充实国力的同时，强化财政内容，尽快奠定恢复财政收支的基础，限制、减少公债发行额是极其紧要的。在这个方针之下，当下要努力编成下年度预算"③。藤井的表态表明了要抑制军事预算、减少赤字公债和公债渐减方针。大藏省财政当局基于这个方针，经过具体的检讨认为即使军费不增加，把偿还国债的负担转入特别会计，也会有 5.5 亿日元财政收入不足。所以，大藏省面临

---

① 山崎源太郎编：《国策運用の書》，斗南书院 1936 年版，第 48—49 页。

② 坂入長太郎：《昭和前期财政史（昭和 7 年—20 年）》，酒井书店 1989 年版，第 50 页。

③ 同上书，第 51 页。

一个矛盾的选择：要弥补财政收入不足，就要么发行公债，要么依靠增税。这时藤井已经决心增税，虽然冈田曾经向媒体表示不增税，阁僚、政党也反对增税，但经过多方协调，在 11 月 5 日的内阁会议上最终通过了增税方案。

1935 年度预算的概算规模超过 28 亿日元，其中新的要求为 12.03 亿日元。大藏省主计局（主计局是大藏省核心机构之一，负责拟定和执行国家预算。管理国库储备。起草有关财政、会计制度的法案，调查汇总国内财政制度执行情况、国外财政制度的资料以及有关担任"特别职务的国家公务员"的薪金、津贴、国家公务员互助等工作）坚持要把预算规模限定在 21 亿日元左右，经过审定最后确定预算总额 20.42 亿日元。和上一年度预算比较，十年度预算财政支出总额减少约 9000 万日元，公债发行额减少 2.07 亿日元为 6.04 亿日元。大藏省的这个预算方案遭到军部和各省的反对，要求大藏省恢复其预算，关于预算的纷争一直到 11 月 22 日内阁会议上仍没有解决。在这次内阁会议上，陆海军态度强硬要求恢复其预算要求，而大藏省则坚持必须削减 1 亿日元公债的态度。藤井虽然重病在身，但仍亲临会场进行斡旋。对于大藏省和军部的意见分歧，冈田启介有过如下陈述："实际上自己在内阁会议上，曾冷不防对大藏大臣说'还是拿出 5960 万日元'，因为说得太突然，大藏省的同事非常惊愕。从主计局长到大藏省次官、大藏大臣都非常努力，从凌晨一点半到三点半经过多次分散谈话，集中讨论来推进会议。一直到半夜一点半左右大藏大臣来到，突然说'总的说来，阁下在蹂躏我的信念。我的信念是可切腹般的信念'、'阁下只要坐在内阁会议的席上巧妙地应对即可'。我愤怒地说'这些话实在过分，很不礼貌。自己作为总理大臣，对国家的忠诚的信念不亚于你'。我这样一说，大藏大臣非常惶恐，连忙道歉。"① 虽然大藏省对军部的要求作了极力抵抗，但 24 日以首相裁断的方式决定各自追加陆海军军费 2700 万日元，复活预算 1300 万日元，两者相加陆海军各复活军费 4000 万日元。为筹措这些财源，大

---

① 原田熊雄：《西園寺公と政局》第四卷，岩波书店 1951 年版，第 126—127 页。

藏省把偿还国债的 1700 万日元移交特别会计。1935 年度预算总额 21.9341 亿日元，公债依存一般会计为 7.496 亿日元，特别会计 7650 万日元，两者合计 8.261 亿日元，比上一年度减少 1.509 亿日元。十年度预算基本满足了陆海军增加军费的要求，军费开支占财政支出的 46.6%。[①] 藤井真信虽然极力推行财政均衡化，但仍不能抑制军费的继续扩张，为筹措应对自然灾害的经费，也不得不继续增发公债。11 月 26 日，重病在身的藤井真信带着遗憾宣布辞职，1935 年 1 月 31 日去世。

第二节　后期高桥财政

一　高桥财政与"健全财政"方针

藤井真信因病辞职后，冈田启介邀请德高望重的高桥是清再一次担任藏相，虽然政友会不准党员进入内阁，但不可能把原总裁也开除出党，所以只好宣布原总裁"离别"了。高桥继任后完全继承了藤井财政时期的预算案和为了削减公债而创设的临时利得税（临时利润税）。对此，高桥认为，"但凡增税，会给国民以沉重负担，使财政好转没有比发行公债更好的方法……这种认识下进行增税，是要重建财政，对其增税，请所有国民要忍耐……如果不这样做，增税也就没有意义。"[②] 对于赤字公债"不希望赤字公债无限增加，但若现在马上停止，无论如何为国情所不许"[③]，但是，"现在，虽然想早实行财政收支平衡的政策，但今后国际关系、国内外形势会怎样变化呢？前途黑暗，不可预料。"[④] 虽然藤井设立临时利得税，但这不是普遍意义上的增税，而是作为其健全财政的一环而设立的。对"九·一八"事变后军需工业、出口产业的利润进行课税，这也是参照了 1918 年的战

[①] 坂入長太郎：《昭和前期財政史（昭和 7 年—20 年）》，酒井書店 1989 年版，第 53 页。

[②] 上塚司編：《高橋是清経済論》，千倉書房 1936 年版，第 46 页。

[③] 同上书，第 54 页。

[④] 同上书，第 38 页。

时利得税。通过增加临时利得税大藏省预计每年增加税收 7000 万日元，结果却只有 3000 万日元。政友会从反对冈田内阁出发，在众议院委员会提出修正案。其内容，把基准年度确定为 1931 年前三年，关于该法实施后以脱税为目的的资本增加，对现事业年度的资本金额以每年 7% 的比例计算平均利润。在减资时，1932 年 1 月 1 日以后到本法实施之日减少资本金额的法人看作非减资。法人和个人的税率，修正为法人为 10%，个人为 7.5%。对于众议院的修正案，贵族院就两点进行修正：（1）基准年限以政府的两年为准；（2）废止从法人所得利润扣除 2000 日元。后经过两院协商，基准年限以众议院为准，以脱税为目的的增资以贵族院意见为准。[①] 但临时利得税的征收相对于巨额财政收入不足来说，只是杯水车薪而已。

由于到 1935 年上半年公债发行较为顺畅，军部出现反对公债渐减方针的意见，认为"一年可以发行 20 亿日元，即使发生战争，如果是这种情况，即使发行 1000 亿日元也没关系。"[②] 陆海军分别以苏联和美国为假想敌，制订庞大的扩军计划，庞大的军费是日本经济难以承受的。高桥坚决反对这一主张，对于"公债渐减"方针，深井英五认为："世人见只有几千万日元，却作为年财政收支预算上的主要问题处理，都嘲笑是重大错误，但高桥是不拘泥于数量很小的数字，而是固守财政计划的主要方针。"[③]

要使日本经济走上正轨，达到财政均衡的目的，就必须抑制军部的军费要求。大藏省主计局局长贺屋兴宣对当时的经济形势和政治形势有比较准确的论述，他认为：

当时的情势概括地说，就是军费等支出增加导致的入超，稍稍增加出口也很困难。况且，世界之大势是阻止自由贸易，增加

---

① 坂入長太郎：《昭和前期财政史（昭和 7 年—20 年）》，酒井书店 1989 年版，第 55 页。

② 大藏省昭和财政史编集室编：《昭和财政史》第六卷国债，東洋经济新报社 1954 年版，第 185 页。

③ 深井英五：《回顧七十年》，岩波书店 1948 年版，第 271 页。

出口更加困难。所以，预算的过度膨胀带来国际收支的不均衡，汇率行情的暴跌、物价的暴涨、引起所谓的恶性通货膨胀，经济混乱、国力衰退，导致国民生活的低下。恶性通货膨胀引起整个国家物资供给失衡，供给不足。赤字公债成为其工具。故预算膨胀引起物资很大程度的不足，并没有增加国家需要。同时，当时的形势，为恢复和健全因为世界经济危机乃至以前由过度紧缩而萎缩的经济，在某种程度上有必要进行通货再膨胀。但一定在某种程度上保持适度，防止通货膨胀引起经济破局。当时的社会状况如黑云压顶，存在着促使财政膨胀的倾向，财务当局的作用就是在这种状况下，削减预算，如实反映社会的关注。不是健全财政的健全经济。进一步说就是为维持经济健全的财政对策。"健全财政"这个词实在不确切，是根据原来新闻出版界的说法命名的。

以上是财政经济的看法，但从更大的国家全局来考虑，那就是回避战争，维持和平。

其一，同意军部的要求把庞大的军费纳入预算，完全不能带来国防上的安全。军部的目标在于苏联和美国，这不是由统一的国防方针创立的计划，陆军以苏联为目标，从内心反对海军以美国为目标，希望把目标统一定为苏联。海军反对陆军的立场。本来就资源稀少的日本，把世界上的两个大国都看作假想敌，这是非常愚蠢的想法。不仅如此，如果美国、苏联察觉日本对本国的敌意，积极加强对日军备，引起军备竞赛，这是日本怎样增加军事预算也无法赶上的。这样一比较，日本相对的国防能力不但没有增加，反而受到削弱。

其二，在国际间引起军备竞赛。在这一过程中，一方对另一方取得比较性优势时，就会产生先发制人的想法，这就是俗称的预防性战争。

其三，从我国的舆论及军部的做法来看，如果按照军部意见扩充军备，从美国或者苏联的立场来看，抓住出其不意的时机给日本致命一击，顿挫其野心的做法，日本也不得不有所考虑。

其四，从日本军部自身来说，一旦军备准备就绪，一个显而易见的想法就是实地应用。

其五，当时军部在政治上、社会上的势力不合理地增长。军事预算越来越膨胀，也增加了其势力。对外不仅有爆发战争的危险，在国内也越发助长了军部的嚣张气焰。[①]

大藏省技术官僚从这种立场出发主张要抑制军部扩张军费的要求，克服财政过度膨胀，同时这也深刻反映了高桥是清对时局的基本立场。在编制 1936 年度财政预算时，就面临着这种局面：如果容忍军部的要求，就要增发公债，进而激化成恶性通货膨胀，日本的财政就将面临破产的境地。所以，要削减公债，就要抑制军费开支，否则就要用增税手段来筹措军费。

高桥在 1932 年担任藏相后就确定了避免通过增税，而是通过发行公债创造有效需求的财政政策。日本银行持有发行公债，回收闲置资本，景气逐渐恢复，产业资本对资金需求增大，市场利率逐渐增高，到 1935 年日本银行的公债消化率由以前的 98%—99% 直跌至 77.2%。针对这一情况，高桥是清指出："最近银行存款以及邮政储蓄存款增长迟缓，而且贷款回收也减少……如此，以公债消化为唯一目标的银行持有资金增加已大体逼近公债消化的应有控制线。民间存款的增加尽管可以使政府散布资金增加，但其增加部分未必都投向公债市场，而且促使公债消化的低利率政策也大体达到其最低限度，再向下调低利率益发困难。所以，公债消化的限度不能以数字机械地计算。从以上角度来看，公债消化早已露出困难预兆，对恶性通货膨胀的抬头未必乐观。""迄今为止的公债政策是成功的，是因为其发行量有一定限制。如果对此不加限制，势必产生恶性通货膨胀。"[②] 高桥担心公债过度膨胀导致恶性通货膨胀，关于公债发行限度，高桥敲响了

---

① 坂入長太郎：《昭和前期財政史（昭和7年—20年）》，酒井書店 1989 年版，第 61—62 页。

② 大藏省昭和財政史編集室編：《昭和財政史》第六卷国債，東洋経済新報社 1954 年版，第 259 页。

警钟："不能希望赤字公债会无限扩张，但现在要停止也为国情所不许，大量增发公债必然产生有害的通货膨胀。然而，发行限度在哪里呢？……公债的发行限度是国民消化公债的能力。如果达到消化极限的话，则政府卖出赤字公债，使用得到的资金对民间产业有害无益，产业健全发展的刺激也就消失了。"①

6月25日，在高桥藏相的建议下，内阁会议确定了1936年预算编成方针。其方针是"与昭和十年度预算相比，昭和十一年度预算时应该发行新的公债，公债额应该以财政收入的自然增收为目标，力图减少之"②。即强调通过自然增收来减少公债的公债渐减方针，力图压缩各省新的经费要求，节俭既定经费。高桥在7月的《朝日新闻》上发表《借款政策不能永续》的文章，指出，"公债的过剩发行破坏财政经济，欧战之后很多国家的实例已经证明。无论怎么发行公债都没什么妨碍，是无视最近各国高额代价的议论。昭和七年以来的公债政策能够顺利推进的原因，那就是改变了公债的发行方法，但公债的发行额必须限于相关民间产业资金、金融机构消化能力的范围内。而昭和八年以来为补充财政收入不足而发行的填补公债年年减少，在财政上得以维持国民的信用，并且通货统制得以理想运行，物价以及外汇行情安定，进而我国近来产业贸易的异常进展，这些被认为是根本原因……国家的财政及其机能构成国民经济活动的一部分，并可独自存在，如果不保持作为财政的组织，就不能继续保障军事、外交、产业及其他国家特有的活动。并且从常识来考虑，不管作为国家及其他公共团体的经济和作为个人的经济，借款政策不能永远继续是当然的。伴随公债增发，利息费也逐渐增加，租税及其他的收入也被利息支付费用挤占，这些事态一经发生，财政支出中依靠公债部分益发增多，财政的机能只能陷于停滞状态。这样国家财政的信用难以维持，公债消化停滞，结果只能陷入寄希望于印刷机来筹措资金的状态。这样，

---

① 上塚司编：《高桥是清经济论》，千仓书房1936年版，第54—55页。
② 大藏省昭和财政史编集室编：《昭和财政史》第三卷藏计，東洋经济新报社1954年版，第616—617页。

所谓的恶性通货膨胀弊端势所必至。"① 对于公债难以消化的状态，高桥十分警惕，"不得已，日本银行背负起发行重担，如果公债发行额增加，会产生恶性通货膨胀，一定会在金融上、经济上或国民生活上产生各种弊端。"② 对于"健全财政"和公债渐减方针，当时日本银行总裁深井英五也是积极的拥护者。1936 年初他在报纸上发表题为《本年的财界》的文章，指出"关于消化公债问题，公债销售逐渐减少，有部分怀疑论者认为公债消化达到极限。但现在的实情是公债消化的前途，没有令人担忧的悬念，昭和十年的情况也大致和以前一样。而现在政府财政当局关于公债政策树立了非常适当、合理的方针，努力巩固财政的信用，日本银行也要遵循财政当局的精神，实行适当的金融措施。所以，只要以现状为基础，公债消化没有什么可令人担忧的"③。

在第 68 届议会上的财政演说表明了高桥是清转换财政政策的决心，"国际形势的现状，需要大量的国防费用，地方农村的状况和连年的灾害需要进行相应的对策，很难企望国家经费很快缩减。而我国经济界的现状，正是应该培育其根基，滋养源泉的时期，不适合实行普遍的增税计划，考虑到其他各种状况，我国财政的运行只能依靠发行公债。所以，公债政策执行过程中虽一度出现困难，但由于国防产业等国家设施需要，不得不继续实行之。当编制昭和十一年度预算时，一方面财政支出要重点倾向紧要之事，另一方面要在增加财政收入方面下工夫，尽量避免增加公债发行额，努力使公债能在今后顺利运行……昭和十一年度要以财政收入的自然增加额为目标，同上一年度预算相比，要努力减少一般会计公债发行额。"④ 他的演讲表明其财

① 上塚司编：《高桥是清经济論》，千倉書房 1936 年版，第 276—278 页。

② 大藏省昭和財政史编集室编：《昭和財政史》第三卷歳計，東洋経済新報社 1954 年版，第 620 页。

③ 《日本銀行総裁深井英五本年の財界に就いて》，《大阪時事新報》1936 年 1 月 1 日，http：//www. lib. kobe－u. ac. jp/das/jsp/ja/ContentViewM. jsp？ METAID＝00485085 &TYPE＝IMAGE_ FILE&POS＝1。

④ 坂入長太郎：《昭和前期財政史（昭和 7 年—20 年）》，酒井書店 1989 年版，第 65 页。

政政策要从以前的公债通货膨胀政策，通过公债渐减方针，回归收支均衡的"健全财政"。

所以，在编制 1936 年度预算时大藏省与军部的争斗达到了白热化的程度。大藏省最初设想 1936 年度预算应当在财政收入自然增收基础上，公债发行额应以 6.67 亿日元为目标。为此，大藏省以公债渐减和健全财政为方针，对各省的新的预算要求进行严格审查。在 11 月 26 日召开的第一次内阁预算会上，高桥是清提出了审定方案。根据这个方案，1936 年预算总额为 22.43 亿日元，其中新要求经费为 6.46 亿日元。而陆海军新的经费要求为 4.5 亿日元，占新要求经费的 62%。① 尽管如此，这与先前军部要求的 6.67 亿日元仍有很大差距，军部对这一预算方案非常不满。陆军以 1936 年要充实国防，进行装备现代化为理由，要求满足其新的经费要求。这次内阁会议上，围绕预算问题，军部的态度非常强硬，对此，高桥是清在报纸上对军部进行了批判："我国历来资源贫乏，与各国相比是国力极度贫弱的国家。国家的预算当然要把重点放在制订与国力相适应的预算上。现在我国产业、贸易取得令人瞩目的进展，世界各国对此非常妒忌，日本处于孤立无援的状态。所以，作为日本应该好好反省其国情，如预算也不能适应国民所得，不久国力就会疲敝，国民陷入涂炭之苦。一旦到紧急时刻，对敌国不能应战，这种情况下必须要做好应对的充分准备。特别是最近我国的形势，持续的天灾使国民更加困顿，（政府）从社会政策上应该更多地予以考虑，在这个时候，军部也要充分反省这个问题。对于今日之军部，言论机构不能说想说的话，财界人士虽也认为'这是困难的事态'，但什么也不能说，军部两相（陆相、海相）究竟如何看待这样的形势呢？国内形势已然如此，如再强干，军部恐成为国民嗟怨之府，军部要充分考虑这一点。我自己为了军部预算，把仅有的一点资金，加上增发公债，七拼八凑恢复陆海军各一千万日元，再也拿不出来什么了。我辈之所见，各国不会对日本进行挑战，

---

① 同上书，第 66 页。

因此，我国如有徒然刺激外国之事，应该慎重。"①

11月27日的第二次内阁会议上，川岛陆相首先发言："高桥财政大臣在上次的内阁会议上力陈建立与国力相应军备的必要性，我陆军当局也顾虑财政的现状。鉴于目前的国际形势，期望国防安全成为最迫切的要求。我国现在必须调整相当的军备，作为陆军大臣，可以断言绝没有无视国力进行国防扩张之事。对于陆军省提出的预算恢复要求，希望通过事务性谈判加以解决。"川岛陆相对高桥的"和平论"主张进行猛烈反驳，同时详细说明了恢复预算要求的主旨。对此，高桥进行了反驳："对国防不能等闲视之，最起码的军备是绝对必要的。所以，军备不必要等问题我丝毫没有考虑。作为国家，必须建设与经济力相应的国防，因此，必须充分考虑国力，绝不是肆意减少国防费。"高桥提出不再增加赤字公债的报告，并拒绝陆军提出的恢复4000万日元经费的要求。大藏省次官津岛在会见记者时明确了大藏省的态度："无论有什么样的情况，大藏省的方针是绝不增发赤字公债。"②针对高桥的发言和大藏省公债政策，27日晚上，陆军当局发表题为《陆军对预算问题的意向》的说明，指出："国防和财政的调整有稍稍误解的倾向，以大藏省之口吻，似乎目前我国的动荡主要是由我们军部造成的。在以举国一致为必要的当今形势下，甚为遗憾。作为现在远东地区的安定势力，日本的使命是前所未有的重大。但是，作为实现这一使命的基石，必须确保'满洲国'的独立，为强化日满不可分割关系等原因，必须以举国之力，努力完成……而且，为完成这种国策，拥护发扬日本的正义，我国防力量的充实是中心之急务，在这里无须多言，军部更希望和列强提携，进行和平的外交交涉。但我们在军备不充分的情况下，消减了外交交涉的威力、执行

① 《疲弊し行く民力熱情迸る蔵相の言に各閣僚も感動す》，《東京日日新聞》1935年11月28日。参见 http：//www. lib. kobe－u. ac. jp/das/jsp/ja/ContentViewM. jsp？METAID＝10034963&TYPE＝IMAGE_ FILE&POS＝1。

② 《国防と財政につき軍部両相蔵相と猛烈に渡り合う緊張したきのうの閣議》，《大阪毎日新聞》1935－11－28. http：//www. lib. kobe－u. ac. jp/das/jsp/ja/ContentView M. jsp？METAID＝10035581&TYPE＝IMAGE_ FILE&POS＝1。

力，加大了诱发战争的危险。陆军为尽到现下我国防之重责，这次的
预算实在是不可欠缺的、恒久兵备的基础事项。对于为国家、国民考
虑的以前及这次的预算要求，在此基础上如军部再强制推行，'恐成
为国民嗟怨之府'的说法，实乃向国民诬蔑军部之甚……与其相信军
部的要求直接加重了一部分穷困国民的负担，莫如相信这正是为政者
应该努力改正之所在。"① 针对军部的强硬表态，29 日凌晨大藏省就
是否和军部在报纸上争论举行会议讨论，最终决定不在报纸上和军部
争论，只在内阁会议上强调大藏省的立场。同一天内阁召开第三次预
算会议，由于这次会议必须确定下一年度预算，鉴于军部的强硬态
度，高桥是清手持世界地图参加内阁会议，批判军部对美苏开战的方
案愚蠢至极："国防不能进攻，只够防守。军部缺乏基本常识……陆
军幼年学校的教育是和社会脱节的特殊教育，制造残疾人。陆军受此
教育者是主流，成为干部后缺乏常识是当然的。缺乏常识的干部插手
政治，闭目塞听，实乃国家之灾难。"②

　　大藏省也作了妥协的准备。经过彻夜交涉，30 日早晨最终确认恢
复追加陆军预算 800 万日元，海军预算 200 万日元。这个结果和 1935
年度预算相比，陆军预算增加 1450 万日元，海军预算增加 2200 万日
元。1936 年度预算规模为 22.78 亿日元，比上一年度增加 6200 万日
元。由于财政收入自然增收 1.61 亿日元，国营及国有财产收入增加
1500 万日元，由特别会计的缴纳金增加等原因，赤字公债发行额比上
一年度减少 6920 万日元，为 6.803 亿日元，公债占财政收入比例为
29.9%。由于税收的自然增收，高桥主张的公债渐减方针没有被贯
彻，但不增发赤字公债的目标却得到贯彻。军费支出额为 10.58 亿日
元，占总财政支出的 45.8%。③ 另外，对村镇财政援助的 2000 万日

————————

　　① 《予算問題に对する陆军の意向》，《大阪每日新聞》1935 年 11 月 28 日，参见 ht-
tp：//www.lib.kobe‐u.ac.jp/das/jsp/ja/ContentViewM.jsp? METAID＝10035581&TYPE＝IM-
AGE_ FILE&POS＝1。

　　② 松元崇：《大恐慌を駆け抜けた男：高桥是清》，中央公論新社 2009 年版，
第 308 页。

　　③ 《大藏省百年史》编集室编集：《大藏省百年史》下卷，大藏财务协会 1969 年版，
第 50—53 页。

元，农村经济更生助成金 300 万日元，东北振兴费 800 万日元，作为失业救济措施的土木费 1.15 亿日元都纳入预算。[1]

综上所知，高桥所推行的"健全财政"，只是在形式上回避了赤字增发，但公债渐减的原则没有被贯彻。相反，以军费为中心的财政支出结构更加明确。高桥财政只是暂时控制了预算规模的大膨胀，财政的根本问题仍然没有解决。

1935 年 12 月 24 日第 68 届议会召开，1936 年度预算被提交到议会审议。政友会虽然在议会占多数，但由于政府和民政党关系更加紧密，使政友会实际处于在野党的地位，1936 年 1 月 21 日政友会提出内阁不信任案，众议院被解散。1936 年预算案被搁置，政府仍实行上一年度预算，2 月 4 日确定编制预算执行方针。但这个预算施行前"二·二六"事件爆发，随着高桥藏相被暴乱部队枪杀，冈田启介内阁总辞职，转向均衡财政和公债渐减方针的高桥财政走到了尽头。之后，军事支出开始急剧膨胀，给财政以及政治、社会、经济深刻影响。对高桥财政来说，赤字财政、日本银行承兑发行公债等政策一直都是"抛砖引玉"的"一时之便法"。深井英五指出："高桥大藏大臣的财政计划从一开始就确定了日本银行承兑发行公债和国债渐减的方针。"[2] 高桥认为："赤字财政不能年年增加，政府绝不想永远继续这一政策。在国民丧失消化公债能力之时，无论如何也要防止公债的发行。到时即使国防上必需的经费，也不能充分供给。"[3] 高桥财政的发言表明要削减军费的意图，但在内外形势的压力下，军费预算有增无减，高桥财政只能采取消减军费以外开支的办法来回避，如对时局匡救费这样的社会救济性经费的削减。在军费增加的大背景下，高桥开始限制公债的发行额。1934 年减少 4100 万日元，1935 年减少约 6400 万日元。尽管减少了公债发行额，但仍每年维持在 6 亿日元的高

---

[1] 大藏省昭和财政史编集室编：《昭和财政史》第三卷岁计，東洋经济新報社 1954 年版，第 169—170 页。

[2] 深井英五：《回顧七十年》，岩波書店 1948 年版，第 270—271 页。

[3] 高橋亀吉：《大正昭和财界变动史》上卷，東洋经济新報社 1956 年版，第 54—59 页。

水平，其发行余额达到将近 100 亿日元。而削减军费以外的财政开支已达到极限，不可能继续削减。要恢复"均衡财政"，只能对军费的扩张进行遏制，因为对军费的削减已经没有缓冲余地。在军部要求增加军费的背景下，在军部法西斯分子看来，高桥财政已经成为军部扩张的桎梏。军部和高桥财政的内在矛盾已经表面化，1935 年 11 月 27 日，高桥在报纸上发文称："财政上的信用是无形的，维持这个信用是最大之急务。仅专注于国防，引起恶性通货膨胀，破坏其信用，国防也绝不能稳固……军部也要充分考虑这一点。"[1]

高桥的财政主张打击了进一步要求增加军费的军部法西斯势力，招致军部右翼势力的忌恨。1936 年 2 月 26 日，"二·二六"事件爆发，高桥被杀害。

二　高桥财政时期租税政策

随着再次禁止黄金输出，日元汇率快速下跌，对关税造成猛烈冲击，导致从量税与从价税完全失衡。从量税是按照商品实物的计量单位如重量、数量、长度、容量、面积来计征的关税。从价税是按照商品价值（价格）来计征的关税。即按进口商品价值或价格总额抽取一定比例的关税，或把税率定为商品价格的一定百分比。从量税和从价税各有特点，一般说来，从价税比较公平，税额随商品价值大小变动，而单位价值的税负不因商品价值大小而变动；从量税则具有累退性质，进口商品价值越高，单位价值的关税负担就越轻。从价税的保护作用比较明显，在通货膨胀时尤其如此；但从量税在价格上涨时其保护作用降低。从价税征收起来比较复杂，要经过估价；从量税则简便易行。作为应对措施，政府把从量税一律提高 35%，包括大幅提高生铁关税在内，全面提高从价税，并形成提案，提交第 62 届议会审议。经议会审议，该提案于 1932 年 6 月实施。

1932 年，由于经济萧条导致租税滞纳者大幅增加，日本税收降到昭和经济危机以来的最低点。1930 年以后，以直接税为中心，税收下降非常显著。1931 年 11 月，为弥补持续减少的税收，井上命令大藏

---

① 今村武雄：《評伝高橋是清》，财政経済弘报社 1950 年版，第 286 页。

省制定增税方案，高桥任藏相后撤回增税方案。高桥的军需通货膨胀政策使日本经济景气开始恢复，从1933年开始税收出现增势。在高桥财政的税收结构中，间接税超过直接税，特别是酒税和关税在税收中占据重要位置。1932年直接税与间接税比例分别为40.6%、59.4%，所得税占总税收的19.8%，酒税为28.7%，关税为15.6%。如果加上纺织品、砂糖消费税，这时的租税体系是以从量税为中心的间接税体系。

在各项税收中，直接税的所得税1932年约为1.38亿日元，1935年增加到约2.28亿日元，基本恢复到井上财政时期的水平。而属于间接税的关税也从1933年开始缓慢增长。但高桥任藏相时的一贯的租税思想是反对增税，在1933年1月21日的第64届议会、1934年1月23日的第65届议会上，高桥就增税问题表明了政府以及自己的态度："在经济界逐渐恢复的今天，确立增税以及其他增收计划，一定会削除好不容易成长起来的萌芽，从大局来看，未必是其时机……经济界的现状，现在还不是制定增税以及其他增收计划的时期。"[①] 当然，高桥并不是否定增税的必要性，而是认为不是实施增税的时机。"一方面实施增税，另一方面必须走出赤字公债，而减少赤字公债却不确定，其还有不断增加的担心。如果不能预见到何时结束发行赤字公债，将来我就不能体面地提出增税的理由。"[②] 高桥把增税的前提确定为停止赤字公债，停止赤字公债才是实施增税的时机。另外，进行根本的税制改革也是高桥实施增税的必要条件之一。

对于不断扩张的赤字财政，不断增发的公债，陆军内部的少壮将校主张作为补偿财源应该加重征收奢侈税，对高利润公司以及富豪阶级课以重税。政府、政党和民间也广泛呼吁通过增税，把紧急财政引入常道。对此，高桥藏相的意见是，"如果对现下疲敝的经济界增税，其增收程度之高可以预料。如果增税不足现在赤字水平的十分之一，则毫无意义。莫如等到时局经费渐减，财界好转之后，再进行增税，

---

① 大藏省印刷局编：《大藏大臣财政演說集》，大藏省印刷局1972年版，第543页。

② 高橋是清：《隨想錄》，千倉書房1936年版，第46页。

一举恢复财政收支均衡，消除赤字。现下，疲敝多年的财界才出现恢复的曙光，如果实施增税，好比摘除景气之芽。政府现在应该彻底实施低利率和产业保护政策，努力培植税源，恐怕要到昭和十年（1935）左右才能实施增税。"① 但随着增税呼声日渐提高，税制调查委员会（后改为税制改正准备委员会）于 1932 年 12 月 27 日成立。该委员会就"能否创设新税及其利害得失，并对各国的税制进行调查研究"。并在 1933 年 5、6 月份先后推出《财产税要纲》《制造者消费税要纲》《一般交易税要纲》《奢侈税要纲》《所得税改正要纲》等增税方案。在这些增税方案基础上形成"6 月 26 日税制整顿案"。该增税方案分 5 千万日元、1 亿日元、1.5 亿日元、2 亿日元四个阶段，该方案注重导入财产税，财产税比重占增税总额的一半左右。但 7 月 4 日高桥发表《增税时机尚早》的声明，否定了增税方案。7 月 5 日的《大阪每日新闻》以"高桥藏相不肯增税"为题刊登了高桥的发言，"现在还不到放心向各产业投放资本的时机，从全局看，还不能说经济界得到恢复。即使资本充裕，这时增税将压迫好不容易恢复起来的产业。其效果将难以令人满意。"② 虽然高桥否定了增税方案，但大藏省在对先前增税方案作了大幅修改后，秘密制定了新的增税方案，即 7 月 24 日《税制整顿案》。该方案放弃了财产税，改以增征一般所得税、酒税为中心的间接税。把税收负担转嫁给一般消费者。但高桥反对增税的一贯态度给大藏省乃至税制改正准备委员会的增税方案很大压力，最终在高桥反对之前停止了增税调查研究活动。

　　1934 年 7 月冈田内阁成立，藤井真信就任藏相。冈田内阁发表的十大政纲中明确提出财政健全化主张，受此影响，在大藏省内主张包含增税政策的健全财政路线重新抬头，主税局秘密制定增税方案，形成 8 月 24 日《税制整顿案要纲》。该要纲主张增税以增收所得税为主，第一年征收 4620 万日元，一般年度为 5190 万日元。其中，第三

---

　　① 朝日新聞社：《朝日经济年史》，大空社 1932 年版，第 26 页。
　　② 《财界回復未し增税は時期尚早》，《大阪每日新闻》1933 年 7 月 5 日。http：// www. lib. kobe－u. ac. jp/das/jsp/ja/ContentViewM. jsp？METAID = 10051317&TYPE = IMAGE_ FILE&POS = 1。

种所得税的征收按金额未满 1 万日元征 10%，未满 10 万日元征收 20%，超过 10 万日元征收 30% 的累进性征税。[①]

但以第三种所得为中心的增税计划被推迟，代之以创设 3000 万日元规模的临时利得税。虽然冈田内阁多次申明沿袭前内阁财政政策，但大藏省内部从负担公正以及缩减赤字公债立场出发，主张增税论。陆军通过发行小册子也表明支持增税意见，加之全国性自然灾害影响，冈田政府放弃强行整顿贷款，提高邮税的做法，改以征收临时利润税。日本经济经过两三年通货膨胀刺激，经济景气逐渐恢复，通过增税防止恶性通货膨胀，似乎成为奉行健全财政政策的藤井财政不可避免的政治选择。

按照大藏省的计划，征收临时利得税的方案是：（1）纳税人为居住税法实行地一年以上者；（2）对法人利润以及营业收益税法第二条规定的营业个人利润课税，这些利润为超过 1931 年前两年的平均利润时，对超过额课税 10%；（3）鉴于营业实体在 1930 年、1931 年的利润降低，对法人利润超过资本金额 7%，超过个人平均利润 3000 日元，来算定课税额；（4）个人、法人都从超过额扣除 2000 日元，对其余额进行课税，对个人其年利润未满 6000 日元不课税。

临时利润税收入 1935 年约为 3000 万日元，之后一般年度约为 4100 万日元。11 月 4 日，大藏省通过征收临时利润税法案。大藏省给出的增税理由是："我国经济界情况虽逐渐改善，产业经济恢复显著，但整个经济界状况还没有根本好转，虽然政府实施救济政策，但农林山村还未脱离危机，军需工业、出口工业等产业受时局直接、间接影响，呈活跃状态，其业绩增长迅速。总之，我国现下的景气恢复呈不均衡状态。今年灾害频仍，各地非常穷乏。在此情势下，国民负担出现两极分化，仅以正常经济状态为目标制定的所得税等的运用，已不能期望它使课税公平。我国财政历经数年收支失衡，每年要发行巨额公债来填补财政收入不足，这需要制定增税以及其他增收计划，

---

① 井手英策：《高橋財政の研究：昭和恐慌からの脱出と財政再建への苦闘》，有斐閣 2006 年版，第 155 页。

恢复财政常道。但鉴于我国经济现状以及国民负担实情，不适合制定一般增税、增收计划。然受时局影响，景气好转，对某些产业课以若干赋税，征收其增加利润的一部分以使负担公平，增加国库收入，减少公债发行额，并筹措支付救灾所需费用，是刻下必需的政策。"[1] 从中我们可以了解藤井创设临时利润税的意图，在经济景气逐渐恢复的大背景下，从短期来看是使国民负担均衡，筹措救灾经费；从中长期来看，是恢复财政均衡，实现健全财政的重要手段，为将来实行大规模增税奠定基础。

在大藏省通过临时利润税法案的第一天的 11 月 5 日，藤井藏相到高桥住所拜访，就以临时利得税形式增税征得高桥是清谅解。高桥曾指出，利得税"不一定会增加多少国库收入"，"征收利得税不能解决此困难问题，故作为健全财政第一步，和我的想法完全不同"[2]。在藤井藏相因病去职、病逝后，高桥却继承了藤井创设的临时利得税。高桥解释的理由是："临时利得税的创设，虽有一部分人反对，但纵观我国经济界现状，一部分产业却因时局利好影响而获得极大利益。政府对此等产业课以临时利得税，将其收入的一部分收归政府，以救今日之急需，似亦为不可。"[3]

一贯反对增税的高桥是清之所以能够继承藤井的增税主张，津岛寿一做了如下解释："如实说，高桥藏相不太会向议会提出这样的增税方案，但既然已经把该收入纳入年财政收入预算，加之有报答藤井前藏相劳苦之意，没有对该案加以检讨，就原案提交议会。尽管议会对这个法案有各种议论，但高桥藏相强调这个阶段不再进行普遍的增税，试图从宏观角度进行答辩。"[4]

从以上资料分析，高桥之所以继承临时利润税法，只不过是迫于

---

① 朝日新闻社：《朝日经济年史》，大空社 1935 年版，第 31 页。

② 大藏省主计局：《第 67 帝国議会臨時利得税法案議事錄》，大藏省印刷局 1935 年版，第 71 页。

③ 张师亮：《高桥藏相眼中的日本财政和经济》，《众志月刊》1935 年第 2 卷第 5—6 期，第 85 页。

④ 津岛寿一：《芳糖随想 9 高桥是清翁のこと》，芳糖刊行会 1962 年版，第 245 页。

各种原因对既成事实的承认。藤井和大藏省官僚推进的包括增税内容的财政健全化，完全在高桥的制度设计之外。历经多年的大藏省增税计划，事实上已经破灭。

表5-1　　　　　　　　　　高桥财政时期的租税结构　　　　　单位：千日元

年份	1929	1930	1931	1932	1933	1934	1935	1936	1937
直接税									
所得税合计	200760	202679	146106	137718	160975	196577	227566	270442	476763
第一种	54183	62894	33251	37709	51002	70203	92687	120741	206033
第二种	30487	29515	27330	26249	26526	25341	25362	25415	39900
第三种	116090	110270	85525	73760	83447	101033	109517	124286	230830
资本利息税	16242	15725	14836	14298	14688	14870	15093	15067	27384
临时利得税	—	—	—	—	—	—	27319	44832	102713
地租	75412	76024	65235	65600	65778	65919	65919	66181	56498
营业收益税	56283	54961	38366	35620	40322	48905	57992	72207	91067
其他	30922	63630	65909	29613	25051	48345	35899	42311	45578
直接税合计	379619	413019	330452	282849	306814	374616	429788	511040	800003
间接税									
酒税	239671	189154	176263	200051	213358	202602	206757	223224	259406
关税	147336	113174	111760	108481	115598	137982	152706	161215	196994
砂糖消费税	81222	76761	76450	68604	73140	78682	83975	96772	101806
纺织品消费税	35972	34152	33046	27916	30280	37152	40722	43323	39473
其他	9685	8781	7533	7936	9377	12150	12137	16188	34210
间接税合计	513886	422022	405052	412988	441753	468568	496297	540722	631889
直接税所占比率	42.50%	49.50%	44.90%	40.60%	41.00%	44.40%	46.40%	48.60%	55.90%
合计	893505	835041	735504	695837	748567	843184	926085	1051762	1431892

资料来源：井手英策：《高桥财政の研究：昭和恐慌からの脱出と财政再建への苦闘》，有斐阁2006年版，第231页。

三　高桥财政的产业政策

鉴于自 1929 年井上紧缩财政与世界经济危机双重打击给日本经济带来的深刻危机，高桥财政前半期的经济政策主要是把日本经济从危机中解救出来，其经济政策是以发行赤字公债为中心而展开的。后半期高桥财政的政策重点放在健全财政上，这是以 1934 年度预算编制平衡财政开支为标志的。早在井上财政进行金解禁准备期间，高桥是清就认为：“我国当务之急是奖励国产”[1]，而不是进行金解禁。政友会组阁后，高桥认为：“发展本国产业，充实本国经济实力是第一位的”[2]，井上准之助在“产业政策上，仅注重对外关系，忘了对内关系，是本末倒置”[3]。

在经济危机状态下，要解决资本过剩、劳动力过剩、进行资本积累，就要扩大国内、国外市场规模。而救济危机最为深重的农村也是当时最紧迫的政治需要。高桥财政为创造、扩大有效需求，所采取的经济措施主要有：（1）投入财政资金创造有效需求，绝对扩大国内市场；（2）遏制进口，相对扩大国内市场；（3）促进出口，扩大国外市场；（4）实施农村、中小企业救济政策。为创造有效需求，政友会上台之初即放弃金本位制，实行管理通货制度。在这一前提下，高桥是清希望通过日本银行认购发行公债的方式，聚拢财政资金，通过赤字公债创造有限需求，使企业获得利润，再通过民间积累的资本吸收赤字公债，日本银行券又返回银行。在此基础上，以产业合理化为目的，实施产业统制政策。

高桥财政后半期随着经济逐渐好转，高桥财政最重要的课题是财政健全化。需求的持续扩大，生产扩张，企业利润随之增加，民间资本积累增长，所以，过度依靠财政扩张刺激经济增长的局面必须改变：不仅是财政金融层面，物资供需、生产力层面也都要做出调整。

---

①　日本銀行調查局编：《日本金融史资料》第二十二卷，大藏省印刷局 1978 年版，第 537 页。

②　中村政则：《昭和恐慌》，岩波书店 1989 年版，第 202 页。

③　日本銀行調查局编：《日本金融史资料》第二十一卷，大藏省印刷局 1978 年版，第 777 页。

这就要对扩大有效需求政策进行抑制，虽然限制军费扩张在政治上极其困难，但在财政运作上却是极其必要的。而发行公债不仅维持通货价值的稳定，还确保了民间设备投资资金和投资殖民地资金，缩减公债规模处于两难境地。遏制进口、促进出口政策加剧了与国外贸易对手的竞争，日本只能通过军事手段强化日元经济圈，并调整国内民间工业生产能力。所以，后期高桥财政经济政策主要是处理前期高桥财政克服经济危机所产生的副作用。其主要措施是：（1）抑制通过财政支出扩大内需的政策；（2）限制进口，促进出口政策；（3）振兴农村以及中小企业；（4）实行产业统制，对生产力进行调整。

前期高桥财政为扩大内需采取的主要措施是扩大军费支出及推进农村时局匡救事业。在井上财政时期，开始对军费进行缩减，但"九·一八"事变之后军费迅速增长。1930年军费约为4.4亿日元，从1931年开始军费转入增势，1932年军费比上一年度增加约51%。1933年军费又比上一年增长约27%，三年间军费膨胀近2倍。1934年军费增长速度趋缓，1935年军费超过10亿日元。军费支出约占整个财政支出的40.3%。为救济农村及中小企业推出的时局匡救事业，从1932年到1934年三年间共支出约8.65亿日元。[①]

为促进出口，高桥首先采取的是低汇率政策。1931年12月13日，日本再次禁止黄金自由输出之后，日元汇率从49.44美元暴跌到34.5美元，1932年中期更跌到20美元左右，1933年又回升到30美元左右，1934年以后日元汇率趋于稳定。金禁止下的低汇率政策促进了日本出口，但也激化了各国的贸易关系。为加强竞争，1934年修改《出口组合法》，同年又制定《生丝出口交易法》等加强出口统制政策。促进出口的另一项政策是对中国东北的占领，通过武力侵占中国东北排除他国竞争，这种排他性的占领，促进了对中国东北的出口。中国内地抵制日货运动更凸显中国东北市场对日本的重要性，日本对中国东北的资本输出进一步扩大，日本重化学工业等商品出口市场也

① 東京大学社会科学研究所編：《ファシズム期の国家と社会2戦時日本経済》，東京大学出版会1980年版，第117—120页。

进一步扩大。

日本采取的遏制进口的政策主要是以关税政策为核心的，此外，还有汽车产业保护政策和船舶进口许可制度。井上财政时期，为调整过于保护本国产业的关税政策，1930 年、1931 年两次实施下调关税或无税化政策。高桥财政时期实施所谓正统的贸易保护主义，分别在1932、1933、1935 年实施关税修改。根据 1932 年 6 月 16 日日本政府公布修改后的《关税定率法》，作为临时应急措施，提高 24 种税目的关税税率。除此之外，其他从量税税率一律提高 35%。除小麦、麦粉等食品、木材外，重化学工业品也提高了关税。尤其为遏制印度生铁的进口，把 100 斤生铁税率从 10 钱提高到 36 钱。另外，增加包括对满洲钢铁工业的补助金，实现钢铁自给政策，从而确立本国钢铁工业的市场统治地位。

1931 年进口商品总额中，从量税约占 81%，从价税约占 19%，提高从量税率将适用大部分征税商品。一律提高从量税率，保护国内产业意图明确。进口商品价格由于日元汇率降低而提高，也同样起到了保护国内产业的效果。日本国内产品生产成本上升速度如果赶不上汇率下降速度，提高从量税率实质上起到了强化保护产业的效果。

根据 1933 年 3 月修改后的《关税定率法》，提高东南亚产品的税率。1935 年商工省由于钢铁供应紧张，向政府提交降低生铁关税提案。2 月，关税调查委员会决定降低生铁关税 50%，同时，下调普通钢材税率 50%，提高镁合金等金属关税。在第 67 届议会上，政府提出《关税定率法改正案》、《奢侈品等进口税法改正案》，而且还提出两年间降低钢铁关税 50% 的特别法案。但前两个法案获得通过，后一个法案审议没有通过。总之，高桥财政时期的关税政策强化了贸易保护主义。

为加强企业自身竞争力，井上财政时期的商工省大臣俅孙于1929 年 9 月向商工审议会提出如何进行合理化的咨询，标志着产业合理化的开始。12 月 13 日，商工审议会发表产业合理化意见书，指出

"要促进企业合并"，"鼓励企业联合与同行业协商"。① 1930 年 1 月，日本政府成立临时产业审议会作为产业合理化最高领导决策机构，"调查、审议产业合理化及其他产业振兴的重要事项"②。之后，商工省设立临时产业合理局，作为推行产业合理化的行政机关。由于世界经济危机的冲击，本来以企业技术设备更新改造为重点的产业合理化政策，变成以企业内部"合理化"和产业组织"合理化"为重点的危机对应政策。企业内部"合理化"主要是通过提高原料利用率、削减人工费用等手段来实现的，加强对劳动者剥削必然引起劳资关系紧张。同时，产业组织"合理化"也是日本政府推行的政策重点。担任1931 年商工省事务次官的吉野信次认为："近代产业虽然主要是通过自由竞争发展到现在的，但其种种弊端已日趋明显，维持完全的自由不可能把产业从目前的混乱中解救出来，产业需要全盘发展计划和统制政策。"③ 在自由竞争的市场条件下，技术、资本完全无法与欧美企业竞争的日本企业，只能通过国家对经济干预，提高产业组织化的效率，才有可能在国际市场竞争中赢得一席之地。

1931 年 4 月，日本政府发布《重要产业统制法》，其核心内容是重要产业需要按国家要求组成卡特尔。其中第 2 条被称为"强制卡特尔"条款，即政府有权命令卡特尔以外的同行业者遵循卡特尔协定。第 3 条对于"违反公益"以及有损于"该产业及关系密切产业公正利益"的规定，政府有权令其更改或取消。④ 从 1931 年 12 月到 1934 年5 月，政府指定了棉纺、人造纤维、电石、西洋纸、水泥、白糖、条形钢、工字钢、啤酒、煤炭等 24 个业种为重要产业，并在这些产业中建立卡特尔垄断组织。1930 年以后，卡特尔迅速增加，1932 年达到 83 个，其中 1930 年以后组成的就占 48 个。如下页表所示。

所以，鼓励卡特尔的产业组织政策，加速了企业合并、兼并的过

---

① 安藤良雄编：《近代日本经济史要览》，東京大学出版会 1993 年版，第 123 页。

② 加藤尚文编：《日本经营史料大系》第三卷，三大书房 1989 年版，第 99 页。

③ 吉野信次：《日本工业政策》，日本評論社 1935 年版，第 313 页。

④ ［日］中村隆英、尾高煌之助：《日本经济史 6　双重结构》，厉以平监译，生活·读书·新知三联书店 1997 年版，第 63 页。

程，大批中小企业没落乃至破产，一批新老财阀，如三井、三菱、鲇川、浅野、日曹等获得大的发展。为抑制通货膨胀，1933 年之后，日本政府运用重要产业统制法，通过产业卡特尔组织垄断市场，抑制商品价格上涨。对处于低端的垄断产业采取"放任竞争"方针。

继重要产业统制法之后，1931 年 4 月 2 日又颁布了《重要产品出口工业组合法中期修正案》，该法将《重要产品出口工业组合法》改称为《工业组合法》，并扩大了该法的适用范围。该法不仅限制组合的卡特尔行为，还允许个人（实际是大企业）加入工业组合联合会。对未加入卡特尔的同行业者，将其适用范围从"纠正经营上的弊病"改为"预防并纠正经营上的弊病"，重点放在防止过分竞争上。重要产业统制法是加强大企业间的卡特尔立法，而工业组合法是为加强中小企业之间共同行动的立法。

表 5 – 2 各产业卡特尔的发展

分类＼时间	"一战"前	1914—1926	1927—1929	1930 年以后	不详	合计
重工业	—	5	6	19	3	33
化学工业	5	6	1	18	1	31
纤维工业	1	1	3	6	—	11
食品工业	1	—	2	5	—	8
合计	7	12	12	48	4	83

资料来源：安藤良雄编：《日本近代经济史要览》，東京大学出版会 1981 年版，第 124 页。

所以，高桥财政时期的产业政策由两部分构成，一是在避免和欧美资本主义发达国家直接竞争的基础上，通过国家政权力量扩大国内市场，停止盲目扩大企业规模的、导致经济恶性循环的一般政策；一是重点培育具有战略性作用的特定产业，从而优化产业结构，增强企业竞争能力，进而重振日本经济。

四 高桥财政对产业资本的影响

高桥财政一方面实行由日本银行认购发行赤字公债、推行赤字财政，增加购买力，另一方面放任汇率下跌，增加日本产品出口量。这些措施刺激了在经济危机中焦头烂额的产业资本。产业资本的流动最困难的过程就是商品资本向货币资本转化，也就是实现商品价值的过程。景气刺激政策的实施人为地增加了市场购买量。赤字财政和汇率下跌政策虽然都刺激经济景气，但其途径和方法不同。汇率下降，对外下调日本商品价格，这种所谓"倾销"政策，就是把国外的购买力引向自己方面。倾销政策不会增加购买力总量，在总量内只不过是增加了购买自己商品的购买力，从而刺激了经济景气。景气变好，物价全面上涨，对国家来说就意味着购买力总量的增加。

赤字财政创造出的购买力，增加了国内购买力总量，使产业资本流动性更加顺畅，刺激物价全面上涨，进而带动经济景气。这两种方式虽然结构不同，但都使产业资本慢慢流动起来。汇率下跌使出口增加。但汇率下跌最激烈的时候是 1932 年，这一年的出口额并没有增加太多。1933 年汇率安定之后出口才大幅增加，1934 年突破 20 亿日元，恢复到了经济危机以前的水平。但同时进口也大幅增长，逆转传统入超倾向的只有 1935 年。如下表所示，国际收支从 1932 年开始好转，但 1934 年之后恶化。这个恶化是对中国东北进行资本输出的结果。

表 5-3　　　　　　　1929—1936 年日本国际收支　　　单位：百万日元

年份	经常收支					资本收支差额	综合收支差额
	贸易收支			贸易外收支	经常收支差额		
	输出	输入	差额				
	A	B	C（A-B）	D	E（C+D）	F	G（E+F）
1929	2148	2216	-67	187	120	-92	28
1930	1469	1546	-76	133	57	-147	-90
1931	1146	1235	-88	83	-5	-232	-237
1932	1409	1431	-21	102	81	-100	-19
1933	1861	1917	-56	109	53	-20	33
1934	2171	2282	-110	144	34	-183	-149
1935	2499	2472	26	178	204	-371	-167
1936	2692	2763	-70	232	162	-269	-107

　　资料来源：根据大藏省理财局编《金融事項参考書（昭和各年調）》日本評論社製成。转引自高橋精之《高橋財政の歴史性格》，《社会労働研究》1966 年第 12 期，第 79 页。

出口好转最具代表性的产业是棉纺织业，国内消费量基本停止，出口量却大幅增加，日本成为仅次于英国的第二位棉纺织品出口国。如下表所示。

表 5－4 棉纺织品出口与国内消费单位 单位：1000 捆

年份	出口量	国内消费量	总供给量
1930	1366	1174	2540
1931	1207	1485	2692
1932	1778	1067	2845
1933	1786	1378	3164
1934	2207	1321	3528
1935	2362	1218	3580
1936	2363	1260	3623

资料来源：東洋经济新报社编：《昭和產業史》第二卷，東洋经济新报社 1950 年版，第 124 页。

赤字财政刺激经济的效果如何，我们可以通过具体的数据进行分析。高桥的赤字财政每年以约 7 亿日元增加，最初财政赤字是为"九·一八"事变而筹集的军费，具有外在的强制性特点，其主要投向是军需生产部门。其景气效果在军需产业部门表现最为明显，如钢铁产业，见下表所示。

表 5－5 1930—1936 年日本钢铁生产 单位：1000 吨，%

年份	生铁	粗钢	钢材	总资本使用利润率（平均）
1930	1162	1883	1921	1.75
1931	917	2398	1663	
1932	1011	3198	2113	
1933	1437	3844	2792	8.8
1934	1728	4704	3323	
1935	1907	5223	3978	11.85
1936	2008	5801	4548	

资料来源：東洋经济新报社编：《昭和產業史》第二卷，東洋经济新报社 1950 年版，第 128 页。

从 1932 年开始，钢铁产量激增，特别是 1933 年军部在预算中增
加了军事装备改善费用，对钢材的需求量进一步激增，生产量达到
1927 年、1928 年的 2 倍以上。钢铁企业的经营状况也大有改善，从
1933 年下半年开始，钢铁业的利润回报率恢复到 10% 以上。1932 年
7 月关税改革之后到 1936 年，重化学工业部门获得快速发展，制造业
内，重化工业部门的生产额比例、从业人员比例都超过轻工业部门。
如下表所示。

表 5－6 1926—1937 年重化学工业与轻工业比较

单位：当年价格，百万日元，%

年份	重化学工业				轻工业			制造业 合计	重化学工业自给率		
	化学	金属	机械	小计	食品	纺织	小计		化学	金属	机械
1926	1,059 (11)	679 (7)	839 (8)	2,577 (26)	2,597 (26)	3,663 (36)	6,260 (62)	10,046 (100)	84	80	87
1929	1,308 (12)	927 (9)	1,008 (9)	3,243 (30)	2,482 (23)	3,773 (35)	6,255 (58)	10,744 (100)	89	86	90
1931	997 (13)	611 (8)	694 (9)	2,302 (29)	2,010 (26)	2,562 (33)	4,572 (58)	7,877 (100)	92	97	97
1934	1,773 (14)	1,563 (12)	1,731 (13)	5,066 (39)	2,346 (18)	4,098 (31)	6,444 (50)	13,015 (100)	99	93	102
1937	3,385 (16)	3,533 (17)	3,521 (17)	10,437 (50)	2,739 (13)	5,604 (27)	8,347 (40)	21,072 (100)	97	88	103

资料来源：根据篠原三代平《長期経済統計 10 鉱工業》，東洋経済新報社 1972 年版，第 249—257 页制成。

重化学工业的比重都超过轻工业，在很多领域达到国内自给。但
重化学工业的生产力水平和国际水平还有一定差距，大型精密机械还
必须依赖进口。虽然如钢铁业那样达到国内自给，但其原料还必须依
靠美国废铁和印度生铁。重化学工业产品还是处于入超状态，而赤字
的填补，是依靠以棉布为中心的纤维纺织工业品出口来填补的。

但其景气的回复也是伴随着工资水平的下降，人民生活质量的降

低。如果以 1932 年实际工资指数为 100 的话，1933 年为 95.1，到 1936 年则降到 81.7，差不多降低 20%。企业通过裁减人员、降低工资、强化劳动时间等"日本式的产业合理化"，降低了企业生产成本，却也激化了劳资矛盾。如下表所示，

表 5 - 7 　　　　工资水平的变化（1932 年 = 100）　　　　单位:%

年份	实收工资		消费者物价		实际工资	
	指数	与上年度相比	指数	与上年度相比	指数	与上年度相比
1932	100	—	100	—	100	—
1933	97.2	- 2.8	102.2	2.2	95.1	- 4.9
1934	95.3	- 2	106.6	4.3	89.4	- 6
1935	93.5	- 1.9	110	4.1	84.2	- 5.8
1936	92.5	- 1	113.2	2	81.7	- 3
1937	94.5	2	117.6	3.9	80.3	- 1.7

资料来源：三菱经济研究所编：《经济情势》，三菱经济研究所 1954 年版，第 31 页。

但高桥财政的目标不只是振兴出口、钢铁等特定的产业，而是全面的产业振兴。在高桥财政的刺激下，各产业的景气开始恢复，如下表所示。

表 5 - 8 　　　　　　基本景气指标（1931 年 = 100）

指标	调查机构	1931 年	1932 年	1933 年	1934 年
物价	朝日新闻社	100	120	137	142
股价	东京股票交易所	100	126	182	220
铁道货物	铁道省	100	101	114	127
票据交换	三菱经济研究所	100	111	140	135
外贸	大藏省	100	119	158	187
计划资本	日本银行	100	179	204	237
公司利润	三菱经济研究所	100	107	136	160
就业人数	日本银行	100	100	111	122
工业生产	三菱经济研究所	100	105	121	131
农业生产	农林省	100	126	159	138

资料来源：朝日新闻社：《朝日经济年史》，大空社 1935 年版，第 4 页。

　　从表5-7、表5-8中我们看到，以钢铁业为代表的军需产业和出口产业为中心，日本经济总体摆脱了危机状态。在日本经济总体恢复的时期，其他主要资本主义国家仍在危机之中挣扎。如下表所示。

表5-9　　世界主要国家景气指数比较（以1931年为100的1934年指数）

	日本	美国	英国	德国	法国
物价	142	110	101	92	79
股价	220	94	144	99	61
贸易	186	8	99	43	59
生产	130	98	108	117	76

资料来源：朝日新聞社：《朝日经济年史》，大空社1935年版，第5页。

　　如美、英、法、德在1934年景气指数还低于1931年水平，离真正的经济景气还有很远距离。这些经济数据充分说明了日本资本主义迅速恢复的情况。日本资本主义的快速恢复，也有各种各样的问题。如果把高桥财政时期的景气恢复和金解禁之前相比较，就会看到问题之所在。如下表所示。

表5-10　　1926—1936年各种景气指标（1927—1928年=100）

年份	东京批发物价	股价	国有铁路货运量	外贸额	计划资本量	票据交换量	矿业生产额
1926	105	—	94.4	106.1	111.3	135.6	—
1927	99.7	105.3	99.3	100	102.2	95.5	96.2
1928	100.3	94.7	100.7	100	97.8	104.5	103.8
1929	97.5	97.7	97.5	104.5	69.9	96.6	110.2
1930	80.3	79.6	80.9	72.2	30.7	78.4	117.8
1931	67.9	62.7	76.5	57	30.7	70.2	118.4
1932	71.5	68.8	77.9	68	36.2	80.3	129.1
1933	79.6	92.3	90.9	90.4	76.2	101.7	149
1934	78.8	98	97.8	106.6	89.5	97.8	172.4

续表

年份	东京批发物价	股价	国有铁路货运量	外贸额	计划资本量	票据交换量	矿业生产额
1935	82.3	95.7	102.3	119	95.8	96.9	192.3
1936	87.6	100.9	112.8	130.6	134.3	106.1	209.4

资料来源：根据大藏省财务协会编《财政经济统计年报》1948 年版各表以及《本邦经济统计》各表制成。转引自高桥精之《高桥财政の历史性格》，《社会劳动研究》1966 年第12 期，第 84 页。

　　除采矿业外，高桥财政最后一年 1935 年的景气水平，大体达到了金解禁前的 1927—1928 年的水平。但是我们应该看到，即使金解禁前的 1927 年、1928 年，日本资本主义也是处于长期萧条时期，而不是处于景气时期。而 1927 年至 1928 年的欧美资本主义各国正处于经济繁荣的鼎盛时期。日本资本主义经济经过第一次世界大战后的长期萧条，又发生了 1927 年的昭和金融危机，即使 1935 年的经济景气指标恢复到 1927 年至 1928 年的水平，我们也不能做出过高的评价。但日本恢复经济景气的速度很快，我们不能否定。

　　这一时期日本资本主义处于一种什么样的经济状态呢？首先，企业的设备闲置率是体现经济状态的一个非常重要的指标。如下表所示。

表 5－11　　　　　各产业生产闲置率（1935 年 10 月）　　　　单位：%

产业部门	生产闲置率	产业部门	生产闲置率
纺织	29.80	过磷酸钙	46.00
绢纺	33	硫酸	25
苎麻	30	洋纸	43.7
人造绢丝	30	和纸	30
漂白粉	45	板纸	30
石灰氮	40	水泥	53

资料来源：東京商工会議所調査課編：《日本財界の現勢》，改造社 1935 年版，第25 页

主要产业的生产闲置率最低为硫酸产业，为25%，水泥产业生产闲置率最高，达53%。产业资本效率还处在一个较低水平。经济恢复的另一个主要指标是批发物价指数。如批发物价指数虽显著上升，但由于国内赤字财政的刺激也使进口商品的物价指数上涨了将近2倍，大大支撑了物价综合指数。而国内物价指数只上涨了25%，这就是物价水平上升的实际内容。

表5-12　　　　批发物价指数（以1931年12月为100，各年度12月的指数）

年份	1931	1932	1933	1934	1935
综合指数	100	144.4	143.7	148.3	152.9
国内商品	100	108	115.2	123.1	125.2
出口商品	100	147.8	130.3	134.1	140.8
进口商品	100	158.7	172.4	188.8	202.2

资料来源：日本经济連盟会：《金輸出再禁止以後の我財政経済推移の過程》。转引自高橋精之《高橋財政の歴史性格》，《社会労動研究》1966年第12期，第85页。

所以，高桥财政的景气恢复政策，虽然使产业资本从危机中解脱出来，但这主要是依托军需部门和出口产业拉动的，这样的景气还是有很大缺陷的，被称为"跛行景气"，这是高桥财政要进一步解决的主要问题。

小　结

在"二·二六"事件爆发前的2月23日，《大阪朝日新闻》曾高度评价高桥是清高超的财政手腕，是"可以取代的首相，不可替代的藏相"[1]。虽然高桥财政景气恢复政策取得一定效果，但后期高桥财政

---

[1]　藤田安一：《経済理論からみた高橋財政の特徴》，《鳥取大学教育学部研究報告人文·社会科学》1995年第46卷第1号，第37页

面临的最大难题是遏制不断膨胀的军费开支，实现财政均衡发展。军费的急剧增长刺激日本经济率先走出低谷，如给正在经济萧条中挣扎的重工业部门带来了新的需求，重工业的生产额与制造工厂的纯利润大幅增加，膨胀起来的军费开支成为日本经济摆脱危机的杠杆。总之，以军费和时局匡正事业费为支柱的高桥积极财政政策，开始时的确发挥了恢复日本经济景气的作用。在工业方面，1933 年日本就先于世界所有国家从萧条中摆脱出来，景气恢复到危机前的水平。但问题是，高桥积极政策的来源不是税收，而是几乎全部依靠发行公债的赤字财政。这种依靠通货膨胀来恢复景气的政策，也没有使税收增加。如果赤字财政继续膨胀下去，必将出现恶性通货膨胀的危险。同时，成功地使公债在市场上得以消化的银行游资，随着景气恢复而逐渐消失，公债消化也越来越困难。军需企业生产规模不断扩大，对资金的需求增加，银行手里的资金开始减少。游资的减少推高了利率，维持公债价格稳定变得愈加困难，并加大了公债消化难度，日本公债余额到 1935 年已达 98 亿日元。公债总额逼近 100 亿日元，高桥认为如果公债超过 100 亿日元这条红线，日本财政就会出现危机。因此，高桥提出公债渐减方针，来抑制通货膨胀。为了抑制通货膨胀，就必须压缩财政开支，首先是压缩军费。在讨论 1936 年度财政预算的内阁会议上，高桥指出："如果只考虑国防而引起恶性通货膨胀，破坏信用，那么国防也不会稳固。"① 所以，高桥是清在抑制增发公债的同时，重点是压缩军费开支。

1935 年 1 月，民政党总务、法学博士小川乡太郎在《时事新报》发表题为《听政党权威者谈"高桥财政"的本质和我党政策的关联》的文章："什么是所谓高桥财政呢？高桥财政的本质是什么呢？世间真的了解其财政经济吗？即高桥财政的评价似乎不高，我深感遗憾其内容不能得到正确理解……高桥藏相一步步偏离政友会的主张，逐渐接近我们一贯主张的各项政策。高桥藏相采纳民政党的政策，构成所

---

① ［日］有泽广巳主编：《日本的崛起——昭和经济史》，鲍显铭等译，黑龙江人民出版社 1985 年版，第 154 页。

谓高桥财政的内容。"① 高桥财政政策的这种转变说明，高桥是清经济思想从本质上说还是属于古典经济学范畴，后期高桥财政思想与井上准之助的经济思想以及财政思想逐渐接近。但"九·一八"事变后，军部在政治上的话语权进一步加强，他们强烈要求扩充军备、增加军费，军费膨胀如脱缰野马，无法控制。在军部的强势阻挠下，政府也不得不同意追加军费开支。

经济上的利己主义，政治上的扩张主义使日本日益孤立于国际社会之外。经济上，日本利用日元汇率大幅下跌，出口商品价格降低之机，大肆向外进行"饥饿倾销"。虽然使日本的出口额迅速恢复，日本商品打入海外市场，但也给欧美各国经济造成巨大冲击，"经济黄祸论"喧嚣一时。各国抨击日本搞廉价倾销的同时，纷纷针对日本提高关税壁垒，尤其是对日本最主要的出口商品——棉布提高关税，日本与欧美各国的贸易战越演越烈。国际政治上，军部压制了一部分重臣和政府上层官僚的稳重论建议，在1933年3月以国联不承认"满洲国"为借口，退出国际联盟。在军部的主导下，又相继废止了华盛顿、伦敦两个裁军条约，大肆扩充军备。日本在国际社会越发孤立。

在日本国内，民间、军部法西斯势力迅速增长，并逐渐合流。"九·一八"事变后，民族主义情绪高涨，社会思潮日益右倾化，恐怖主义盛行。1932年2月9日，辞去藏相职务的井上准之助在参加竞选演说时，被血盟团右翼分子枪杀。3月5日，三井合名公司理事长团琢磨也被血盟团右翼分子暗杀。5月15日，海军青年军官、陆军候补士官生和橘孝三郎领导的爱乡塾右翼分子发动政变，他们冲进首相官邸将首相犬养毅枪杀。1933年又破获右翼青年团体企图暗杀重要大臣、财阀、政党领导人，建立所谓"军政府"的所谓"神兵队事件"。1936年，又发展到陆军皇道派青年军官率部袭击并杀害内相斋

---

① 《政党権威者に聴く'高橋財政'の本質と我党政策との関連》，《時事新報》1935.1.23～1935年1月27日，http：//www.lib.kobe-u.ac.jp/das/jsp/ja/ContentViewM.jsp？METAID=10035079&TYPE=IMAGE_FILE&POS=1。

藤实、藏相高桥是清的"二·二六"事件。这次事变成为日本历史上一个重大的转折点。在政治史上，这次事件确立了军部，特别是陆军的法西斯统治。在经济史上，为准备应付大规模战争而开始的扩大军需生产、发展统制经济、实行军需通货膨胀扫清了障碍。

第六章　走向战时财政

　　"二·二六"事件爆发，高桥是清被杀身亡，冈田内阁被广田弘毅内阁取代，军部势力影响力进一步加强。高桥财政被马场财政取代。高桥财政和其后的马场财政、结城财政、贺屋财政之间既有一定内在联系，又有很大的差异。总体来说，是在高桥财政基础上的继续和发展。所以，从高桥被杀到侵华战争全面爆发，这一年半时间是日本走向战时财政不可或缺的过程。马场财政认为传统的财政经济政策已不可能克服既有的经济矛盾，因而进一步对财政、经济进行统制，顺应军部积极政策。经过结城财政的推进，到贺屋财政时，日本经济、财政进入"战时统制"阶段。正如日本经济史学家高桥龟吉所认为的那样，"现在（1937年）'准战时体制'下的财政、经济与1932年至1936年这一时期的不同，其性质明显是计划性的，且时间多是长期、连续性的，其规模庞大得令人吃惊"[1]。

第一节　马场财政

一　"二·二六"事件的爆发

　　1936年2月26日黎明时分，以皇道派青年军官率领的近卫步兵第三联队为中心的约1400名日本军人，袭击了首相官邸等数处枢要部门，杀害了前首相、海军大将、内大臣斋藤实及教育总监、陆军大将渡边锭太郎和大藏大臣高桥是清，重伤天皇侍从长铃木贯太郎，作

---

[1]　高橋亀吉：《"準戦時"下の財政と経済》，千倉書房1937年版，第1—2页。

为刺杀目标的首相冈田启介、元老西元寺公望和内大臣牧业伸显幸免
于难。之后占据永田町一带达四天之久。叛乱军队打着"内外重大危
机之际，芟除元老、重臣、财阀、官僚、政党等破坏国体的元凶，以
匡正大义，开启拥护国体之先"① 的口号，制造了一起改变日本历史
发展走向的严重事件。

"二·二六"事件不是一起偶发事件，这是继"五·一五"事件
后日本加速法西斯化的必然结果。随着昭和经济危机的深化，农村受
到的打击尤为沉重，而政府对农村的救济有限，对农村的轻视使占军
队人数 80% 的农村青年对政党和政府非常敌视。围绕承认伪"满洲
国"问题、伦敦海军裁军会议破裂以及日本退出国际联盟，日本在国
际上日益孤立。1934 年 3 月美国决定扩充海军，8 月德国独裁者希特
勒就任总理，9 月苏联加入国际联盟，国际上两大阵营的对立加深。
国际上的孤立感加速了日本国内法西斯化的进程。在伪满机构改革问
题上，日本政府被陆军排除在外。关于机构改革，在斋藤内阁时期陆
军方案是全权大使和关东军司令由同一个人兼任，由首相直辖，撤销
关东厅。外务省提出的方案是外交方面由外相通过首相指挥和监督，
而拓务省则反对撤销关东厅。1934 年 12 月，陆军不顾首相反对，设
立了对满事务局，统辖以前关东厅和拓务省的对伪满监督事务，现役
陆军大将、陆相林铣十郎兼任总裁，陆军对伪"满洲国"的垄断支配
体制由此正式确立。

1934 年 10 月海军发行两个小册子，鼓吹古往今来只有亡于战争
的国家，没有因军备竞赛而亡国的，宣传所谓的"武装和平"②。早
在 3 月份陆军就发行《祖国的国际立场》的小册子，宣扬危机的迫切
感。陆军省新闻班在 10 月发行《提倡国防的本意和其强化》的小册
子，这本小册子大胆提出了陆军统制派的改革方案，提倡国防建设的
必要，主张扩军、统制经济、对农山渔村实行救济、排除自由主义，
为实施总体战要改造政治、经济、文化。几个月后陆军更在报纸上发

---

① 坂入長太郎：《昭和前期财政史（昭和 7 年—20 年）》，酒井书店 1989 年版，第 92 页。
② 小林竜夫编：《现代史资料 12　日中战争 4》，みすず书房 1965 年版，第 15—16 页。

出豪言壮语：由于政府、政党不作为，才会有这些主张。虽然国防费用支出大，农民困顿，但军队尽力不在国防上发动战争。要绝对满足国防上的需要，国防费至少是现在的数倍。

1935 年的"天皇机关说"沉重打击了国内政党、自由主义派别，加速了日本的法西斯化，是压制思想的划时代的事件。2 月 18 日，贵族院议员菊池武夫在贵族院公开质询美浓部达吉的"天皇机关说"。以此为开端，3 月本不反对天皇机关说的冈田首相也不得不发表反对声明。众议院也在这个月一致通过国体明征决议案，这被认为是"攻击拥护自己立场理论的愚蠢举动"①。在军部的强大压力下，4 月教育总监真崎甚三郎向全军，文部省向全国学校训示要明征国体。政府在 8 月发出 10 月份再次明征国体的声明。在乡军人会和右翼团体甚为活跃，以集会、游行和发行宣传册的方式予以积极协助。明征国体运动的实质是军部以打击美浓部达吉为手段，达到了攻击元老、重臣集团的目的。

陆军内部的派别之争是爆发"二·二六"事件的直接原因。在日本陆军内部形成两大派别，即"统制派"和"皇道派"。"统制派"主张在军部的统制下，不使用武力，而通过自上而下的合法途径，进行平稳缓进的国家改革。也就是放弃以武力改造国家的计划，准备用合法手段建立军部独裁。认为要推进总体战体制，就必须联合部分官僚和新兴财阀在政治、思想和经济领域进行全面改组和统制，攻击皇道派的行动扰乱了军队的秩序，要加强军内统制。统制派的主张得到日本陆军大多数中上级军官的支持，他们在与皇道派的斗争中逐渐占据了上风。"皇道派"是一个松散的集团，大体上由青年军官，甚至是连级军官组成的。受北一辉《国家改造法案大纲》思想影响，崇尚皇道主义，主张"清君侧"，实现"国体明征"和"天皇亲政"。为实现其主张，该派强烈主张首先进攻苏联，并企图通过武装政变等行动建立军部独裁体制。1934 年以后，由于统制派的主张得到日本陆军大多数中上级军官的支持，他们在与皇道派的斗争中逐渐占据了上

---

① 岩波講座：《日本歴史20 近代7》，岩波书店 1976 年版，第 61 页。

风。1934 年 1 月，荒木贞夫辞职，由林铣十郎大将接任陆军大臣。把统制派中坚人物永田铁山提升为军务局长和少将，这是仅次于陆军大臣和次长的实权职位。至此，统制派取代皇道派，确立了对陆军的绝对支配权。控制了军部以后，为保持军队上下一贯的统制、争取合法掌握政权，统制派不断寻找机会打击皇道派。1935 年 8 月 12 日皇道派少壮军官刺杀永田铁山。永田事件之后，统制派幕僚军官为了打击皇道派的嚣张气焰，于 1935 年 12 月趁陆军人事定期调整之际，决定把第 1 师团调往满洲。第 1 师团是皇道派的大本营，这一决定无异火上浇油，一下子激怒了皇道派的少壮军官。

1936 年 2 月 26 日凌晨 5 时"二·二六"事件爆发，皇道派头目真崎甚三郎提出，应按兵变军官的《奋起宣言书》和《希望事项》的主张来稳定局势。接着，他又与海军的皇道派加藤宽治一起拜会伏见宫亲王，要求建立"皇族内阁"，并建议"发布诏书，赦免事件参与者"①。随后，陆军军事参议官聚集在宫中，在荒木贞夫和真崎甚三郎的操纵下，拉着川岛陆相，写出承认兵变内容的《陆军大臣告示》，并通知军官们，承认他们占领的区域是他们守备的地区，答应他们的要求，准备建立法西斯军事独裁。

26 日 9 时，川岛陆相进皇宫向天皇宣读了兵变军官的宣言书，天皇裕仁说："不管他们以什么为借口，我很生气，他们给民族带来了耻辱，我求你尽快镇压他们。"②27 日，参谋副总长杉山元接受天皇镇压叛军的主张，但他一心想避免日本军队相互残杀，对事件采取拖延的态度。同一天，在中国厦门的日本领事馆发表声明说：叛乱的目的是为了将当时的内阁更换成军部内阁，日军青年军官的意思是席卷全中国和准备立即对苏作战，以便使日本成为亚洲唯一的强国。③与此同时，裕仁天皇的侍从武官长本庄繁，也极力袒护叛军，他说：

---

① ［日］祢津正志：《天皇裕仁和他的时代》，李玉、吕永和译，世界知识出版社 1988 年版，第 112 页。
② 同上。
③ 远东国际军事法庭编：《远东国际军事法庭判决书》，张效林译，群众出版社 1986 年版，第 374 页。

"其精神纯系出于忧虑君国的前途，不必深究。"裕仁则愤愤地说："对杀戮朕之股肱老臣的残暴军官，即使在其精神方面也难以饶恕，因为这等于谴责朕"，并表示："朕要亲自率领近卫师平定叛乱。"①

日本海军对"二·二六"事件从一开始就持否定态度。因为遭受袭击的斋藤、冈田、铃木等高级官员是海军出身，海军方面担心建立的法西斯政权最终会导致陆军独裁。所以，海军从横须贺调联合舰队开进东京湾，让陆战队登陆担任海军省等处的警备。2月28日下午，陆军参谋副总长杉山元调集军队从数量上压倒叛军，次日14时，全部叛军投降。

皇道派发动大规模军事政变，为统制派整肃军队提供了借口，他们认为叛变部队的行动，破坏了天皇制军队的基本秩序，如不加以制止，便意味着天皇制秩序的崩溃。而且叛乱的下级军官无视军方首脑竟擅自进行"革新运动"，严重损害了军部的威信，使人民谴责的锋芒转向军部本身，不利于军部政治地盘的扩大，必须严厉地镇压皇道派，确立统制派即军部中央的领导权，才能以此为交换条件，加强军部对政府的控制力。

二 马场锳一的财政思想

"二·二六"事件之后，冈田启介内阁总辞职。作为后继人选，西园寺公望推荐近卫文麿组阁，但近卫文麿拒绝。3月5日，天皇下诏由广田弘毅组阁。6日，陆相寺内寿一代表陆军对组阁问题发表如下声明："担任打开此未曾有时局重责的新内阁，绝对要有这样的气魄和执行力，即根本刷新横亘内外的时弊，实行充实国防等积极的强有力国策。该内阁不能为了实施带自由主义色彩、维持现状或消极政策，而以妥协退让为能事。望实施积极政策，使国政一新，全军一致，妥协退让非收拾全局之所依，妥协退让不仅使事态复杂，并埋下将来一大祸根。不合以上趣旨之内阁，不能克服横亘此内外之非常时

---

① ［日］祢津正志：《天皇裕仁和他的时代》，李玉、吕永和译，世界知识出版社1988年版，第112页。

局。"① 陆军公开干涉组阁工作，"强调根本刷新时弊"、"充实国防"
的重要性，强调内阁必须去除"自由主义色彩"，实施"积极政策"。
实际上就是要在政治上突出军部的主导色彩，政府政策的制定要以军
部为中心。日本国内政治势力已经失去平衡，国内已经很难找到能与
陆军抗衡的政治势力。在军部的压力下，广田内阁不得不减少来自政
党的阁僚，广田组阁的积极筹划者吉田茂就被排除出内阁。

广田内阁的大藏大臣由马场锳一担任，马场出身官僚家庭，曾担
任日本劝业银行总裁，虽通晓财政，却善于投机。他判断出陆军要求
已经不能控制，"莫如一开始就接收下来，以便使自己顺利从政。"②
这也意味着"高桥财政"的转变。马场锳一的经济思想是与军部要求
一致的法西斯财政经济思想，关于其经济思想，在他就任藏相前后的
发言、讲演中可窥见一斑。在担任劝业银行总裁时，就当时日本国内
的经济财政政策发表了自己的观点。他认为，"现在世界已经脱离自
由贸易主义，金本位制已经不能自动机械性调节经济运转"，在这种
情况下，日本政府要"推动增加一般购买力的事业，努力为复兴疲敝
的农村和陷入萧条的产业注入动力"，对于高桥财政每年高额的军事
预算，马场给予很高的评价："不仅给农村带来好处……对一般产业
给予很强推动，另外，也使军需工业殷盛、出口产业伸展，带来国民
收入增进和购买力的增大。"对于赤字公债，由于"国防费、地方事
业费、汇兑亏损金的增加，年财政支出显著增加，如果不增税，就只
能依靠公债"；关于财政政策的制定，他认为，"现在我们的财政已经
不是'满洲事变'之后的非常时期财政，已经从非常时期财政状态转
到平时财政状态，所以，这时有必要在财政上制定特别的计划方案，
即必须考虑平时财政政策，制定经常财政收入增加方案。"③ 马场锳一

---

① 原田熊雄：《西園寺公と政局》第五卷，岩波書店1951年版，第351页。
② ［日］中村隆英：《日本昭和经济史》，刘多田译，河北教育出版社1992年版，第
81页。
③ 《馬場勧銀総裁講演　非常時財政から平常財政時代に藏入》，《神戸又新日報》
1936.2.2，http：//www.lib.kobe － u. ac. jp/das/jsp/ja/ContentViewM. jsp？ METAID ＝
00751051 &TYPE ＝ IMAGE_ FILE&POS ＝1。

这时的财政思想，除主张增税外大体没有超出高桥财政的范围。

但在就任藏相前的东京大学演讲中，其财政主张有了很大转变。在这篇名为《关于财政和金融的若干问题》的文章中，关于国际形势，他认为"世界领土分割完成，为避免变动，有的国家主张和平论，所以设立了国际联盟，但对反对这一主张的国家来说，从扩大领土、巩固国防立场出发，展开军备扩张论。1929 年以后经济危机的深化……为了救济由于危机导致的失业和贫困的农村，通过赤字财政创造有效需求政策是理所当然的。关于军事经费，有生产性和非生产性的议论，和它的经费支出内容比较，其本质区别是极模糊的。国防费和堤防是一样的，堤防的效果体现的是预防洪水。同样，充实国防不意味着同外国战争。由于国防的作用，如能向海外发展，国防就是生产性的。如果由于国防需要，造船、重工业、轻工业快速发展，得到利益，国防费就不是非生产性的，而是生产性的。从国际关系来说，国防费的增加，是不管喜不喜欢都必需的开支。"马场主张，"不能使国防费无限制地依靠公债，莫如制定以国防费为中心的财政计划。关于自现在起五至七年的以国防费为中心的财政计划，国防费是巨额的。其金额大致需要三十或四十亿日元的赤字公债，筹措的途径，承兑的办法有几种。必须树立根据什么样的国防计划制定什么样的财政计划。关于公债消化问题，民间消化迟缓时，要增加大藏省存款部、简易保险的承兑额，铁道、印刷局、官厅共济组合等有义务保有国债，以行政、法律手段增加保险公司、信托公司的保有量。而且，如果银行不承兑公债，供给产业资金办法，就是进行银行的金融统制、资金统制。"关于增税问题，马场认为："军备的扩大不能只依靠公债供给，随着军事支出的扩大，有效需求增加，国民收入增长，与之相连的税收也要增加，可实现防止通货膨胀和增税的目标。"[①] 马场构想的以军事费为中心的财政计划中，避免反复增税政策，要解决依存公债和增税的比例问题。

---

① 東京大学社会科学研究所编:《ファシズム期の国家と社会 2 戦時日本経済》，東京大学出版会 1980 年版，第 182—183 页。

关于农村政策，马场认为高桥财政的农村救济政策加重了地方财政的负担，今后要树立减轻地方财政负担的恒久政策。在经济上，政府要介入农业多角度经营和作为过剩生产对策的贩卖政策；振兴农村工业，增加就业机会；使产业组合质和量提高与扩大；实行农业保险制度；减轻农村赋税负担；进行债务整顿。① 总之，马场认为传统的财政经济政策已经不能克服既有的经济矛盾，而应通过国家财政、金融改革后发帝国主义诸矛盾。顺应时代的要求，统制财政经济。

马场就任藏相后的 3 月 10 日发表《财政大纲》，提出正式财政纲领："关于目前的财政经济，我考虑要实现我国对'满洲'的政策、充实国防、重建农山渔村经济，其国力的伸张、国本的培养等几个重要国策，可以预测年财政支出的减少不仅不可能，还会增加新的财政支出。年财政支出的一部分依靠公债开支没有什么妨碍，而且现在不必考虑公债发行迟缓，但普通财政收入不变，继续非常时期赤字财政是不合适的。所以，预见到不久的将来的年财政支出，要树立与此相应的财政收入计划，增加普通财政收入，巩固财政的基础。关于这个问题，鉴于我国经济情势以及社会情势的变迁，通过国家及地方根本改革租税制度，力图均衡负担、增加租税收入。进一步说，鉴于金融界的情况，实施适当的货币政策和低利率政策，以期实业界的健全的繁荣和减轻全体国民金融上的负担，必须确保公债政策圆滑地运行……我的想法和前内阁的财政方针有相当的差异。我经济界现在已经达到实施这些方针的程度，只是不要搞错其实施的时期和方法。"② 从中可以看出，马场财政的构想完全脱离了高桥财政方针。从高桥时期的努力抑制军费膨胀、削减赤字财政、力图重建"健全财政"，转为顺应军部的积极政策，扩大财政支出、发行赤字公债、进行税制改革和增税、实施低利率政策。马场的财政构想引起经济界人士对未来经济政策的不安。为了稳定人心，马场在 3 月 12 日召开记者会，对

---

① 坂入長太郎：《昭和前期财政史（昭和 7 年—20 年）》，酒井書店 1989 年版，第 97 页。
② 《财政大綱》，《大阪朝日新聞》1936.3.10，http：//www. lib. kobe－u. ac. jp/das/jsp/ja/ContentViewM. jsp? METAID＝10035521&TYPE＝IMAGE_ FILE&POS＝1。

《财政大纲》作了补充说明："在财政方针的声明中，因为说了低利率政策云云，在社会出现要人为改变现在利率水平的议论。但自己没有把利率的自然变动视之度外，加以人为改变的想法……关于公债政策，也没有想过如果现在用同样的发行方法，仍不能消化公债的问题……如我再三强调的那样，不管怎样，都应该极力避免剧烈的政策转换，致使政策变更有若干问题，我认为应该在正确的时期，用正确的方法实施。"①

1936 年 3 月 14 日，陆军为贯彻寺内寿一的声明，在报纸发表《陆军改革意见》，对寺内的声明进行细化，具体如下：

（1）彻底明征国体

再次检讨官公署文书、树立诸学校的教育方针、取缔已出版图书、彻底排挤机关说论者，……"为了国家及全体国民，培育自己崇高的牺牲精神，服从国家必要的统制，芟除违背国家利益的极端国际主义、利己主义、个人主义思想。"

（2）刷新外交

检讨并树立外交国策，认清日本前进的方向。日益密切日"满"关系，且强化日"满支"经济关系，调整和中国关系，依据相互依存主义以期东亚民族的发展。

（3）强化国防

兵备的改善、资材的整备、新武器的增设、彻底机械化、增设师团、充实各部队、航空部队的扩充等。

（4）国政一新

其一，政治机构改革。扩大强化行政机关的权限；修改立法机关；其他机构的再检讨；废除内阁审议会，提高内阁调查局效率。

其二，财政方面的考虑。增税、税制的根本改革，负担的均衡化，特别会计的调整，官办企业的合理化，由新制度创设导致的国库

---

① 《現在の金利水準を人工的に変えぬ公債政策も急激転換せぬ馬場蔵相補足の説明》，《大阪時事新報》1936. 3. 13，http：//www. lib. kobe－u. ac. jp/das/jsp/ja/Content-ViewM. jsp？METAID＝10048603&TYPE＝IMAGE_ FILE&POS＝1。

收入增加，检讨有关铁道建设改良的经济价值，增加一般会计缴纳金额，反对拘泥公债递减主义，低利率政策。

其三，关于产业的考虑。强化统制主义；生产的合理化；贸易振兴；确保海外资源，调整产业和贸易；出口工会、工业工会、商业工会的组织化；谋求增加中小工商户以及农村的复兴设施，发展日用小商品工业。

关于财政，军部的解释"绝对不是要求增税，因此寺内陆相向广田首相提出的政策案中没有'增税'，而要求'税制改革'，这也未必是仅以国库增收为目的，主要是以农村为主，均衡负担。或在某种情况下，主张在农村减轻负担"。对于公债及利率政策，认为，"在非常时期，公债的增发在某程度上是不得已而为之，低利率政策对产业界的振兴和降低成本、促进贸易的发展做出贡献"，"最值得注意的是，高桥主义是以有利于国际收支为目的的。对满、对华北投资进行掣肘，只要有某程度的牺牲的精神，作为国策，要在这方面进行投资，进行布局。"① 由此可见，马场的财政思想就是迎合军部的财政思想。

三　马场财政的实施

1936 年 3 月 17 日，广田内阁发表新政纲，除强调政治上要"匡革庶政"、"振肃吏治"、"更新行政机构"外，经济上正式提出为"适应国运的进展，改革税制、改善金融，努力刷新财政经济。尽力伸张产业贸易，培植国力之基本，为现下紧急之要务"②。广田内阁的政纲基本遵循了陆军改革意见，下一步就是如何具体实施的问题。1936 年预算因议会解散没有通过，4 月 10 日，广田内阁根据新方针向第 69 届议会提出执行预算。执行预算和追加预算合计 23. 033 亿日元，公债发行额 7. 773 亿日元，其中赤字公债 5. 116 亿日元，较最初

---

① 《陆军改革意见》（上、下），《中外商業新報》1936. 3. 14 ~ 1936. 3. 15，http：// www. lib. kobe - u. ac. jp/das/jsp/ja/ContentViewM. jsp？METAID = 10100731&TYPE = IMAGE_ FILE&POS = 1。

② 《新政綱全文》，《大阪朝日新聞》1936. 3. 18，http：//www. lib. kobe - u. ac. jp/das/ jsp/ja/ContentViewM. jsp？METAID = 10103026&TYPE = IMAGE_ FILE&POS = 1。

预算增加 2510 万日元。[①]

在这届议会上，众议院议员齐藤隆夫针对军部对政治的干涉，发表批判军部的演说。陆相寺内寿一态度强硬，认为军部干预政治理所应当。在这届议会上，军部提出了修改任用军部大臣制度的提案，恢复陆海军大臣现役武官制，并被议会批准。根据敕令第六十三号和六十四号，陆海军大臣及次官的任用范围被限定为现役大将和中将。陆海军大臣现役武官制，又称军部大臣现役武官制，在 1900 年第二次山县有朋内阁时确立，是明治维新后日本内阁实行的一项特殊制度。1913 年，山本权兵卫内阁把陆海军大臣的任用范围扩大到预备役，意图削弱军部对内阁的影响力。这次陆海军大臣的任命又恢复到了现役武官制，当内阁不能满足军部的要求时，或者内阁与军部有冲突时，后者可指使陆、海军大臣直接向天皇请辞，同时不指定继任人，从而导致内阁不完整，首相只能率内阁总辞。由此，军部可以用这一招来"绑架"内阁，自此军部对政治的主导权被制度化，从而确立了军部直接干涉政治的合法基础。

马场镆一的公债观与高桥是清有根本差别，他认为"公债是生产性的"，"尤其是军事公债的生产性"，所以"不要恐惧赤字公债，即使恐惧也要实行。"[②] 在这样的公债观念指导下，为使不断增发的公债能够顺利消化，并减轻企业的利息负担，马场开始推行低利率政策。1936 年 3 月，大藏省存款部下调贷款利率，4 月，日本银行法定利率从一钱降为九厘，成为日本金融史上的最低利率。另外，随着金融市场各种利率的下调，广田内阁成功地把 5 分利国债借换为 3 分半利国债。"高桥藏相认为国债利率应该止于 4 分利，如果再降低将有损于民间资金积累。马场藏相就任之初就以 4 分利为方针，绝没有打算推行三分半利国债。但国债市场由于预见到低利率政策即将出台，开始出现投机，导致公债价格上涨。1936 年 4 月，4 分利公债市场价格超

---

　　① 《大藏省昭和财政史》编集室编：《昭和财政史》第三卷"歳計"，東洋経済新報社 1954 年版，第 171—172 页。

　　② 大藏省昭和财政史编集室编：《昭和财政史》第四卷"臨時軍事費"，東洋経済新報社 1954 年版，第 264 页。

出票面本身价格。作为劝业银行总裁出身的藏相，也得到劝业银行关于国债市场利好消息的报告，从而决心推出 3 分半利国债，使大藏省的公债政策为之一变。3 分半利公债的借换实为马场的个人主张，5 分利公债的借换问题从藤井、高桥时代就是一件悬案，藤井绝没有借换 3 分半利公债的企图，大藏省事务当局也没有料到借换来的如此之快。"[1] 高桥龟吉也认为："市场预见到 3 分半利国债即将推出，开始投机买入 4 分利国债，其结果使货币顿时紧缩，作为缓和对策，日本银行采取暂时出售的国债政策，使金融蒙受双重打击，这是促使马场镁一意外、急速发行 3 分半利国债的原因。"[2]

所以，马场推行的低利率政策与高桥推行低利率政策目的是完全不一样的。高桥是以振兴金融、恢复经济景气为目标，而马场是为应对由于公债的大量发行却难以消化问题而推出的。另外，大幅度增加税收，也需要低利率政策的配合，以减轻企业的负担。针对从 1936 年 10 月份开始公债消化钝化倾向，马场认为"以通常的市场手段已不能解决问题，应该以立法的强制手段解决问题"[3]，但遭到产业界、金融界的反对，只得作罢。

广田内阁的庞大预算规模主要依靠发行公债，为填补财政赤字，就必须考虑增税问题。1936 年 4 月，广田内阁设立税制改革准备委员会，9 月，内阁会议通过《税制改革要纲》，其要点是通过税制改革使中央、地方税收增加，确立所谓"弹性税制"。关于国税，（1）在直接税体系内，以所得税、资本利息税和遗产税为中心增收，把房产税从地方税转入国税，整顿收益税。新设轻微的财产税，作为补充税。（2）在间接税体系内，把酒税、纺织品消费税、砂糖消费税征税比例从 10% 提高到 20%，新设销售税、挥发油税、有价证券移转税。关于地方税，（1）府县市町村征收地租、营业收益税、房产税的附加

---

① 大藏省昭和财政史编集室编：《昭和财政史》第六卷国债，東洋经济新報社 1954 年版，第 69—270 页。

② 高橋龟吉：《大正昭和财界变动史》下卷，東洋经济新報社 1956 年版，第 1720 页。

③ 《大藏省百年史》编集室编集：《大藏省百年史》下卷，大藏财务协会 1969 年版，第 76 页。

税，所得税附加税只能由道府县征收。（2）废止市町村的所得税附加税、按户数分摊。（3）为调整各地方之间的财源，确立地方财政调整补助金制度，把资本利息税的全部及所得税的一部分充作对道府县财政调整补助金的财源，把地租、营业收益税、房产税充作对市町村财政调整补助金的财源。

通过修改税制，国税将增收3.373亿日元，新税征收0.802亿日元，合计约4.175亿日元，其中的2.2亿日元充作地方财政调整补助金的财源。加上自然增收约6000万日元，上调关税增收约4370万日元，烟酒专卖收益3930万日元。总之，通过增收直接税、间接税加重国民的负担约1.8亿日元以上，完全背离了其要"安定国民生活"的初衷。①

1937年度预算是以扩张军费为中心而编制的，各省的预算要求达到34亿日元，要想满足如此庞大的预算是相当困难的。虽然采取增税措施，但财源只有21.6亿日元，不足部分由特别会计转入一般会计约9000万日元，其余不足部分由发行公债解决。大藏省对各省的预算审核相当宽松，11月26日内阁会议在谈笑间通过预算方案。经过调整向议会提出的预算额为30.3858亿日元，与上一年度预算相比，财政收入增加7.33亿日元，财政支出增加7.27亿日元。在1937年度关于新的重要国策事业财政支出的10.68亿日元中，军事费占6.921亿日元，教育振兴费140万日元，国民生活安定费（包括灾害防止费、保健·救护设施费、农村中小企业振兴费）5480万日元，为保证军需产业顺利发展的产业振兴费和贸易扩展费5770万日元，地方财政补助金2.371亿日元，对"满"重要施策费2490万日元。以巨额重要国策费为主的广义军费预算获得承认，军费占整个财政支出比例约43%，而与民生相关的各项预算则跌到前所未有的1.6%。②

军部的预算要求在"国策预算"的名义下得到了满足，马场通过

---

① 大藏省昭和财政史编集室编：《昭和财政史》第三卷歳計，東洋经济新报社1954年版，第276页。
② 朝日新聞社经济部：《朝日经济年史》，大空社1936年版，第28页。

增税和强制消化公债的财政政策引起财界和一般国民的不安。为此，马场在内阁会议之后的记者会上进行了说明："关于以后年度的公债政策，今后五年（到 1941 年）确保 10 亿日元的限度，并采取绝不增税的方针。公债发行在 1942 年要降到 8 亿日元，1943 年降到 7 亿日元，1943 年以后采取公债渐减方针。"① 为解决消化公债问题，马场采取的措施是强制推行低利率政策，并修改税制，对一般公债利息、股票分红课以高额的综合累进税，但对国债和存款利息收益只征收4% 和 7% 的低税率。

　　1936 年 12 月 2 日第 70 届议会召开，在这届议会上，政友会议员浜田国松针对军部对政治的干涉和政党的排挤进行了反击，对军部发表质询演说："近年军部以改造政党和打击宪政常道论为宗旨，这些虽被一部分政界人士所认识和宣传，但上述所说实在危险。"寺内寿一反驳浜田演说中有侮辱军队的言辞，对此浜田回击道："日本武士自古以来极重名誉，不像市井无赖那样无凭无据断定别人名声不好，请查速记记录，假如有侮辱军队言辞，我剖腹谢罪，如果没有你就剖腹。"这就是有名的"剖腹问答"。面对政党利用议会审议预算机会进行的反击，陆军主张除非政党改变对时局的认识，否则为打破僵持局面只能解散议会。马场财政的庞大预算所依靠的手段是增税和发行巨额公债，"对于这样的财政政策，多数国民心存不满，……财界站在最前沿，明确表达不满。"马场在和军方沟通时认为："'二·二六'事件以前选举的议员进行事变后的国会审议，不适应新形势需要。"要求不必等国会重新召开，直接解散。一般认为马场的真实目的是为摆脱其财政政策招致的广泛批评，而采取的最直接、最简便的方法。但海军却急于通过海军预算，极力避免内阁总辞职。但寺内寿一却强烈主张解散内阁，并率先提出辞呈。因内阁意见不统一，1937年 1 月 23 日广田内阁总辞职。寺内为撇清他和广田内阁的倒台关系，发表声明称："辞职不是浜田演说的原因，而是自己为之而努力的肃

---

　　① 同上书，第 35 页。

正军规、充实国防、庶政一新，始终无望之故。"①

对于马场财政带来的经济后果，当时大藏省理财局局长贺屋兴宣认识较为深刻："军费急剧增长的后果，是各项军需品的需求增长。为制造军需品，带动了对原材料的需求，但政府为运行统制经济却没有进行准备。各商社争相向海外订购，而各企业私自向海外订购导致实际进口订购是预计订购的几倍。因为进口货款都有汇兑补贴，所以申请书涌向正金银行。"② 军需物资的海外订购导致外汇储备濒于枯竭，且使日本国内通货进一步膨胀。批发物价在 1937 年 1 月就上升了 8.6%，从 1936 年 12 月份到 1937 年 4 月五个月时间就暴涨21.5%。广田弘毅对贺屋兴宣说："广田内阁已在经济上破产了，已穷途末路，无计可施，完全在经济上破产了。"③

第二节　结城财政

一　结城财政的建立

广田内阁辞职后，最初是任命宇垣一成组阁，财界和政党都一致认为宇垣一成的阅历、才干可以在政党与军部之间起到缓冲作用，可以放缓激烈革新政策的速度。但陆军认为宇垣一成和"三月事件"（1931 年日本右翼军人阴谋发动的，企图建立军人独裁政权的军事政变。后因内讧，计划没有成功）有牵连，明确反对宇垣一成组阁。经过各方势力交涉，陆军大将林铣十郎被任命组阁。林铣十郎上台是陆军中坚阶层支持的结果，时任陆军参谋本部参谋的石原莞尔为准备对苏作战，以"日满一体化"为目标，制定了《重要产业五年计划》。为使该计划得以实现，石原开始秘密联系近卫文麿、池田成彬等人，拥护林铣十郎组阁，石原认为林铣十郎是个容易操纵的人物，通过操

① 坂入長太郎：《昭和前期財政史（昭和 7 年—20 年）》，酒井書店 1989 年版，第 167 页。
② 賀屋興宣：《戦時財政の歩んだ道》，経済往来社 1976 年版，第 182 页。
③ 同上书，第 182 页。

纵林铣十郎内阁可以实现其构想的《重要产业五年计划》。林铣十郎内阁于1937年2月2日成立，藏相由日本兴业银行总裁结城丰太郎担任。2月8日，林内阁发布政纲，即明征国体；独特的立宪政治；外交一体化；充实军备；产业统制。林内阁政纲的提出从根本上否定了政党内阁，使议会的立法权、预算审议权从属于行政权，而统率权独立、军部大臣现役武官专任制则确保了政党无法染指国防等军事事务。

要实施军部要求的《重要产业五年计划》，就要扩充军需工业，扩充军需工业需要投入巨额产业资本，而大量发行公债则挤占了用于投入产业的资金，所以为了挤出军需工业所需资金，就要抑制公债的发行。为了实现这个计划，结城丰太郎任命三井财阀最高领导人池田成彬为日本银行总裁，"以疏通一直疏离的军部和财界的关系……加深军部、财界的相互认识，不致产生误解"。此即所谓"军财抱合"[①]。此外，针对广田内阁编制的1937年度预算，结城财政进行了修改。关于广田内阁预算案修改问题，日本经济联盟提出如下建议："鉴于目前国际形势，充实、强化我国国防为最紧要任务，为达成这个目的，国防费以外的各省经费要作出牺牲，要适当节制公债的增发。除国防之外，一般的行政设施也要充实，以增进我国人民福祉。但在生产力没有得到相应发展的情况下，过重的财政开支的影响是非常可怕的。今日之情况，应先以充实国防为第一要义。在各省经费尽量紧缩的方针下，财政计划要首先保证紧要事务的施行。"[②] 为修改马场增税计划、削减公债，2月10日内阁会议作出决议：（一）除补助金外，对于前内阁编制的30.385亿日元的预算总额，削减1.1亿日元；（二）削减地方补助金1.5亿日元；（三）1938年度预算以27亿日元为限，预定削减公债发行额1亿日元。对于各省经费的削减问题，由于军部坚决反对削减军费，所以除军费外，各省经费共削减约7800万日元。1937年度预算最终修改为28.15亿日元，实际执行预

---

① 大藏省昭和财政史编集室编：《昭和财政史》第十卷金融，東洋经济新报社1954年版，第112页。

② 同上书，第112—113页。

算为 27.6 亿日元。① 结城丰太郎对于修改马场财政预算案，在第 70
届议会上阐明了如下理由："由时下内外诸形势观之，贯彻国是需以
充实国防军备为要，也最迫切。但充实国防要有雄厚的经济实力，所
以充实国防和充实国民经济犹如车之两轮，相辅相成缺一不可。产业
的发达及贸易的伸展是当下之急务。倘如回顾现在社会形势，安定国
民生活迫在眉睫。需要政府处理的事项甚多，为充实民生设施，必然
要扩大财政支出。而要筹措到这些增加的财政开支，就只能增发国债
和增税。对于国债，以我国国民经济力，在某种程度上发行，就没有
消化的悬念。至于增税……国民应恪守本分，举纳税奉公之至诚。增
税带来的影响极大，实行要注意人心安定。注意观察经济界的实情，
尽量防止带来消极后果，使企业进取心萎靡，生产力减退。如此，财
政支出增加实为不得已，财政收入也要随之增加。财政和经济联系密
切，财政支出的重点要放在最需要的地方。"②

　　关于国防与财政支出、国力的关系，结城丰太郎在地方长官会议
上作了如下阐述："为支付巨额国费，需扩充生产力、振兴贸易、发
展国力，但即使经过努力尚不能筹措的经费，无论如何国力是难以承
受的。故国家经费有必要与国力相适应，应避免国家经费急剧膨胀，
给经济带来恶劣影响。"③ 结城财政希望通过削减预算来避免军费过高
给经济带来的负面影响，抑制政府增加对物资的需求，缓和民间需
求，促进民间经济活力，安定老百姓生活。

二　结城财政的实施

　　对于地方财政，结城财政停止了上届内阁计划实施的地方财政调
整金，作为应急措施并减轻农村负担，列入临时地方财政补给金 7000
万日元。在对陆军所管经费不加修改，主要削减其他经费的情况下，
最终财政支出规模为 28.1393 亿日元，公债发行额总计 9.138 亿日
元，与前内阁相比减少 4360 万日元。在确保军费、削减其他各省经

① 大蔵省昭和财政史编集室编：《昭和财政史》第三卷歳計，東洋经济新报社 1954 年
版，第 179—180 页。

② 大蔵省印刷局编：《大蔵大臣财政演說集》，大蔵省印刷局 1972 年版，第 385—387 页。

③ 高桥龟吉：《大正昭和财界变动史》下卷，東洋经济新报社 1956 年版，第 1733 页。

费情况下，使直接军费在预算总额中所占比重进一步提高到前所未有的49%。①

关于增税问题，结城财政把马场计划增收4.6134亿日元的增税方案，修改为增税2.9294亿日元，比马场增税方案减少1.6839亿日元，完全放弃了马场的增税构想，也放弃了对税制结构的全面修改。作为临时应急措施，结城以现行税制为基础形成《临时租税增征方案》。该方案是直接税以提高所得税为中心；新税停止创设法人资本税、外币债券特别税、有价证券转移税、挥发油税，尽可能减少间接税的征收。马场增税方案以增收直接税为手段，减轻地方税；结城增税方案是减轻直接税征收，根据地方户数比例直接恢复房产税、地租附加税等，减轻城市高收入者负担，把负担转嫁给普通农民。结城增税方案的内容，在临时租税增征方面：（1）所得税1.0533亿日元；（2）营业收益税396万日元；（3）资本利息税2652万日元；（4）遗产继承税160万日元；（5）矿业税91万日元；（6）临时利得税1366万日元；（7）酒税1810万日元；（8）砂糖消费税740万日元；（9）股票交易所税600万日元；（10）搁置现行的地税、印纸税、登录税、清凉饮料税、织物消费税。关于新税的增收：（1）法人资本税1545万日元；（2）外国债券特别税280万日元；（3）挥发油税1491万日元；（4）有价证券转移税608万日元；（5）保留营业税。对于关税，撤回对关税的改革，仍保留复合关税制度。取消贸易统计税，新设出口统制税，免除2年钢铁进口税。②

1937年3月29日，1937年度预算案在两院获得通过，一般会计预算以及追加预算总额合计28.721亿日元，比上一年度实际预算增加约5亿日元，这些增加的预算主要用于军事开支。发展军事工业、重化工业需要巨额财政投入，其财源主要依靠发行公债来筹措，使公债消化面临前所未有的压力。结城藏相要大力扩充军事工业生产能

---

① 大藏省昭和财政史编集室编：《昭和财政史》第三卷岁计，東洋经济新报社1954年版，第180页。

② 朝日新闻社：《朝日经济年史》，大空社1937年版，第327—332页。

力，只能从银行获得巨额产业资金，但前提是金融市场能顺利消化庞大的国债，这就不可避免地产生资金排挤问题。东京证券交易所理事长森永贞一郎认为："现在，产业扩充资金受金融机构消化公债能力影响。日本银行在四月初的公债保有量比上年同期多 1.76 亿日元，将来增发公债必有通货膨胀之虞。"① 表明对消化公债和通货膨胀的担心。对此，结城表示政府不会通过强制手段消化公债，为避免公债消化与产业资金竞争，结城主张通过扩充日本银行信用，对日本银行进行制度性改革来解决。② 经过大藏省与日本银行协商，大藏省向第 70 届议会提交《日本银行职能制度改革方案》进行审议。根据这个方案，废止参与会制度；新设加入金融产业界代表的参与理事制度。参与理事在理事会有决定权，直接参与日本银行业务。另外，确立了常务理事、监事兼任特殊银行职员制度。通过结城、池田的努力，终于完成了财政金融一体化体制，即在军事扩张的大背景下使金融完全从属于财政。

在第 70 届议会上，民政党与政友会联合提出《众议院议员选举法修正案》，并获得通过。对该修正案，林内阁以违反"选举肃正"精神坚决反对。民政党则以延期审议政府重要议案进行反击。内阁经过协商，决定奏请天皇解散议会，重新选举。军部观察到林铣十郎已无法收拾政党倒阁运动，陆相杉山元以中日关系迅速恶化为借口反对解散议会，劝告林内阁总辞职。在这种情况下，任职未满四个月的林内阁于 5 月 31 日宣布总辞职。

第三节　贺屋财政与战时财政体制的确立

一　贺屋财政的实施

林内阁总辞职后，林铣十郎推荐陆相杉山元接任首相，但由于元

---

① 坂入长太郎：《昭和前期财政史（昭和 7 年—20 年）》，酒井书店 1989 年版，第 120 页。
② 高桥龟吉：《大正昭和财界变动史》下卷，東洋经济新报社 1956 年版，第 1750 页。

老西园寺公望坚决反对，另推荐贵族院议长近卫文麿组阁。1937 年 6
月 4 日，近卫内阁成立。大藏省次官贺屋兴宣被任命为藏相，在组阁
后的记者会上，近卫表示："虽没有具体的政纲、政策，但本内阁打
算缓和一直持续的国内对立局面。基于利益的对立、基于党派的对
立，鉴于时局非常，每个人都要自省以减少摩擦。基于时代差异产生
的对立，虽迫不得已，但检讨当今国际形势、国内社会形势，如果超
越自身立场进行协商，就不会产生对立。虽说对立消解，但变成亲密
朋友也不现实。一个指导原则就是内阁的指导，首先基于国际的真正
和平……在国内尽可能实施基于社会正义的措施。"① 近卫内阁没有发
表政纲，但却标榜"和平""正义"，以"日满一体化"为目标，为
准备将来的战争，决定实施《重要产业五年计划》。其主要内容如下：

第一，方针

概以昭和十六年为期，有计划振兴重要产业，一旦有事，能
使在日、满及华北的重要资源能够自给，使平时国力得以飞跃发
展，确立领导东亚的实力。

第二，要领

一 本计划从昭和十二年至昭和十六年五年为一期，首先严
选国防上的重要产业，统制并促进其实现。

二 振兴国防重要产业，以帝国为主体，遵循以日满为一环
的适地适业主义，且顾虑到国防上的必要，使所要产业打入大
陆，为帝国将来长远计，应选择最必要资源，巧妙地走在华北经
济开发之前，努力确保其资源。

三 本计划实施之际，对帝国现在的资本主义经济机构虽应
避免做出激烈的变革，但对金融、财政、物价、贸易、对外决
算、运输、配给、劳务以及非重要的国民生产消费的统制等，制
定相应的对策，顺利推进本计划。

---

① 阪入長太郎：《昭和前期财政史（昭和7年—20年）》，酒井書店1989年版，第125页。

四 振兴重要产业综合技术、资本及原材料等条件，虽各产业之间有千丝万缕的相互关联性，但应审慎判别轻重缓急，先选择重要且急需的产业促进实现。为此第一次计划中先着手的重要部门如下：

（1）兵器工业；（2）飞机工业；（3）汽车工业；（4）机床工业；（5）钢铁工业；（6）液体燃料工业；（7）煤炭工业；（8）一般机械工业；（9）制铝工业；（10）制镁工业；（11）船舶工业；（12）电力事业；（13）铁道车辆工业。

但振兴兵器及飞机工业，依军部的策划，有关必需的资源、机械、原材料、劳力、燃料及动力等一般重要产业的振兴及应该并行调整的部门，也包含在此计划中。

根据该计划以及《关于实施要纲政策大纲案》，仅陆军从1937年到1941年的五年计划就需要130亿日元资金，其中还要保证60亿日元的财政资金。所以大纲主张将财政、金融、贸易、汇兑、国际收支、物价、配给、劳务、运输、产业置于政府行政统制之下，把非军事部门的资源优先配置给军需部门。

要实现这样军事工业扩张计划的前提是获得足够的军事预算或进行经济统制。马场财政后期，由于出口难以增长，预算规模过大导致进口商品剧增使国际收支出现大幅逆差。赤字的剧增使横滨正金银行越来越难以在国际上筹措资金，在当时的国际背景下，没有一个国家想给日本贷款，日本只能靠自己的力量结算。1937年年初，日本银行仅有的一点资金都用于结算。在这种情况下，一般只能采取紧缩财政的办法，抑制国内需求，降低物价，减少进口，扩大出口，以恢复贸易均衡，进而实现国际收支均衡。但如果采取紧缩政策，陆军提出的《重要产业五年计划要纲》就难以实施，这就是近卫内阁成立时的经济状态。为此，贺屋就任藏相前就向近卫文麿表示："既然军部的预算继续高桥藏相时代的路线，为使日本财政经济顺利推进，只能实行我提出的财政三原则。这也是实行计划统制经济，但我国没有任何准备，这是至难的任务。可是如果不这样做，财政经济一定会破产。"①
所谓"财政三原则"，就是贺屋兴宣与后来担任商工相的吉野信次等
革新官僚共同讨论、提出的"发展生产力、均衡国际收支、调整物资
供需"三项原则，被称为"贺屋三原则"，也称"吉野·贺屋三原
则"。关于财政经济三原则的作用，贺屋认为："回顾目前内外形势，
实施以国防和国民生活为基调的各种政策是极其迫切的。为此，充
实、发展日'满'两国的经济非常重要，当务之急是树立具体着眼于
发展生产力、均衡国际收支、调整物资供需这三点的综合计划方案。
而日'满'一体是树立具体方案的根本，有关各厅及其他各机构间要
紧密联系，企划厅统筹安排尽快完成立案。"② 中村隆英认为，贺屋所
提出的三原则，"所谓发展生产力，就是发展陆军所提出重工业及化
学工业发展计划，这是至高无上的命令。但是，由于国际收支连年亏
损，决算很快陷于困境，因此无论如何也要谋求国际收支均衡。这
样，结论只有一个，那就是如果继续保持自由经济，贸易赤字就不可
避免。因此，只能对外贸实行直接统制，减少那些面向国民消费及和
平产业的进口物资。为此，就应该对物资供需的调整实行统制。可以
认为，上述内容即为抽象的'三原则'真实意图。"③ 虽然贺屋强调：
"和所谓统制经济不同，国家只是为国民的经济活动做了一个准则，
使国民沿着这个准则活动，所以没有对个体行为加以人为统制的意
图。"④ 极力回避人为统制，表明自主统制的方针。

　　以"贺屋三原则"为依据，1937 年 6 月 29 日内阁会议通过 1938
年度预算编成方针，并进行了说明："回顾我国当前内外形势，需要
实施的有关国防及国民生活的各种事项甚多，要付诸实施，必然使各
种物资的需求激增，而这些物资的供给不外是由国内生产和国外进

　　① 坂入長太郎：《昭和前期財政史（昭和 7 年—20 年）》，酒井書店 1989 年版，第
128—129 页。
　　② 高橋亀吉：《大正昭和財界変動史》下卷，東洋経済新報社 1956 年版，第 1737 页。
　　③ ［日］中村隆英：《日本昭和経済史》，刘多田译，河北教育出版社 1992 年版，第
85 页。
　　④ 朝日新聞社：《朝日経済年史》，大空社 1938 年版，第 112 页。

口，各种措施的实现要依赖以上两方面，应该尽量限制物资供给的限度，所以要实现尽可能多的措施，首先要发展国内生产力，增大进口力度，而制定发展生产力的方针，重要的是要考究发展哪方面、发展到怎样程度，如果要增加进口，就要研究增加出口、奖励黄金生产等政策，在国际收支允许的范围内，尽可能进口多量的必需物资，昭和十三年度预算的限度也要不使之超过以上能得到物资供给量，在这个范围内确定预算。所以政府各部门在完成昭和十三年度预算过程中，要尽可能多地实现国策，努力充实、发展生产力。政府预测物资供需，要在调查一般民间物资供需之后，再制订计划实施极为必要。"①大藏省基于以重要物资供需为基准的预算变成方针，要求各省在提交预算金额之外，也要提交钢材、煤炭、石油等30种物资供需调查表。大藏省以30种物资供需关系为重点，来调节军事需求与民间需求的关系，在军事需求优先的条件下，保证军需工业发展。

二　战时财政体制的确立

1937年7月7日卢沟桥事件爆发，到8月6日，日本政府连续三次追加预算共计1.7亿日元。随着战争不断扩大，日本政府向议会提出第四次预算追加案，其规模达到4.1963亿日元。为保证侵华战争所需的巨额经费，在第72届议会上，为区分事件费和一般会计，特别设置到事件结束为止为一会计年度的临时军费特别会计，并向议会提出总额高达20.22亿日元的临时军费预算。侵华经费大部分依靠发行公债，第71届议会制定了《华北事件公债发行法》，随着战争扩大到整个中国，日本政府又制定《中国事变公债发行法》，但在公债消化恶化的状态下，政府不可能无限制地依靠发行公债，增税不可避免。

1937年12月24日第73届议会召开，在这届议会上通过1938年度预算案及追加预算案；临时军费特别会计追加预算。1938年度预算为28.6779亿日元，加上三次预算追加案6.46亿日元，一般会计财

---

① 大藏省昭和财政史编集室编：《昭和财政史》第三卷岁计，東洋经济新报社1954年版，第626—627页。

政支出规模达到 35.5 亿日元，临时军费特别会计追加预算 48.5 亿日元。一般会计、临时军费实际支出总计达到 80.83 亿日元。一般会计、特别会计计划发行公债 56.28 亿日元，比上一年度增加 60% 以上。[1] 1938 年 1 月 30 日大藏省向议会提出《中国事变特别税法案》、《临时利得税修正案》、《临时租税特别措施法案》。在第 73 届议会上，贺屋兴宣关于税制改革问题进行了阐述："关于中央及地方全面修改租税制度问题，政府事先进行了调查，但中国事变偶然爆发，所以税制基础也要同经济情况及国民的负担能力相适应，进行适当变化。但进行部分事项修改是适当的，故向本议会提出其修改案。"[2] 这表明大藏省放弃了全面的税制改革，为了筹措军费对部分税种进行增税。

中国事变特别税是在华北事变特别税基础上的扩大和深化，中国事变特别税主要是增加收益税（直接税）和流通、消费税（间接税）的税收。增收的收益税包括所得税、临时利得税、法人资本税、利益分红税、公债利息税。增收的流通、消费税包括交易所税、砂糖消费税、通行税、入场税、物品税。中国事变特别税总计增收约 3.18 亿日元，在增税总额中，直接税约占三分之二，间接税约占三分之一。[3]

临时租税措施法案是要减轻受战争影响利益受损者的负担以及增加重要矿产品产量而实施的重要政策，减税的对象主要是自耕农的地租和中小企业的营业税。当自耕农和中小企业的纯收益减少四分之一以上时，政府给予相应的税收减免。为增加重要矿产品产量，政府免除了指定矿产品的矿产税和特别矿区税。

随着侵华战争不断扩大，战争消耗的军费也越来越大。1937 年度预算一般会计、临时军费特别会计超过 54.9 亿日元，其财源的 95% 依靠公债。为保证军需工业发展及原材料供应，就必须抑制民间消费需求，对经济进行全面统制成为必要条件。关于统制经济政策，早在

---

① 坂入長太郎：《昭和前期財政史（昭和 7 年—20 年）》，酒井書店 1989 年版，第 139 页。
② 大藏省印刷局编：《大藏大臣財政演說集》，大藏省印刷局 1972 年版，第 410 页。
③ 朝日新聞社：《朝日经济年史》，大空社 1938 年版，第 98 页。

1929 年浜口内阁为准备金解禁，整顿过剩生产力而进行企业整顿的产业合理化运动，被认为是统制经济的萌芽。在世界经济危机打击下，1931 年若槻内阁制定"重要产业统制法"，力图在自由经济体制框架下解决资本主义的各种矛盾。从 1932 年起，为克服危机日本政府相继出台一系列经济统制法令，如《米谷统制法》、《制丝业许可制》、《原蚕种管理法》、《资本逃避管理法》、《商业组合法》、《渔业法》。"二·二六"事件后，通过制定《米谷自治管理法》、《蚕茧处理统制法》、《重要肥料统制法》等，日本经济统制全面转向带有否定资本主义自由经济的经济统制。广田内阁成立后制定《电力国家管理法》，把电力置于国家统制之下，并提出有必要进行"金融统制"。广田内阁解体后，林铣十郎内阁企图采取缓和方式修改广田内阁经济统制方针，以减轻实施强制经济统制的阻力。

"七·七"事变后，近卫内阁在"贺屋三原则"基础上，开始贸易统制及金融统制，把经济统制方式发展到"战时统制经济"阶段。"七·七"事变后金融政策的改变越来越迫切，既要保证消化国债，又要保证扩充生产的资金并抑制通货膨胀，单纯依靠经济手段已不可能，只能通过法律、法规等立法手段进行强制的直接统制。1937 年 8 月 15 日，大藏省向议会提交《资金统制案大纲》议案，但为避免"统制"字眼刺激财界，遂把该大纲名称改为《临时资金调整法》，该法案于 9 月 4 日在第 72 届议会通过。随着进口物资激增，日本的国际收支越来越恶化，广田内阁实施以提高关税为中心的关税改革政策、进口许可制以及进口汇兑许可制，以改善国际收支。但随着侵华战争不断扩大，为统制进出口物资，保证军需物资优先供应，近卫内阁提出《关于进出口物资等临时措施法律案》，对那些因供应不足导致短缺、价格上涨的物资进行适当调整，以抑制民用物资需求。

通过经济统制立法，日本经济、财政进入战时体制阶段。这个时期及之前经济、财政统制立法如下：

（1）为扩充生产的经济统制法，有《临时资金调整法》、《汽车制造事业法》、《军用汽车补助法》、《军需工业物资动员法》、《飞机制造事业法》。

（2）为动员民间产业的经济统制法，有《征发令》、《铁路军事供用令》、《军需工业动员法》、《有关适用军需工业动员法的法律》、《陆军军需监督官令》、《临时船舶管理法》、《扩充生产力计划要纲》、《重要矿产增产法》、《机床制造事业法》、《石油资源开发法》。

（3）为确保原料的经济统制立法，有《日本制铁株式会社法》、《制铁事业法》、《石油业法》、《物资动员计划阁议决定》、《人造石油制造事业法》、《进出口物资等临时措施法》、《帝国燃料兴业株式会社法》、《煤油专卖法》、《挥发油及煤油混合法》、《挥发油税法》、《钢铁建筑许可规则》、《铜使用限制规则》、《资源调查法》、《电力国家管理法》、《饲料配给统制法》。

（4）为抑制通货膨胀、物价统制的经济统制立法，有《暴利取缔法》、《关于米谷应急措施法律》、《临时肥料配给统制法》、《产金法》、《外汇管理法》、《关于贸易及相关产业调整的法律》。

三 战时税制改革

租税政策是财政政策重要组成部分，现就日本战时税制改革与大正时期以来的税制改革进行系统梳理。高桥藏相之后，从马场藏相到结城藏相，再到贺屋藏相的税制改革都具有临时应急的特点，没有对税制进行根本性改革。1939 年 1 月 4 日近卫内阁总辞职，1 月 5 日平沼骐一郎内阁成立，大藏大臣由石渡庄太郎担任。随着战局不断扩大并陷于胶着状态，军费支出越来越大。国家财政对公债的依存度也越来越大，从防止通货膨胀、筹措公债利息的角度出发，增税成为必需选项。平沼内阁也继承前内阁增税方针，经 2 月 17 日内阁决议，向第 74 届议会提交《中国事变特别税法修改案》、《临时利得税修改案》、《临时租税措施法修改案》。这三个税法修改案的要旨是，修改临时中国事变特别税法，大部分临时军费应该依靠发行公债，另一部分以临时利得税、物品税为中心进行增税。[①] 修改临时利得税，把原来的利得税作为甲种利得，除此之外，把因为中国事变扩大的收益作

---

① 大藏省昭和财政史编集室编：《昭和财政史》第五卷租税，東洋经济新报社 1954 年版，第 468 页。

为乙种所得（如个人船舶、矿权转让所得）进行课税，并提高税率，修改平均利益计算法。[1]

临时租税措施法修改的主要内容，为法人保留利润用于扩充生产设备，对重要产品的制造业者以及采用新的制造方法的制造业者课税上的考虑，并增进农业生产力，免除登记税。扩大棉纺织品代用品消费税的免税范围。[2] 关于临时利得税的修改主要体现在，对1938年1月1日以后的船舶、矿权转让所得，从本年度开始课税。对1939年1月1日以后的转让所得，修改为对每次转让进行征税，无关税收的增减。修改仅减轻了物品税的负担。[3]

现实的经济形势要求政府对中央及地方进行根本的税制改革，石渡藏相也明确表示中国事变以来的增税是临时的，事变进入长期对峙阶段以来要断行税制改革。[4] 1939年4月，石渡向税制调查会咨询税制改革问题，政府把税制改革的目标确定为均衡租税负担，协调与经济政策关系，建立弹性税收，简化税制。政府把税制改革的重点放在直接国税，特别是所得税体系。大藏省主计局关于直接国税的方案主要有以下几点：（一）改变以所得税为中心，以收益税为补助税的税收体系，把所得税中的分类所得税和一般所得税并用，废止收益税制度；（二）把作为收益税的地租、房产税以及营业税作为地方财源；（三）创设法人税；（四）对劳动所得、利息分红所得采取预扣课税方法；（五）扩充基础扣除，家属扣除制度。此外，大藏省对间接税，内务省地方局对地方税都提出修改意见。在税制调查会咨询案基础上，大藏省制定了税制改革具体方案。12月5日，阿部信行内阁会议通过《税制改革要纲》。1940年2月8日，米内光政内阁藏相樱内幸雄向第75届议会提交税制改革方案进行审议，史称"1940年税制改革"。

1940年税制改革方案的目标是均衡中央、地方负担，协调与经济

---

[1] 同上书，第469页。

[2] 朝日新闻社：《朝日经济年史》，大空社1939年版，第210页。

[3] 大藏省昭和财政史编集室编：《昭和财政史》第五卷租税，東洋经济新报社1954年版，第484页。

[4] 朝日新闻社：《朝日经济年史》，大空社1939年版，第211页。

政策的关系。随着收入的增加来确立有弹性的税制，使税制简洁化。对日本租税制度进行根本性改革。该税制改革方案主要内容如下节所述。

第四节　国税

一　直接税

1. 所得税

修改所得税的中心问题是把所得税分为分类所得税和综合所得税，分类所得税根据所得性质分为不动产所得、分红利息所得、事业所得、劳动所得、山林所得、退休所得，各有不同税率、免税点、基础扣除、课税方法，均衡各种所得之间的负担。

根据所得多少、负担的差异，综合个人所得对所得一定数额以上者征收综合所得税。对所得超过 5000 日元以上部分，征收 10% 至 65% 的超额累进税。对公债、银行存款利益，进行综合课税，扣除所得金额 40% 进行课税。劳动所得免税点从 1200 日元下调到 750 日元。这些措施使低收入者也被纳入课税体系，纳税人员增加。预先扣除的方法，简化了纳税手段。

2. 法人税

所得分个人和法人所得，所得税原则上向个人课税，对法人所得设立法人税。废止原来的第一种所得税以及法人资本税、法人营业收益税，把这些税收总括为法人税。其税率对一般法人所得提高到 18%，对资本税税率由 1.2‰ 提高到 1.5‰。

3. 特别法人税

对产业工会、商业公会、工业工会等特别法人免除各种租税，但对这些法人的利润课以 6% 的特别法人税。

此外，该法案也对临时利得税、分红利息特别税、继承税、建筑税、矿产税、利益分红税、外币债券特别税、交易所税进行了修改。

二　间接税

对于属于间接税的酒税、清凉饮料税、砂糖消费税、纺织品消费税、挥发油税、消费税、玩乐饮食税、入场税以及特别入场税、印花税、通行税、骨牌税以及狩猎许可税，提高税率或免征点。

根据税制改革，把作为国税的地租、房产税、营业税，作为独立财源，转移地方。但从负担公平立场出发，同时实行地方分摊税和国税附加税。

第五节　地方税

地方税制改革的主要目标是，均衡地方税负担，确立地方财政基础，简化税制。其主要措施包括：（1）作为地方团体独立财源，把属于收益税的地租、房产税、营业税等国税转移到地方，统一全国课税标准。为保证负担公平，现有国家征收各税总额的1/4返还课税对象所在府县。府县把国家征收的赋税二倍左右作为国税附加税征收。（2）同时，采用地方税收分配制度。调整国家与地方以及地方团体的财源地域之间的差异。国家把按国税征收的地租、房产税、营业税，作为一般会计的租税、印花收入，把属于一般会计的部分租税转入特别会计，作为退税和配付税返给地方。把所得税、放任税征收额的17.38%，以及入场税、玩乐饮食税的5%，纳入地方分配税特别会计，作为配付税以地方团体的人口、课税能力、财政需要等为标准进行调整，交付道府县、市町村。（3）废除户口税、所得税附加税，代之以新设的市町村民税。

随着地方税法案的制定，使府县、市、村镇分担的税费以及北海道分担的税费等逐步完善。另外，创立收益者负担金制度，废除不同地域、不同经济状况各府县行政上的特例，并区分国费和地方费负担，进行必要的修改。①

针对该税制改革方案，众议院、贵族院在审议时虽然也提出该法案增税忽略高收入者，偏重低收入者等问题，但 1940 年税制改革方案最终在两院通过。1940 年税制改革之前的税制修改，只是作为临时应急措施进行的修改，把作为收益税的所得税置于国税体系的中心位置。但草草修改所得税不能解决负担公平问题，只是通过地租、房产税、营业收益税补充了所得税的机能。1940 年税制改革修改了直接国税的所得税制度，通过这次所得税制度改革，废止了以前所得税制度，改组了以所得税、法人税为中心的直接国税体系。此外，为吸收国民购买力，抑制消费，增加税收，政府提高了酒税、清凉饮料税、砂糖消费税、纺织品消费税、挥发油税、交易税、通行税、入场税、玩乐饮食税等间接税税率。通过临时租税特别措施法，为扩充生产力，采取临时优遇措施。

地方税制的修改标榜均衡地方税负担，确立地方财政基础。地方税制采用分配税制度，地方独立财源转向地租、房产税、营业税。此外，废除户口税，创设市町村民税，废除所得税等附加税。

1940 年税制改革使税收结构发生深刻变化，在税制改革前平均每年度国税总收入约为 27.273 亿日元，税制改革后平均每年度国税总收入约为 34.76 亿日元，每年增收约 7.49 亿日元。在增税额中，直接税增税额约为 5.58 亿日元，间接税增收约 1.91 亿日元。从这个比例可知，1940 年税制改革是以直接税为中心的税制改革。而且降低直接税中劳动所得课税最低限度，使更多的低收入者成为所得税纳税者。这些措施扩大了所得税纳税对象，使所得税成为具有大众课税性质的税种。结果增加所得税纳税者约 200 万人。

通过税制改革，虽扩大了政府财源，但间接税中消费税的增收却抑制了非必需民用消费品的生产。通过提高酒税、砂糖消费税等税率，保证并增加了间接税收入，但也加大了国民租税负担，降低了国

---

① 大藏省昭和财政史编集室编：《昭和财政史》第五卷租税，東洋经济新报社 1954 年版，第 524—539 页。

民生活水平。当然，我们也要看到，1940年税制改革是自1898年修改所得税以来，规模最大的租税改革。这次改革对日本战后现代财政制度的确立，产生了深远影响。

总之，在日本近代化的过程中，其租税政策及租税体系不断随着国家经济变化而不断变化。在明治前期，日本还是以农业为主的国家，政府的主要财政收入还是地税。通过征收高额、沉重的地税，日本奠定了除农业以外的各产业近代化的基础。随着近代工商业的发展，到明治时代后期，间接税所占比例越来越大，其增税主要是以间接税为中心。但这一时期，日本租税体系仍是以低税为中心的直接税体制。进入大正时代，为筹措参加第一次世界大战的财源，日本政府以所得税和酒税为中心，开始增税。在战争景气中，日本政府开始增收战时利得税，并扩大消费税征收范围。第一次世界大战期间，日本租税体系中直接税和间接税比例发生变化，间接税比例超过直接税。第一次世界大战之后，面临长期的经济萧条，政府的减税措施主要集中在企业，而个人及农村负担没有减轻。为使税收负担更加公平，1926年税制改革是20年代最大规模的财税改革。其改革的主要内容是减轻低收入阶层的租税负担；改革与纳税能力相适应的所得税；提高关税等。

第一次世界大战使日本经济飞速发展，资本积累显著扩大，民众收入两极化加强，这带来了租税负担的不公平。但1920年、1922年经济危机和1923年关东大地震的发生，使日本资本主义长期处于慢性萧条之中，但财政规模由于军费膨胀、灾后复兴等原因，又不可能缩减，租税负担使低收入阶层长期不堪重负。尽管政府在第一次世界大战前后都进行了相应的行政、财政改革，但由于担心缩减财政规模会给经济景气带来负面影响，各届内阁都没有彻底缩减财政规模。为筹措财政来源，政府希望在直接税体系中减轻所得税比例，增加间接税比重，使税收不出现太大变化，依靠间接税重构租税体系。

浜口藏相在第51届议会上说："这次税制整顿直接税减得多，却增收间接税来填补其财源，实为误解。特别是对于增加酒税，新设清凉饮料税，以及提高烟草定价等，虽有如此批判者……但这次税制整顿更重视社会政策的效果，不管其直接税、间接税，主要是要减轻中产阶级以下多数国民负担，实际上不仅减税 7070 万日元，间接税增加的不过是烟酒等嗜好品的负担，有 6000 万日元左右。通过税制整顿，社会政策效果显著。"①

在贵族院审议过程中，针对应该减轻间接税主张，浜口藏相认为："1923 年 9 月发生关东大地震，实施以减轻国民负担为目的的减税政策，已无财政上的可能，诚感遗憾。……这次整顿要纠正税制体系弊端，均衡国民负担，发挥社会政策的效果，促进各项产业发展。为填补财政上的不足，政府要进行适当的增税并设立新税，这完全是从负担均衡角度出发的。"②

东京朝日新闻社论对此给予反驳："首先，税制方针在财政收入无显著增减的范围内，期待国民负担公正，实甚矛盾。政府的改税案主要是减轻直接税，增加间接税。地租、所得税、营业税等的减税是依靠增加酒税、新设清凉饮料税、增收关税、提高烟草定价来补充财政，越发破坏负担公正原则。从政府最重视的社会政策考虑，是难以宽恕的。我国现行税法是间接税负担极重的国家，从直接税和间接税比例看，我国间接税比例比英美等其他国家都大。现内阁既然标榜负担公正，惟有减轻使小民痛苦的间接税，实现其趣旨。但这次的税制整顿却更加提高了间接税，越发破坏了负担公正。"③ 批判了政府税制改革方案不具社会政策性质。在租税体系中的直接税和间接税比例，在 1925 年直接税占 35.1%，间接税占 54.1%。但 1926 年变化为直接税占 33.3%，间接税占 57.8%；1927 年变为 33.1∶57.8。④ 表明政府采取了减轻直接税，确立依靠以嗜好品为中心的间接税的税制方

---

① 大日本帝国議会誌刊行会编集：《大日本帝国議会誌》第十六卷，大日本帝国議会誌刊行会 1976 年版，第 529 页。
② 坂入長太郎：《大正昭和初期財政史（大正 4 年—昭和 6 年）》，酒井書店 1989 年版，第 150 页。
③ 同上书，第 151 页。
④ 大蔵省昭和財政史編集室編：《昭和財政史》第五卷租税，東洋経済新報社 1954 年版，第 11 页。

针。"我国和英美以及其他各国相比，是间接税占优势的国家。"①

进入昭和时代，为解决地方财源不足问题，政友会田中义一内阁主张地税和营业收益税转让地方，以给地方独立财源。但由于政权更迭，两税委让地方问题不了了之。井上财政期间，政府在税收增减问题上举棋不定，由于1930年日本签署《伦敦海军条约》，其节约的造船经费，为减税提供了条件。但由于经济景气跌到谷底，政府租税收入连年下降，井上又命令大藏省制定增税方案，但若槻内阁下台后，高桥藏相否决了增税方案。为摆脱经济危机，高桥反对进行增税，而是通过赤字公债解决财政收入不足问题。高桥并不是一贯反对增税，而是要待经济全面好转后再增税。1934年，日本经济开始好转，藤井真信从"健全财政"政策出发，加之陆军主张增税的压力，大藏省制定了征收临时利得税方案，对军事工业和出口产业增税。高桥重新继任藏相后，也承认了临时利得税方案。

高桥财政之后，从马场财政到结城财政，再到贺屋财政的税制改革都具有临时应急的特点，没有对税制进行根本性改革。随着日本侵华战争不断扩大，军费开支持续膨胀，为建立弹性、简洁的税制，1940年税制改革方案在两院通过。1940年税制改革是以直接税为中心，降低直接税中劳动所得税的最低课税标准，使更多的低收入者成为所得税纳税者。这些措施扩大了所得税纳税对象，使所得税成为具有大众课税性质的税种。加重了日本国民租税负担，降低了广大百姓生活水平。

小　结

昭和经济危机的加深，对农村经济的打击最为沉重，而政府对农村救济有限，导致军队对政党内阁不满情绪滋长。在多重因素的作用下，"二·二六"事件爆发，高桥财政结束，日本开始向战时财政转

---

① 坂入長太郎：《日本財政史概說》，星雲社1961年版，第302页。

变。"高桥财政时期推行抑制军费扩张、财政健全化，被称为凯恩斯之前的凯恩斯派，虽然促进了经济军事化，但也保留了日本经济'和平'发展的余地。……但是'二·二六'事件给日本宪法秩序以致命打击，日本加速向军国主义化飞跃。广田内阁的马场财政以增加军费、扩张军备为至上命令。"① 随着军部势力加强，马场的财政主张投军部所好，他主张通过财政赤字创造有效需求，而军费也具有生产性，所以，应以国防费为中心，制订财政计划，通过对银行金融统制、资金统制。为满足军部增加军费预算要求，马场继续扩大赤字公债，为保证国债顺利发行，又进一步降低利率。通过对中央、地方进行税制改革，确立"弹性税制"，增加对国民的盘剥。马场财政导致进一步的通货膨胀，满足了军部增加军费的需求，但也使自己在经济上破产。林铣十郎内阁成立后，结城丰太郎任藏相，史称"结城财政"。结城财政进一步迎合军部势力，军费在预算中所占比例进一步提高。为使赤字公债顺利发行，结城对银行制度进行进一步改革，完成财政金融一体化，使金融完全从属于财政。

近卫内阁成立后，贺屋兴宣任藏相，推行所谓"贺屋财政"。为准备将来战争需要，近卫内阁决定实施《重要产业五年计划》。为此，贺屋兴宣提出所谓"财政三原则"，即"贺屋三原则"。在军事优先原则下，保证军需工业发展需要。"七·七"事变后，日本进入战时财政体制阶段，为保证军费所需，贺屋财政在增税政策之外，又进一步加强经济统制，日本进入"战时统制经济"阶段。

---

① 三和良一：《概説日本経済史·近代史》，東京大学出版会 1995 年，第 132 页。

结　论

　　日本经济以日俄战争为转折点，垄断资本主义开始形成和确立。到第一次世界大战爆发前，各主要帝国主义国家间势力大体处于均衡阶段。作为二流帝国主义国家的日本，虽然在金融上仍从属于英、美等一流国家，但已经基本确立对殖民地、半殖民地的支配地位。第一次世界大战的爆发打破了这种平衡，日本资本主义乘此机会获得空前发展，垄断资本主义最终确立。第一次世界大战后，随着轻工业向重化工业转变，为强化垄断组织，必须重新调整财政金融政策，政府通过财政投融资、金融政策、税制改革、补助金政策、关税政策等直接、间接对垄断资本进行强有力保护。在金融垄断资本形成过程中，财政和国家资本在这一过程中起到助推作用。日本帝国主义具有侵略性、反动性、官僚性的特点。19世纪80年代中期之后，日本中央财政急剧膨胀，中央财政支出中军费支出在1886年为24.9%，经过甲午战争、日俄战争及其"战后经营"，军费开支最高达51%。总的来说，这个时期的中央财政中军扩财政的色彩浓厚。通过巨额军费支出，不仅促进了本国军事工业发展，同时也推进了同政府关系密切的财阀资本的原始积累。日本帝国主义形成本身就是以侵略战争为手段来推进的，"日本资本主义通过大约每十年一次的战争，打破其发展瓶颈，获得发展"[①]。财政和国家资本对日本资本主义的重要作用体现在国家信用供给、政府补助金、救济性融资和国家资本的有机结合、各种法律保护。

---

　　① 大石嘉一郎编：《日本資本主義発達史の基礎知識》，有斐閣1975年版，第220—221页。

在世界性经济危机与井上财政紧缩双重打击下，高桥在国家管理通货制度基础上，以财政为手段，全面介入资本积累和国民所得分配，资本主义经济过程完全遵循金融寡头的意志，国家垄断资本主义体制完全确立。

所以，昭和初期财政政策最显著特点是以军费和公共投资为中心，财政持续膨胀。巨额财政支出在使国家不断加强对经济直接统制的同时，不断推进课税大众化改革，1940年税制改革最具代表性。

另一个特点是财政和金融的一体化。这个过程从1927年金融危机开始，高桥财政之后最终确立。政府作为借贷方，在国债不断扩大的同时，通过大藏省存款部等特殊金融机构管理金融市场，金融市场的独立性日益丧失。

还有一个特点，是财政的中央集权化。随着经济危机的深化，地方财政根本无力凭自身渡过危机，中央通过交付税、补助金对地方财政进行调整。如高桥财政在时局匡救名义下的补助金制度，就是典型代表。经过1936年临时地方财政补助金制度、1940年财政税制改革，构成中央集权的、全面财政制度调整的基本框架。

高桥财政是为克服经济危机而采取的措施，其政策是以克服经济危机为前提的。危机克服得越快，高桥财政解体的命运也就越快。前所未有的世界性经济危机给世界政治结构、经济结构带来巨大冲击。陷入危机的各主要资本主义国家，采取的一般做法是把本国的危机转嫁给其他国家。这次危机使各帝国主义国家间早已存在的矛盾更加激化。尤其是在1933年以颠覆凡尔赛体系为目的的希特勒纳粹政权在德国成立，世界各国进入军备竞赛阶段。军备的扩张给陷于危机的产业资本起死回生的作用，产业资本的景气恢复越依赖军备扩张，军备竞赛就越难以停止。

世界大势如此，作为二流帝国主义国家的日本更有过之而无不及。日本选择走军备扩张的道路，不仅是日本的被动选择，也是军部自身积极扩张军备、扩大侵略的必然选择。通过对外侵略得到的成果，只能通过进一步扩大对外侵略来确保得到的侵略成果。也只有这样，军部才能维持和扩大在日本政治中的地位和权力。所以，军部要求增加军费和扩大对外侵略活动是相辅相成的。另外，在英国的援助下，中国的1935年币制改革取得了成功，这也极大地激化了日本与英美等帝国主义国家的矛盾。日本帝国主义直接或间接对抗其他帝国主义国家在中国的竞争，是日本资本主义发展的必然要求。高桥财政不能适应这一趋势，日本资本主义就必然要越过高桥财政。虽然高桥财政的景气刺激政策给产业资本以喘息，但日本经济既然已经走上了赤字财政的道路，就绝不会放弃赤字财政的道路。

在经济危机下，高桥财政所采取的景气刺激政策确实起到了恢复经济的作用。当危机告一段落后，高桥是清把本应该继续的财政政策，始终认为是"一时之便法"。和高桥是清关系深厚的深井英五就曾说："日本银行承兑发行国债的办法虽取得显著成果，但高桥一直认为是'一时之便法'。"① 所以，高桥认为推行赤字财政、对中国进行侵略，必然会导致日本国际信用低下，其损失远大于对中国侵略所得，赤字财政是早晚应该废止的措施。随着产业资本日益活跃，公债消化越来越难，也坚定了高桥是清结束赤字财政、推行公债渐减政策的决心。但军部法西斯势力的不断扩张是高桥所无法阻遏的，高桥财政压缩军费的措施激起这些法西斯分子的仇恨，高桥最终惨遭杀害。日本著名经济史学家大石嘉一郎认为，"日本资本主义在从危机中脱身过程中，井上财政和高桥财政是两种对比鲜明的财政政策。他们虽在各方面的政策都尖锐对立，但他们的共通之处是都相信资本主义自动恢复能力。但法西斯势力通过暗杀否定了二人的资本家的合理主义。"②

在高桥财政下，虽然军费得到很大扩张，但毕竟对军部更高的军费要求进行了遏制，并一贯秉持了"公债渐减主义"的财政原则。从这个立场出发，高桥拒绝了军部要求增税、以低息公债借换高息公债，作为增加军费财源等建议。高桥拒绝实施增税及其他经济措施，抑制扩大军费要求，使每年在审议财政预算时，军部与财政当局都会

---

① 深井英五：《回顧七十年》，岩波書店1948年版，第270页。

② 大石嘉一郎編：《日本資本主義発達史の基礎知識》，有斐閣1975年版，第363页。

进行激烈对抗。高桥这样的财政方针被"二·二六"事件完全破坏。

马场藏相一改高桥时代的财政方针，提出"财政健康与否，不单在于财政收支的数字，而在于国民经济能力是否均衡，在于财政支出的经济成果如何"①。在马场财政下，其主要着眼点不在于调节生产力，而在于调节财政资金的收支和公债的消化能力。其增税和强制消化公债政策引起经济界强烈反对，导致广田内阁倒台。代替马场藏相的结城藏相，把财政政策重点放在扩充生产力上，军部制定的"产业五年计划"开始付诸实施。一时巨额的财政支出与庞大的军费支出，使原本的通货膨胀局面更加雪上加霜。解决这个难题的，是新上台的近卫内阁的贺屋财政。贺屋兴宣通过"贺屋三原则"确立了"以物资为中心的预算"的基本原则。通过测定国家财政经济的最大潜力，制定政府预算；通过对财政、金融采取强制的统制措施，来保证军费支出需要。高桥财政之后，经过马场财政、结城财政，在近卫内阁的贺屋财政主导下，日本在"七·七"事变后进入"战时财政"时期。

---

① 高橋亀吉:《大正昭和财界变动史》下卷，東洋经济新報社 1956 年版，第 1732 页。

参考文献

一　中文部分

（一）中文著作

1. 米庆余：《明治维新——日本资本主义的起步与形成》，求实出版社 1988 年版。

2. 伊文成主编：《明治维新史》，辽宁教育出版社 1987 年版。

3. 李侃等：《中国近代史》，中华书局 1994 年版。

4. 郭廷以编著：《近代中国史事日志》，中华书局 1987 年版。

5. 郑曦原编：《帝国的回忆：〈纽约时报〉晚清观察记》，生活·读书·新知三联书店 2001 年版。

6. 吴廷璆主编：《日本史》，南开大学出版社 1994 年版。

7. 吕万和：《简明日本近代史》，天津人民出版社 1984 年版。

8. 宋成有：《新编日本近代史》，北京大学出版社 2006 年版。

9. 戴季陶：《日本论》，九州岛出版社 2005 年版。

10. 米庆余：《近代日本的东亚战略和政策》，人民出版社 2007 年版。

11. 沈予：《日本大陆政策史》，社会科学文献出版社 2005 年版。

12. 中国社会科学院近代史研究所编：《日本侵华七十年史》，中国社会科学出版社 1992 年版。

13. 张声振：《中日关系史》，吉林文史出版社 1986 年版。

14. 杨栋梁、严安生：《变动期的东亚社会与文化》，天津人民出版社 2002 年版。

15. 阎瑾、梁凤鸣：《为什么偏偏是日本》，世界知识出版社 1995 年版。

16. 马克斯·韦伯：《社会经济史》，郑太朴译，商务印书馆 1935

年版。

17. 彭迪先：《世界经济史纲》，生活·读书·新知三联出版社 1948 年版。

18. 周颂伦：《近代日本社会转型期研究》，东北师范大学出版社 1998 年版。

19. 杨孝臣：《日本政治现代化》，东北师范大学出版社 1998 年版。

20. 臧运祜：《"七·七"事变前的日本对华政策》，中国社会科学出版社 2000 年版。

21. 李阁楠：《日本的世界战略》，东北师范大学出版社 1994 年版。

22. 沈红芳：《东亚经济发展模式比较研究》，厦门大学出版社 2002 年版。

23. 狄百瑞：《东亚文明——五个阶段的对话》，江苏人民出版社 1996 年版。

24. 罗荣渠、董正华编：《东亚现代化——新模式与新经验》，北京大学出版社 1997 年版。

25. 江立华、杨燕树：《东亚现代化的历史进程》，河北大学出版社 1996 年版。

26. 徐平：《对日本政府经济职能的历史考察与研究》，中国社会科学出版社 2003 年版。

27. 十八集团军总政治部日本问题研究室：《二次大战中的日本政治》，新华书店 1945 年版。

28. 冯瑞云：《近代日本国家发展战略》吉林大学出版社 1991 年版。

29. 崔丕：《近代东北亚国际关系史研究》，东北师范大学出版社 1992 年版。

30. 张洪祥主编：《近代日本在中国的殖民统治》，天津人民出版社 1996 年版。

31. 杨栋梁等：《近代以来日本经济体制变革研究》，人民出版社 2003 年版。

32. 曲家源：《卢沟桥事变起因考论》，中国华侨出版社 1992 年版。

33. 罗荣渠等：《论东亚经济的现代化》，东方出版社 1998 年版。

34. 安志达：《论日本近代元老政治》，中国文联出版公司1994年版。

35. 郑学稼：《日本财阀史论》，生活书店1936年版。

36. 财政部《财政制度国际比较》课题组：《日本财政制度》，中国财政经济出版社1998年版。

37. 高增杰：《日本的社会思潮与国民情绪》，北京大学出版社2001年版。

38. 汤重南等主编：《日本帝国的兴亡》（上、中、下册），世界知识出版社1996年版。

39. 黄尊严、张瑞云：《日本皇宫100年内幕》，山东人民出版社2000年版。

40. 刘玉操主编：《日本金融制度研究》，天津人民出版社1999年版。

41. 吴廷璆主编：《日本近代化研究》，商务印书馆1997年版。

42. 管宁：《日本近代棉纺织业发展史——兼论日本近代资本主义起源问题》，天津人民出版社1997年版。

43. 米庆余：《日本近代外交史》，南开大学出版社1988年版。

44. 何力：《大审判：日本战犯秘录》，团结出版社1993年版。

45. 李廷江：《日本财界与辛亥革命》，中国社会科学出版社1994年版。

46. 平献明主编：《日本人的外向意识》，辽宁人民出版社1992年版。

47. 张蓬舟：《近五十年中国与日本》（一、二、三、四、五卷），四川人民出版社1985年版。

48. 武寅：《从协调外交到自主外交：日本在推行对华政策中与西方列强的关系》，中国社会科学出版社1995年版。

49. 近代日本思想史研究会：《近代日本思想史》，马采译，商务印书馆1983年版。

50. 辽宁省档案馆、辽宁省社科院编：《"九·一八"事变前后的日本与中国东北——满铁密档选编》，辽宁人民出版社1991年版。

51. 王芸生：《六十年来中国与日本》（一、二、三、四、五、六、七卷），生活·读书·新知三联书店2005年版。

（二）中文译著

1. ［日］秋田鹤造：《东条英机——东条生平和日本陆军兴亡秘史》，田桓等译，商务印书馆 1987 年版。

2. ［英］菲利普·约瑟夫：《列强对华外交》，胡滨译，商务印书馆 1959 年版。

3. ［日］井上清：《日本军国主义》，姜晚成译，商务印书馆 1985 年版。

4. ［日］信夫清三郎：《日本外交史》，天津社会科学院日本问题研究所译，商务印书馆 1980 年版。

5. ［日］信夫清三郎：《日本政治史》，周启干译，上海译文出版社 1982 年版。

6. ［日］升味准之辅：《日本政治史》，董果良译，商务印书馆 1997 年版。

7. ［日］远山茂树：《日本近代史》，邹有恒译，商务印书馆 1983 年版。

8. ［日］安冈昭男：《日本近代史》，林和生、李心纯译，中国社会科学出版社 1996 年版。

9. ［日］法眼晋作：《二战期间日本外交内幕》，中国文史出版社 1993 年版。

10. ［美］阿马科斯特：《前驻美大使说日本》，于铁军等译，新华出版社 1998 年版。

11. ［日］吉田茂：《激荡的百年史》，世界知识出版社 1980 年版。

12. ［美］道格拉斯·C. 诺斯：《经济史中的结构与变迁》，陈郁等译，生活·读书·新知三联书店 1984 年版。

13. ［美］本妮迪克特：《菊与刀》，孙志民等译，浙江人民出版社 1987 年版。

14. ［日］加藤周一：《日本文化的杂种性》，杨铁婴译，吉林人民出版社 1991 年版。

15. ［英］约翰·帕克：《马拉维政治经济史》，商务印书馆 1973 年版。

16. ［英］小泉八云：《日本与日本人》，胡山源译，海南出版社 1994 年版。

17. ［日］东久迩稔彦：《日本的错误》，潘世宪译，亚东协会 1948 年版。

18. ［日］铃木淑夫：《日本的金融政策》，张云方等译，中国发展出版社 1995 年版。

19. ［日］市村真一：《日本的经济发展与对外经济关系》，色文等译，北京大学出版社 1995 年版。

20. ［日］丸山真男：《日本的思想》，宋益民等译，吉林人民出版社 1991 年版。

21. ［日］长谷川如是闲：《日本的性格》，罗茂彬译，台湾国防研究院、中华学术院日本研究所合作，1967 年版。

22. ［日］小山弘健等：《日本帝国主义史》（第一、二、三卷），生活·读书·新知三联书店 1961 年版。

23. ［日］江口圭一：《日本帝国主义史研究：以侵华战争为中心》，周启干等译，世界知识出版社 2002 年版。

24. ［日］森正藏：《风雪之碑——日本近代社会运动史》，赵南柔等译，中国建设印务股份有限公司 1948 年版。

25. ［日］大古健：《日本经济的腾飞发展历程和经验教训》，曲维译，上海译文出版社 1997 年版。

26. ［日］安场保吉等主编：《日本经济史 8：高速增长》，连湘等译，生活·读书·新知三联书店 1997 年版。

27. ［日］中村隆英编：《日本经济史 7：计划化和民主化》，胡企林等译，生活·读书·新知三联书店 1997 年版。

28. ［日］中村隆英等：《日本经济史 6：双重结构》，许向东等译，生活·读书·新知三联书店 1997 年版。

29. ［日］西川俊作等：《日本经济史 5：产业化的时代》（下册），裴有洪等译，生活·读书·新知三联书店 1997 年版。

30. ［日］西川俊作等：《日本经济史 4：产业化的时代》（上册），杨宁一等译，生活·读书·新知三联书店 1997 年版。

31. ［日］梅村又次等：《日本经济史3：开港与维新》，李星等译，生活·读书·新知三联书店1997年版。

32. ［日］新保博等：《日本经济史2：近代成长的胎动》，李瑞等译，生活·读书·新知三联书店1997年版。

33. ［日］速水融等著：《日本经济史1：经济社会的成立》，厉以平等译，生活·读书·新知三联书店1997年版。

34. ［日］井上清：《日本历史》（上中下册），天津历史研究所译校，天津人民出版社1974年版。

35. ［日］丸山真男：《福泽谕吉与日本近代化》，区建英译，学林出版社1992年版。

36. ［美］美国国务院编：《美国外交文件·日本，1931—1941年（选译）》，张玮瑛等译，中国社会科学出版社1998年版。

（三）中文论文

1. 冯玮：《"总体战"和现代日本"间接金融体制"的形成》，《史学集刊》2004年第4期。

2. 申康林：《浅析战时日本经济统制政策的演变》，《许昌学院学报》1992年第2期。

3. 湛贵成：《高桥是清与高桥财政》，《洛阳师专学报》1998年第6期。

4. 吕万和：《高桥财政与罗斯福新政》，《日本学刊》1993年第2期。

5. 郭冬梅：《试论中间内阁与法西斯主义》，《日本学论坛》2001年第3期。

6. 周颂伦：《第一次世界大战以后日本政府的金融政策评述》，《日本研究》1998年第2期。

7. 周颂伦：《近代日本的立国理念》，《日本研究》1997年第1期。

8. 陈景彦：《论一战至"九·一八"前日本对中国的经济侵略及其特征》，《日本研究》1994年第2期。

9. 武寅：《论战前日本资产阶级政党及其在体制运行中的调节作用》，《日本学刊》1996年第6期。

10. 武寅：《试析日本军国主义的两面性》，《世界历史》1997年第

3 期。

11. 武寅：《论日本财阀战时改革》，《日本学刊》1993 年第 1 期。

12. 万峰：《日本资本主义经济结构的历史特点》，《日本研究》1985 年第 2 期。

13. 凌遇选：《日本的老财神高桥是清》第一卷，《中外月刊》1937 年第 3 期。

14. 余仲瑶：《日本高桥财政及马场财政之检讨》，《新亚细亚》1936 年第 6 期。

15. 银行周报社：《高桥财政政策与军阀意见对立》，《银行周报》1934 年第 1 期。

16. 王经武：《井上准之助：第一次欧战时及战后日本外汇问题》，《中农月刊》1943 年第 5 期。

二 日文部分

（一）日文史料

1. 《木戸幸一日記》，上、下卷，東京大学出版会 1966 年版。

2. 重光葵：《昭和の動乱》，上、下卷，中央公論社 1952 年版。

3. 幣原喜重郎：《外交五十年》，読売新聞社 1951 年版。

4. 日本国際政治学会：《太平洋戦争への道》資料篇，朝日新聞社 1963 年版。

5. 大蔵省昭和財政史編輯室編：《昭和財政史（1－14 卷）》，東洋経済新報社 1954—1964 年版。

6. 日本外務省編：《日本外交文書》，日本国際連合協会 1949 年版。

7. 日本外務省編：《日本外交年表並主要文書》，原書房 1965 年版。

8. 大久保利謙編：《近代史史料》，吉川弘文館 1974 年版。

9. 明治文化研究会：《明治文化全集》第十一卷外交編，日本評論新社 1956 年版。

10. 明治文化資料叢書刊行会：《明治文化資料叢書》第四卷外交編，風間書房 1962 年版。

11. 由井正臣ほか校注：《日本近代思想大系 4　軍隊兵士》，岩波書店 1989 年版。

12. 芝原拓自ほか校注：《日本近代思想大系 12　対外観》，岩波書店 1988 年版。

13. 柴田勇之助編：《明治詔勅全集》，皇道館事務所 1970 年版。

14. 宮内庁書陵部編：《明治天皇紀》，吉川弘文館 1969 年版。

15. 多田好問編：《岩倉公実記》，皇後宮職 1906 年版。

16. 徳富蘇峰：《山県有朋公爵伝》，山県有朋記念事業会 1933 年版。

17. 大山梓編：《山県有朋意見書》，原書房 1966 年版。

18. 春畝公追頌会編：《伊藤博文伝》，春畝公追頌会 1940 年版。

19. 安藤良雄：《近代日本経済史要覧》，東京大学出版会 1979 年版。

20. 朝日新聞社経済部：《朝日経済年史》，昭和七、八、九、十、十一年版，大空社。

21. 日本外務省百年史編纂委員会編：《外務省の百年》，原書房 1969 年版。

22. 岩波書店編集部編：《近代日本総合年表》，岩波書店 1968 年版。

23. 稲叶正夫等編：《現代史資料・7・満洲事変》，みすず書房，1964 年版。

24. 稲叶正夫等編：《現代史資料・4・国家主義運動》，みすず書房。

25. 稲叶正夫等編：《現代史資料・8・日中戦争》，みすず書房。

26. 稲叶正夫等編：《現代史資料・11・续満洲事変》，みすず書房。

27. 原田熊雄：《西園寺公和政局》，岩波書店 1951 年版。

28. 芳沢謙吉：《外交六十年史》，自由アジア社 1958 年版。

29. 若槻禮次郎：《古風庵回顧録》，講談社 1983 年版。

30. 麻生大作原編：《高橋是清》，ゆまに書房 2006 年版。

31. 大蔵省大臣官房調査企畫課編：《大蔵大臣回顧録：昭和財政史史談会記録》，大蔵財務協会 1977 年版。

32. 日本銀行調査局：《日本金融史資料昭和篇》，大蔵省印刷局 1973 年版。

33. 大蔵省印刷局：《大蔵大臣財政演說集》，大蔵省印刷局 1972 年版。

（二）学术著作

1. 波形昭一等監修：《満洲中央銀行十年史》，ゆまに書房 2001
   年版。

2. 高橋亀吉：《大正昭和財界変動史》（上、中、下巻），東洋経済新
   報社 1978 年版。

3. 鹿島守之助：《日本外交史》第十一巻，鹿島研究所出版会 1983
   年版。

4. 高橋亀吉：《満洲経済和日本経済》，千倉書房 1934 年版。

5. 伊藤隆：《昭和初期政治史研究》，東京大学出版会 1980 年版。

6. 井上清等：《日本歴史 20   近代 7》，岩波書店 1981 年版。

7. 朝尾直弘等：《日本歴史 19   近代 6》，岩波書店 1981 年版。

8. 東京大学社会科学研究所編：《戦時日本経済》，東京大学出版会
   1982 年版。

9. 中村隆英：《戦前期日本経済成長分析》，岩波書店 1977 年版。

10. 東京大学社会科学研究所編：《昭和恐慌》，東京大学出版会 1982
    年版。

11. 岩田規久男：《日本昭和恐慌の研究》，東洋経済新報社 2004
    年版。

12. 日本銀行調査局：《我国の金融制度》，日本信用調査株式会社出
    版部 1980 年版。

13. 山崎隆三編：《両大戦間期の日本資本主義》上下巻，大月書店
    1978 年版。

14. 大島清：《日本恐慌史論》，上下巻，東京大学出版会 1963 年版。

15. 加藤俊彦編：《日本金融論の史的研究》，東京大学出版会 1983
    年版。

16. 大石嘉一郎、宮本憲一編：《日本資本主義発展史の基礎知識》，
    有斐閣 1975 年版。

17. 小林良彰：《昭和経済史》，ソーテック社 1979 年版。

18. 波形昭一：《日本殖民地金融政策史の研究》，早稲田大学出版部
    1985 年版。

19. 内野一太郎：《我国金融事情解説》，東京同文館 1937 年版。

20. 安藤良雄：《日本経済政策史論》上、下卷，東京大学出版会 1973 年版。

21. 長幸男：《昭和恐慌》，岩波書店 1994 年版。

22. 東洋経済新報社編：《金融六十年史》，東洋経済新報社 1924 年版。

23. 岡庭博：《戦時産業金融論》，東洋書館 1941 年版。

24. 石井寛治：《日本経済史》，東京大学出版会 1991 年版。

25. 伊藤正直：《日本の対外金融と金融政策》，名古屋大学出版会 1989 年版。

26. 八尾板正雄：《昭和金融政策史》，皇国青年教育協会 1943 年版。

27. 朝倉孝吉：《新編日本金融史》，日本経済評論社 1991 年版。

28. 田中生夫：《日本銀行金融政策史》，有斐閣 1985 年版。

29. 岡田純夫：《本邦銀行金融変動史》，大空社 1999 年版。

30. 楫西光速：《日本資本主義発達史》，有斐閣 1954 年版。

31. 安藤良雄編：《両大戦間的日本資本主義》，東京大学出版会 1978 年版。

32. 山本義彦：《戦間期日本資本主義と経済政策》，柏書房 1989 年版。

33. 竹澤正武：《日本金融百年史》，東洋経済新報社 1968 年版。

34. 飯田繁：《昭和動乱期の日本経済分析》，新評論 1985 年版。

35. 栗原るみ：《1930 年代の「日本型民主主義」：高橋財政下の福島県農村》，日本経済評论社 2001 年版。

36. 井手英策：《高橋財政の研究：昭和恐慌からの脱出と財政再建への苦闘》，有斐閣 2006 年版。

37. 松元崇：《大恐慌を駆け抜けた男：高橋是清》，中央公論新社 2009 年版。

38. 高橋義夫：《覚悟の経済政策：昭和恐慌蔵相井上準之助の闘い》，ダイヤモンド社 1999 年版。

39. 高橋是清遺述，山崎源太郎編，矢島裕紀彦新編：《高橋是清の

日本改造論："デフレ大恐慌"のいま、死中に活路を見い出す》，青春出版社 1998 年版。

40. 大石亨：《大蔵大臣高橋是清：不況乗り切りの達人》，マネジメント社 1992 年版。

41. 藤村欣市朗：《高橋是清と国際金融》，福武書店 1992 年版。

42. 大島清：《高橋是清：財政家の数奇な生涯》，中央公論社 1969 年版。

43. 岩波書店編集部編：《岩波講座日本歴史》，岩波書店 1982 年版。

44. 松下芳男：《明治軍制史論》，有斐閣 1956 年版。

45. 外務省外交史料館、日本外交史辞典編纂委員会：《日本外交史辞典》，山川出版社 1992 年版。

46. 大山梓：《日本外交史研究》，良書普及会 1980 年版。

47. 実藤恵秀：《近代日中交渉史話》，春秋社 1973 年版。

48. 佐藤三郎：《近代日中交渉史の研究》，吉川弘文館 1984 年版。

49. 河村一夫：《近代日中関係史の諸問題》，南窓社 1984 年版。

50. 植田捷雄：《東洋外交史》，東京大学出版会 1969 年版。

51. 伊藤正直：《日本の対外金融と金融政策》，名古屋大学出版会 1989 年版。

（三）日文论文

1. 武田晴人：《一九二〇年恐慌'は大正繁栄バブルの帰結》，《エコノミスト》1993 年 5 月 17 日。

2. 中村政則：《旧平価解禁に固執した悲劇の蔵相》，《エコノミスト》1993 年 5 月 17 日。

3. 吉田賢一：《金解禁の歴史的意義》，《経済学研究》1988 年第 12 期。

4. 川畑壽：《昭和恐慌と井上準之助》，《経済学紀要》，1997 年第 21 巻 1 号。

5. 長幸男：《高橋是清と危機＝転換期の財政政策》，《社会労働研究》14（下），1962 年 03 月 20 日。

6. 高橋精之：《高橋財政の歴史的性格》，《社会労働研究》12（2），

1966 年 01 月 30 日。

7. 公文溥：《準戦時および戦時体制と鉄鋼資本蓄積》，《社会労働研究》19（1/2），1973 年 03 月 20 日。

8. 釜国男：《戦前の日本における貨幣，所得および物価の関係：統計的因果関係テストの応用》， 《創価経済論集》13（1），1983.06。

9. 岡本俊：《満洲事変・日中戦争・太平洋戦争：その分岐点に関する経済史的考察》， 《福井工業大学研究紀要》第一部 31，2001.03.20。

10. 渡辺孝：《第 2 次若槻内閣の瓦解》，《武蔵野短期大学研究紀要》，第 13 輯，1999 年。

11. 中村宗悦：《高橋是清のリフーション政策に関する英国の認識と評価》，《大東文化大学経済論集》2005 年第 3 期。

12. 神門善久：《農村経済更生特別助成制度政策の評価》，《農林業問題研究》118 号，1995 年 3 月。

13. 今井清一：《幣原外交における政策決定》，《年報政治学》1959 年 1 月 10 日。

14. 川口稔：《浜口雄幸の井上準之助宛書簡》，《人間環境学研究》2011 年第 2 期。

15. 村井良太：《元老西園寺公望と日本政党政治》，《日本比較政治学会年報》2008 年第 10 号。

16. 島謹三：《いわゆる"高橋財政"について》，《金融研究》1983 年第 2 巻第 2 号。

后　记

　　时光如梭，不知不觉间博士毕业已经几年时间了。借拙著出版的机会，向一直关心和帮助我的老师及家人表达由衷的感谢。

　　首先，我要衷心感谢恩师陈景彦教授，四年来从您那里我获得的不仅是专业知识与能力，还有做学问的方法，更有人生的态度。恩师的言传身教、严谨的治学态度、渊博学识、平和淡然的人生态度都是我要终生学习的。同时我还要感谢师母对我工作与生活无微不至的关怀。

　　还要感谢我的硕士导师周颂伦教授。在博士论文写作过程中，周老师就论文写作思路、结构等给了我很多启发，并作为答辩委员会主席参加了答辩。

　　感谢参加我博士论文答辩的张广翔、黄定天、李春隆、张乃和等教授对我论文提出的宝贵意见。另外，感谢各位师兄、师姐对我的关怀和帮助。感谢我的学生曹巍，在英文翻译方面给予我的帮助。感谢孙涛同学在图表制作上给予我的协助。

　　感谢渤海大学政治与历史学院对本书出版的资助。感谢中国社会科学出版社编辑李庆红老师在本书出版过程中给予的无私帮助。

　　最后，我还要感谢我的家人。我的妻子从我攻读硕士到攻读博士期间，都一直无私地帮我挑起生活的重担，照顾年幼的女儿与年迈的双亲，使我没有后顾之忧，专心写作。父母的理解和支持是我坚持下去的不竭动力。

庞宝庆

2017 年 3 月 18 日